Introdução à
TEORIA DOS SISTEMAS

Dados Internacionais de Catalogação na Publicação (CIP)
(Câmara Brasileira do Livro, SP, Brasil)

Churchman, Charles West, 1913-2004.
   Introdução à teoria dos sistemas / C. West Churchman ;
tradução de Francisco M. Guimarães. 2. ed. –
Petrópolis, RJ : Vozes, 2015.

   Título original : The systems approach
Bibliografia.
ISBN 978-85-326-5131-0

   1. Análise de sistemas   2. Teoria dos sistemas
I. Título.

15-07570   CDD-658.4032

Índices para catálogo sistemático:
1. Análise de sistemas : Administração   658.4032
2. Teoria dos sistemas : Administração   658.4032

C. West Churchman

Introdução à
TEORIA DOS SISTEMAS

Tradução de Francisco M. Guimarães

Petrópolis

© 1968 by C.W. Churchman.
Esta tradução foi publicada por intermédio da Dell Books, um selo da Random House, parte da Random House LLC.

Título original em inglês: *The Systems Approach*

Direitos de publicação em língua portuguesa – Brasil:
1971, 2015, Editora Vozes Ltda.
Rua Frei Luís, 100
25689-900 Petrópolis, RJ
www.vozes.com.br
Brasil

Todos os direitos reservados. Nenhuma parte desta obra poderá ser reproduzida ou transmitida por qualquer forma e/ou quaisquer meios (eletrônico ou mecânico, incluindo fotocópia e gravação) ou arquivada em qualquer sistema ou banco de dados sem permissão escrita da editora.

Diretor editorial
Frei Antônio Moser

Editores
Aline dos Santos Carneiro
José Maria da Silva
Lídio Peretti
Marilac Loraine Oleniki

Secretário executivo
João Batista Kreuch

Diagramação: Sheilandre Desenv. Gráfico
Capa: SG Design

ISBN 978-85-326-5131-0 (Brasil)
ISBN 978-044038407-6 (Estados Unidos)

Editado conforme o novo acordo ortográfico.

Este livro foi composto e impresso pela Editora Vozes Ltda.

Agradecimento

Este livro foi escrito enquanto o autor realizava uma pesquisa de ciência social sobre os problemas administrativos da pesquisa e do desenvolvimento, financiado pela Administração Nacional de Aeronáutica e Espaço. Muitas das ideias foram inspiradas por este esforço de pesquisa e pelas discussões do seminário de ciência social do Laboratório de Ciências do Espaço da Universidade da Califórnia, Berkeley.

Sumário

Prefácio, 9

I. Que é um sistema?, 15
    1. Pensamento, 17
    2. Eficiência, 31
    3. Sistemas, 46
    4. Uma ilustração, 70
    5. Entrada-saída, 84

II. Aplicações do pensamento sistêmico, 105
    6. Orçamento-programa, 107
    7. Sistemas de informação de administração, 133
    8. Uma ilustração, 158

III. Enfoque sistêmico do futuro, 167
    9. Tempo, 169
    10. Planejamento, 179

IV. O enfoque sistêmico e o ser humano, 217
    11. Valores, 219
    12. Comportamento, 241
    13. Antiplanejamento, 259
    14. Conclusão, 274

Seções suplementares, 281
    Suplemento I. Alguns exercícios de pensamento sistêmico, 283
    Suplemento II. Leituras indicadas, 288

Prefácio

Não se discute que em nossa época há uma grande confusão a respeito da maneira como nossa sociedade é dirigida. Provavelmente em nenhum momento anterior da história do homem houve tanta discussão sobre os acertos e os erros dos autores do modo de conduzir os assuntos, quer sejam políticos em Albany ou Sacramento, em Washington, Paris ou Moscou, quer sejam administradores de imensas firmas industriais ou pessoas que dirigem instituições educacionais. Em todos estes casos o cidadão sente que tem perfeito direito a dar sua opinião sobre o modo como os administradores administram.

Não somente o cidadão passou a ter muito mais voz ativa, mas em muitos casos começou também a suspeitar que os homens que tomam as decisões de maior importância, que afetam nossas vidas, não sabem o que estão fazendo. Não sabem o que estão fazendo simplesmente porque não têm uma base adequada para julgar os efeitos de suas decisões.

Para muitas pessoas deve parecer que vivemos numa época de tomada de decisões imbecis. Quase tudo que o autor de uma decisão tem de fazer é apreender um aspecto da situação e levá-lo avante tanto quanto possível, argumentando contra os seus inimigos na base de que estes não conseguem perceber a verdadeira situação.

Assim no caso da Guerra do Vietnã os falcões agarram-se à ameaça comunista e deixam tudo o mais correr. Continuam insistindo neste único aspecto da situação e ignoram tudo o mais que os opositores dizem. As pombas, de outro lado, estão igualmente erradas. Continuam a dizer que a guerra é um miserável fracasso, que deveríamos sair dela, e que não era da nossa conta entrar nela em primeiro lugar. No meio do debate, mais ou menos violento, há uns poucos grupos que mantêm a calma. Entre estes podem contar-se os chamados homens de espírito científico que tentam manter-se à parte, observar o que se está passando, e fazer um julgamento sobre todas as ramificações do sistema na medida em que podem vê-lo.

A ideia de que o espírito desapaixonado e no entanto claro do cientista pode ajudar a tomar decisões é uma ideia antiquada. Platão concebeu-a há muitos anos atrás quando pensou que poderia começar a traçar o modelo fundamental de uma cidade-estado, como fez na *República*. Ao longo das idades, de vez em quando um escritor registrou o que em sua opinião são os ingredientes essenciais de uma situação desordenada com o fim de desemaranhar os vários fatores e a arrumar corretamente o assunto de uma maneira científica e objetiva.

Um caso muito fascinante dessa espécie ocorreu na Segunda Guerra Mundial, quando o Almirantado Britânico pediu a equipes de cientistas que considerassem alguns dos problemas urgentes que a Inglaterra estava enfrentando durante os primeiros bombardeios nazistas. O que é especialmente interessante a respeito dessa história é que os cientistas puseram-se a fazer perguntas estúpidas. Por exemplo, os ingleses estavam tendo grande dificuldade em liquidar os submarinos alemães na Mancha. Os cientistas notaram que as cargas de profundidade lançadas por aviões eram dispostas de tal modo que a carga não explodia até no mínimo 10,5 metros abaixo da superfície. Os cientistas fizeram a pergunta estúpida: Por que não tentar colocar as cargas de modo a explodirem a uma profundidade mais rasa? Uma vez que se fez uma pergunta estúpida tem-se de defender o direito de fazê-la, e os cientistas indicaram algumas das fraquezas nas suposições feitas pelos militares sobre a maneira como o avião se aproximava do alvo. Finalmente, fizeram-se algumas experiências e com toda certeza a matança submarina aumentou significativamente como resultado da colocação das cargas em uma profundidade mais rasa.

Esta história é ilustrativa de um tema que se desenrolará ao longo deste livro, a saber, quando alguém examina sistemas, é sempre atitude sábia levantar questões a respeito das suposições mais óbvias e simples.

O sucesso das equipes científicas no terreno militar na Segunda Guerra Mundial foi notável tanto na Inglaterra como nos Estados Unidos. Como consequência, depois da guerra houve uma corrida para aplicar o mesmo tipo de pensamento, que era então chamado "pesquisa operacional", a vários problemas não militares e em particular à indústria. A princípio os problemas tratados eram de pequena monta. Os cientistas estudavam a produção assim como alguns problemas menores da comercialização (*marketing*) e da finança. Poucas tentativas esporádicas foram feitas para resolver alguns problemas de transporte, por exemplo, o traçado de rodovias. Mas felizmente apareceu o computador que foi um enorme auxílio para o cientista. De começo, o computador era usado em um papel relativamente insignificante, por exemplo, em tarefas tais com as de escrituração. Depois começou-se a ver que a capacidade do computador, como aparecia na década de 1950, sugeria a possibilidade de usá-lo como meio de processar enormes quantidades de informação. Nasceu então a ideia do sistema Sage, sistema que forneceria aos órgãos de defesa dos Estados Unidos informação a respeito da localização de nossa própria aviação e de toda a aviação inimiga, e informação sobre objetos suspeitos no ar. A informação era processada e apresentada aos administradores do sistema de uma maneira muito precisa e inteligível. O computador tinha começado a crescer. Juntamente com este crescimento da capacidade do computador ocorreu a ampliação dos interesses dos cientistas em problemas de métodos de ação. Um resultado relevante foi a criação da Rand e outras corporações similares não lucrativas, destinadas a estudar alguns dos problemas estratégicos e táticos importantes no campo militar.

À medida que a perspectiva do cientista se ampliava, este começou a interpretar seu enfoque como "enfoque sistêmico". Viu que estava principalmente interessado em caracterizar a natureza do sistema de tal modo que a tomada de decisão pudesse ser feita de maneira lógica e coerente e que nenhuma das falácias do modo de pensamento estreito pudesse ocorrer. Além do mais, usando seu conhecimento científico esperava ser capaz de criar medidas que dariam uma informação tão adequada quanto possível sobre o rendimento do sistema.

Com o tempo, os autores de decisões, tanto na indústria como no governo, começaram a perceber os possíveis valores do chamado enfoque sistêmico. Por exemplo, o Governador Brown da Califórnia, no começo da década de 1960, propôs à indústria aeroespacial que lhe oferecesse quatro projetos da ciência dos sistemas com relação à criminalidade, saúde pública, informação e transporte. A ideia do Governador Brown era que os homens que tinham o treinamento suficiente para planejar os complexos sistemas de componentes físicos de computadores, tais como mísseis espaciais, deveriam ser capazes de aplicar seu modo de pensar aos críticos problemas de tomadas de decisões do Estado. O Prefeito Lindsay recentemente criou um conselho de ciência administrativa para assessorar a cidade de Nova York em alguns de seus problemas críticos de decisão. O Governador Rockefeller, do Estado de Nova York, indicou sua intenção de usar a pesquisa operacional. Praticamente em todas as repartições do governo há pesquisadores de operações, cientistas de administração, cientistas de sistemas, todos tentando ver os problemas do governo dos Estados Unidos do ponto de vista do chamado enfoque sistêmico.

Este livro é uma tentativa de examinar o que significa "enfoque sistêmico". Não faz isso partindo do ponto de vista da "venda" da ideia, mas antes examinando a validade dela no clima de um debate. Um montão de coisas sem sentido foi escrito a respeito do enfoque sistêmico, porque uma vez que uma ideia se torna popular pode ser vendida, e naturalmente alguns de seus vendedores têm o intuito de obter lucro.

Ora, é pura insensatez esperar que algum ser humano tenha sido até agora capaz de chegar a uma compreensão tal dos problemas da sociedade que possa realmente identificar os problemas centrais e determinar o modo como deveriam ser resolvidos. Os sistemas em que vivemos são até agora demasiado complicados para que nossos poderes intelectuais e nossa tecnologia possam compreendê-los. Dado o limitado alcance de nossa capacidade de resolver os problemas sociais com que nos defrontamos, temos todo o direito de perguntar se algum enfoque – enfoque sistêmico, enfoque humanista, enfoque do artista, enfoque dos engenheiros, enfoque religioso, enfoque psicanalítico – é o enfoque correto para compreender nossa sociedade. Mas muita coisa pode ser aprendida conseguindo-se fazer uma exposição clara de um enfoque, de maneira que os opositores possam, portanto, expor sua oposição do modo mais convincente possível.

No final do livro concluo que o enfoque sistêmico realmente consiste em um debate contínuo entre várias atitudes de espírito com relação à sociedade. Isto, sem dúvida, não é uma conclusão original, mas espero que ajudará o leitor a formular os tipos de perguntas que devem ser feitas atualmente a respeito dos diversos modos em que a ciência pode ajudar a sociedade na tomada de decisões.

I
Que é um sistema?

1. Pensamento

Suponhamos que comecemos fazendo a lista dos problemas do mundo de hoje que em *princípio* podem ser resolvidos pela moderna tecnologia.

Em princípio, temos a capacidade tecnológica de alimentar, abrigar e vestir adequadamente todos os habitantes do mundo.

Em princípio, temos a capacidade tecnológica de assegurar adequado cuidado médico para todos os habitantes do mundo.

Em princípio, temos a capacidade tecnológica de oferecer suficiente educação a todos os habitantes do mundo para gozarem de uma vida intelectual madura.

Em princípio, temos a capacidade tecnológica de colocar fora da lei a guerra e instituir sanções sociais que evitarão a deflagração de uma guerra ilegal.

Em princípio, temos a capacidade de criar em todas as sociedades uma liberdade de opinião e uma liberdade de ação que reduzirão ao mínimo os constrangimentos ilegítimos impostos pela sociedade ao indivíduo.

Em princípio, temos a capacidade de desenvolver novas tecnologias que libertarão novas fontes de energia e poder para atender às emergências físicas e econômicas em todo o mundo.

Em princípio, temos a capacidade de organizar as sociedades do mundo atual para realizar planos bem-desenvolvidos a fim de resolver os problemas da pobreza, saúde, educação, guerra, liberdade humana e o desenvolvimento de novos recursos.

Se o ser humano tem a capacidade de fazer todas essas coisas por que não as faz? Haverá algum perverso traço de caráter que corre através da espécie humana e torna um ser humano indiferente à condição de outro? Estamos essencialmente em face de um tipo de degradação moral que nos permite ignorar nosso vizinho em razão de nosso próprio interesse?

Ou existe alguma razão mais profunda e sutil pela qual, a despeito de nossa enorme capacidade tecnológica, não estamos ainda em condições de resolver os principais problemas do mundo? Se passarmos os olhos sobre a lista dos problemas, há um aspecto deles que logo se torna evidente: esses problemas são interligados e se soprepõem parcialmente. É claro que a solução de um problema tem muito a ver com a solução de outro.

São tão interligados e imbricados de fato que não é de modo algum claro por onde devemos começar. Suponhamos, por exemplo, que concebemos a ideia de que o primeiro problema a ser solucionado é o de alimentar, abrigar e vestir adequadamente todos os habitantes do mundo. Como começaríamos a resolver este problema? A capacidade tecnológica existe. Podemos produzir o alimento necessário para chegar a este resultado e os materiais de construção que ofereceriam abrigo e os tecidos que vestiriam cada indivíduo. Então por que não fazemos isso? A resposta é que não estamos organizados para fazê-lo. Em outras palavras, o objetivo final, a criação de um conjunto de organizações que resolverão os maiores problemas do mundo, tem de ser tratada em primeiro lugar. É por aí que deveríamos começar? Por que simplesmente não organizamos o mundo para a tarefa de alimentar, abrigar e vestir? Por exemplo, por que os Estados Unidos não reúnem uma conferência em algum local tranquilo do mundo com a finalidade de esboçar e levar a cabo um plano de alimentar, abrigar e vestir os habitantes do mundo?

A resposta a esta última questão é que não existe suficiente confiança nos Estados Unidos para que estes tomem a iniciativa desta conferência. Muitas nações do mundo temem o poderio militar dos Estados Unidos. Os Estados Unidos são capazes de fazer a guerra em sua própria defesa sempre que julgarem desejável fazê-la.

Isto significa que outro problema, isto é, o problema da insegurança do mundo em face da guerra sancionada tem de ser resolvido antes. Temos de criar um mundo em que as nações confiem umas nas outras aproximadamente do mesmo modo como os estados dos Estados Unidos confiam uns nos outros. Por conseguinte, o primeiro problema a ser resolvido consiste em criar uma política internacional que ofereceria o ambiente para uma conferência mundial sobre as soluções dos problemas da pobreza mundial.

Como podemos criar uma satisfatória política mundial quando uma proporção tão grande da espécie humana está privada de educação e portanto não tem consciência dos problemas fundamentais do mundo e de sua relação com estes? A desconfiança sempre ocorre no ambiente de ignorância. Não se pode esperar criar uma política internacional esclarecida sem criar também a formação educacional de cada indivíduo que terá algo a dizer sobre o modo como o mundo é dirigido. Portanto, o primeiro problema a ser resolvido é o educacional. Como podemos educar os povos do mundo de modo que a ameaça da ignorância seja afastada?

Mas é evidente que não existe um modo adequado de educar um homem que está passando fome. A educação adequada é baseada na premissa de que a pessoa que está sendo educada seja adequadamente alimentada, abrigada e vestida e esteja também em um estado mental e físico satisfatório do ponto de vista da saúde. Portanto, os primeiros problemas a serem resolvidos são os problemas da saúde e da pobreza. E eis-nos assim de volta ao começo.

Parece de fato que estamos em face de um dilema. De um lado seria uma extrema loucura ignorar os problemas do mundo atual e, por assim dizer, enterrar a cabeça em nossa própria pilha de ouro. De outro lado, parece não haver uma maneira adequada sequer de pensar os principais problemas do mundo em um sentido realista.

Mas pode ser que a dificuldade real consista aqui na maneira em que começamos a pensar sobre os problemas. Começamos a pensar sobre o problema fazendo uma lista de todas as coisas que em princípio podemos realizar com nossa maravilhosa tecnologia. Depois de termos escrito a lista perguntamos a nós mesmos por onde deveríamos começar: pela pobreza, pela saúde, pela educação, ou por qual outro ponto? Talvez nossa dificuldade consista em que não começamos a pensar com a devida antecedência. A lista que fizemos saiu de nossa cabeça sem qualquer pensamento anterior de nossa parte, além de uma coleção de artigos, livros e discursos sobre estes problemas. Consequentemente, procuramos o começo em uma lista que engendramos sem termos pensado muito.

Ora, os lógicos dizem-nos que quando desejamos resolver problemas deveríamos começar pelo processo de pensamento. A não ser assim, pode acontecer-nos enveredar por um caminho completamente errado em nossa exploração e nosso pensamento chegará tarde demais. É como se um homem que se acha perdido embarafustasse pelo primeiro caminho que visse e deixasse que os pés o levassem a uma certa distância antes de começar a pensar em algum modo lógico de sair da dificuldade; mas então já é tarde demais.

Suponhamos que comparamos nosso modo de pensar os problemas do mundo com um conjunto de pensamentos mais específicos a respeito do desenvolvimento de um tipo de tecnologia, digamos, a criação de um foguete capaz de enviar um objeto à lua. Temos aqui um objetivo muito específico, o de fazer descer um objeto na lua dentro de limites orçamentários prescritos. Podemos começar nosso pensamento pelo *objetivo central* e em seguida começar a propor a nós mesmos uma lista de subobjetivos requeridos obviamente com a finalidade de realizar o objetivo central.

Se quisermos desembarcar um objeto na lua evidentemente precisamos (1) um sistema propulsor, isto é, uma substância capaz de impelir o objeto para fora do campo gravitacional da Terra; (2) o projeto do "pássaro" que voará até à lua e os combustíveis que lhe permitirão fazer o voo e desembarcar satisfatoriamente. É de todo evidente que necessitaremos ter também (3) um subsistema de comunicação e controle que permita às pessoas na Terra saber onde o objeto está e, se necessário, controlar-lhe o voo e conhecer quando alunou. Se o pássaro é destinado a ter um habitante humano, então evidentemente teremos (4) de selecionar e treinar um ou mais homens que irão voar nele.

Este "rol" de itens que seriam exigidos com o fim de realizar o objetivo de desembarcar alguma coisa na lua não é inteiramente suficiente. Sabemos que teremos de pedir a um grupo de pessoas que criem o subsistema propulsor, o projeto do pássaro e os subsistemas reguladores, o subsistema de comunicação e controle e o subsistema astronauta. Precisaremos criar linhas orientadoras que lhes permitirão fazer bem sua tarefa. Em outras palavras, para cada subsistema precisaremos uma medida do "desempenho" do subsistema e um nível desejável de "desempenho" que podemos chamar um "padrão" para o subsistema. Isto é, teremos de dizer ao engenheiro que precisamos de um propulsor capaz de elevar um certo peso e forma do pássaro até fora do campo gravitacional da Terra. E teremos de lhe dizer qual a quantia de dinheiro que podemos gastar para criar este propulsor. Se lhe dissermos estas coisas claramente, ele será capaz de medir o "rendimento" de um dado propulsor e seremos capazes de decidir se o particular propulsor que ele oferece pode ou não atingir o padrão desejado. Isto significa que teremos de ser capazes de medir se um subsistema corresponde ao padrão ou não. Se corresponder, então estaremos em condição de aceitá-lo e usá-lo no sistema total. Se não corresponder, sabemos que temos de tomar novas medidas para criar um subsistema que chegue ao nível que desejamos.

Isto, porém, não é tudo. Não podemos demorar-nos indefinidamente no projeto do subsistema. De fato já podemos começar a sentir que, se alguns de nossos esforços ficarem atrasados, alguns dos outros nossos esforços são uma perda de tempo. Se levar dez anos para criar um propulsor adequado, sabemos que não seria preciso criar astronautas altamente treinados para voar no sistema no ano que vem, porque na época em que o propulsor estiver completamente pronto os astronautas estarão velhos demais para voar. Por conseguinte, precisamos de um plano que levará cada subsistema ao padrão num *tempo* desejado, de modo que o esforço criador total prossegue suavemente e não há uma perda séria por motivo de demora.

Mas como nunca temos a certeza de que um dado conjunto de planos ou aspirações chegará a realizar-se necessitamos além disso alguma coisa mais. Necessitamos estabelecer de maneira explícita as medidas que desejaremos tomar e seremos capazes de tomar quando os planos falharem. Isto é talvez um dos aspectos mais descuidados no enfoque sistêmico do projeto e do planejamento. Os planejadores frequentemente são demasiado otimistas em relação ao seu sucesso, de modo que, quando acontece um fracasso, não estão em condições de tomar as necessárias medidas porque nunca pensaram nelas antes. Noutras palavras, para insistir neste ponto, *quando se adia por um tempo demasiado longo o pensamento a respeito de alguma coisa pode não ser possível pensar de todo adequadamente a respeito dela...*

Se finalmente no plano para a criação de um sistema com a finalidade de colocar um objeto na lua incluímos como componentes as atividades que determinam o objetivo global e a justificação de cada um dos subsistemas, as medidas do rendimento e dos padrões em função do objetivo global, então o conjunto total de subsistemas e seus planos e suas medidas de rendimento constituem um "enfoque sistêmico" do problema de colocar um objeto na lua. Este último componente, que determina os objetivos globais e relaciona os padrões subsistêmicos com o padrão global, pode ser chamado o "subsistema de administração". É o subsistema que pensa a respeito do plano global e realiza seu pensamento. Se o subsistema administrativo trabalha corretamente, seu pensamento prossegue continuamente. Pensa a relação do objetivo global com os componentes desde o início. Não adia este pensamento até que se chegue a uma crise. Não começa por fazer uma lista das coisas que deseja fazer sem se incomodar com a razão pela qual deseja fazê-las. Cada passo do plano é justificado em função do objetivo global. Isto não significa que seu pensamento é rígido e fechado, porque o pensamento rígido e fechado é também um pensamento impróprio. Pensa sobre o modo como agiria quando ocorrer o inesperado. Sem dúvida o subsistema de administração pode ser surpreendido, porque nenhum modo de pensar jamais é perfeito. Mas se o subsistema de administração agir corretamente nunca será apanhado numa situação da qual o pensamento se fosse feito anteriormente teria podido salvá-lo.

Este tipo de pensamento a respeito do sistema total adiantará muito em termos de nossa atitude com relação aos problemas do mundo de hoje?

Pois bem. Para começar podemos observar um traço distintivo da discussão anterior. Além de fazer a lista de uma série de problemas que gostaríamos de resolver sem pensar muito na lista, é também claro que muitos dos problemas da lista não têm muito sentido por si mesmos.

Queremos realmente vestir, abrigar e alimentar todos os homens do mundo? Isto é, desejamos fazer isso, não importa o que aconteça? A Alemanha nazista criou um enfoque para a adequada alimentação, abrigo e vestimento. A primeira coisa, diziam eles, era livrar-se de todos os tipos "indesejáveis" de pessoas na sociedade, por exemplo, os judeus, e com isso reduzir as dimensões totais da tarefa assim como eliminar qualquer oposição aos planos do Estado. Assim, o Estado nazista criou um subsistema que começou a atuar com o fim de remover todos os elementos socialmente indesejáveis, os elementos mental ou fisicamente incapazes ou aqueles que pareciam ser uma ameaça ao plano do Estado.

A medida do rendimento deste subsistema é sua capacidade de executar essa eliminação, e o plano bem-traçado para o Estado será aquele em que um padrão for estabelecido para esse subsistema. O subsistema, por conseguinte, falharia se não alcançasse o padrão de eliminar várias pessoas insatisfatórias no sistema. Se este subsistema comporta-se corretamente e o subsistema para a criação de alimento, abrigo e vestuário comporta-se corretamente, então o Estado pode avançar em direção ao seu objetivo e o objetivo global de alimentação, abrigo e vestuário será realizado de modo altamente eficiente.

Mas não queremos alimentar, abrigar e vestir o mundo desta maneira. Queremos alimentar, abrigar e vestir o mundo em condições de criar uma sociedade livre. Não acreditamos que o caminho para resolver os problemas da saúde mental e física seja a eliminação das pessoas mental ou fisicamente doentes.

Que desejamos realizar? Podemos realmente estabelecer um objetivo que seja em termos operacionais tão claros quanto o objetivo de desembarcar um objeto na lua, sujeito às restrições orçamentárias? Ou será para nós uma absurda perda de tempo pensar sobre os objetivos dos habitantes do mundo nestes termos?

Muita gente se lembrará de que em certo momento durante a Segunda Guerra Mundial os dois grandes dirigentes das nações de língua inglesa, Roosevelt e Churchill, encontraram-se em algum lugar no Oceano Atlântico e anunciaram as "quatro liberdades". Embora esta proclamação por parte daqueles líderes tivesse indiscutivelmente o valor de uma inspiração faltava-lhe certamente qualquer enfoque sistêmico dos problemas do mundo, simplesmente porque deixava de oferecer qualquer modo em que pudéssemos pensar adequadamente como começar. Falhou, porque não oferecia a proposição dos objetivos que guiariam o indivíduo em pensar no modo de começar.

Neste livro consideraremos alguns modos de pensar a respeito de sistemas totais. Começaremos muito modestamente em primeiro lugar, não com os problemas do mundo inteiro, mas com os problemas de alguns sistemas muito específicos. Nosso principal interesse não estará em sistema de partes metálicas como o foguete à lua, mas de preferência em sistemas que incluem seres humanos. São sistemas tais como firmas industriais, hospitais, instituições educacionais etc.

Durante todo o tempo nosso esforço será expandir nossa capacidade de pensar a respeito dos sistemas. Por conseguinte, este não é um livro que tenha por assunto o modo como cada indivíduo deveria aprender a pensar; trata, antes, dos recursos que uma sociedade tem à sua disposição para pensar melhor a respeito de seus sistemas. Alguns desses recursos podem ser descritos em termos de componentes físicos, por exemplo, sistemas de computadores. Alguns deles podem ser descritos em termos de instrumentos matemáticos altamente desenvolvidos que auxiliam os administradores a pensar a respeito de seus sistemas. Um livro dessa espécie é uma extensão da antiquada lógica e retórica em que o estudante é treinado convenientemente para pensar sobre o mundo. Algumas das lições de Aristóteles aos seus estudantes consistiam numa série de advertências sobre a maneira como poderiam cair em alçapões lógicos quando tivessem de enfrentar vários tipos de sofismas. Spinoza escreveu um de seus livros sobre a maneira de pensar, livro que ele chamou *A reforma do entendimento humano*, e recentemente John Dewey enriqueceu a literatura mundial com algumas prescrições de bom-senso para o processo de pensar. Mas hoje em dia nossa tecnologia em expansão oferece-nos toda espécie de recursos suplementares, além dos tipos básicos de lógica que foram pensados por Aristóteles, Spinoza, Dewey e outros. Há uma pletora de recursos suplementares que deseja remos explorar, à medida que desenvolvemos algumas ideias básicas sobre o modo de pensar em nosso século.

A ideia de um "enfoque sistêmico" é ao mesmo tempo muito popular e muito impopular. É popular porque dá uma boa impressão dizer que o sistema inteiro está sendo levado em consideração; mas é de todo impopular porque ou um montão de coisas insensatas ou então realmente perigosas, tão grande é o mal que pode ser criado sob o disfarce de servir ao todo.

Nosso melhor modo de proceder será usar o velho, experimentado e verdadeiro método de debate. Deixaremos o entusiasta dos sistemas dar a sua opinião, ou antes, suas opiniões, porque verificaremos que existe um grande número de definições do enfoque sistêmico. Os nomes variarão de acordo com a mudança dos pontos de vista: perito em eficiência, cientista da administração, planejador etc. O opositor se revestirá de diversas roupagens, às vezes um incrédulo São Tomé (que uma vez pôs em dúvida o maior de todos os enfoques sistêmicos), outras vezes um enfurecido humanista. Não se poderia esperar que o crítico seja coerente porque a estrita adesão à coerência é por si mesma um enfoque sistêmico, mas podemos esperar que exponha claramente as dúvidas e os males que sente a respeito de 'pensar' demasiadamente.

Para fazer uma ideia do entusiasta, ouçamo-lo um pouco.

"Há alguma coisa essencial sobre o conceito de um sistema como modo de pensar? Certamente há. Os sistemas são constituídos de conjuntos de componentes que atuam juntos na execução do objetivo global do todo. O enfoque sistêmico é simplesmente um modo de pensar a respeito desses sistemas totais e seus componentes. Já vimos um traço essencial deste modo de pensar, a saber, que o pensamento entra já desde o início ao ditar a maneira em que descrevemos o que estamos planejando fazer.

"Não devemos enfocar o mundo cegamente, deixando que nossas observações e aquilo que os outros nos dizem seja a base de nossa descrição. Não deveríamos dizer que o mundo é constituído de problemas tais como pobreza, saúde, educação etc. simplesmente porque estes são os problemas de que toda a gente fala. Devemos perguntar a nós mesmos desde o início como pensar a respeito de um amplo sistema, e nosso modo de pensamento ditará a maneira como descreveremos o sistema. Algumas das descrições de sistemas não são de modo algum evidentes. Há modos de descrever sistemas que não ocorreriam à maioria das pessoas que tendem a ver o mundo de uma maneira, isto é, da maneira que nos é mais familiar. O enfoque sistêmico terá de perturbar processos mentais típicos e sugerir alguns enfoques radicais para pensar. Na verdade, pode ser já uma atitude de todo radical para alguém pensar primeiro sobre o objetivo global e em seguida começar a descrever o sistema em função deste objetivo global.

"Por exemplo, se eu pedir ao leitor para descrever um automóvel, este pode imediatamente desligar seu processo de pensamento e simplesmente pôr-se a falar de coisas de que se lembra a respeito de seu próprio automóvel, as rodas, o motor, a forma. Começará dizendo 'Bem! um automóvel é uma coisa que tem quatro rodas e é movida por um motor'. Eu (numa tentativa de ligar seu processo de pensamento) pergunto se um automóvel de três rodas é possível. O leitor terá visto algum e admitirá prontamente esta modificação de sua descrição, ainda sem pensar muito sobre o significado da mudança. Eu, tornando-me mais agressivo, levo adiante o assunto e lhe pergunto se um automóvel de duas rodas é possível. O interrogado começa a parecer intrigado, indicando assim que seu pensamento foi ligado a baixa voltagem. Continuo, sendo alegremente desagradável e lhe pergunto se um automóvel sem rodas de qualquer espécie é também uma possibilidade. O leitor fica mais intrigado e não pensa sobre automóveis, mas sobre indivíduos que fazem perguntas tolas. No entanto, considerar um automóvel sem rodas é um modo criador de ver este sistema que chamamos automóvel. Pode ser que a necessidade das rodas seja uma das principais causas da congestão do trânsito e da inconveniência do automóvel comum. Um automóvel que possa flutuar a poucos centímetros da superfície da Terra ofereceria uma viagem muito mais confortável e produziria muito menos problemas de congestão de trânsito e mesmo de acidentes. Automóveis flutuantes podem ser tecnicamente realizáveis no futuro.

"A maneira de descrever um automóvel é em *primeiro lugar* pensar naquilo a que é destinado, a respeito de sua *função* e não na lista de itens que constituem sua estrutura. Se o senhor começa pensando na função do automóvel, isto é, naquilo para que ele é feito, não descreverá o automóvel falando das quatro rodas, do motor, do tamanho etc. Começará pensando que um automóvel é um meio mecânico de transportar poucas pessoas de um lugar para outro, a um certo custo prescrito. Logo que comece a pensar desta maneira sua 'descrição' do automóvel começa a tomar aspectos novos e frequentemente de todo radicais. Este é o enfoque sistêmico do transporte automotorizado.

"Ou, olhemos de novo para as questões propostas no começo do capítulo, os problemas do mundo atual. Do ponto de vista dos sistemas, temos de admitir para nós mesmos que podemos ter começado incorretamente, porque começamos descrevendo o mundo em termos de sua estrutura, e não de sua finalidade; começamos falando dos habitantes do mundo e dos vários defeitos de seu ambiente. O 'mundo' que descrevemos pode não ser aquilo que o 'mundo' será em termos sistêmicos. Ao começarmos a aprender algumas lições de pensamento sistêmico, talvez terminemos com alguns modos radicais de pensar a respeito do significado do mundo".

Sem dúvida tudo isto parece inteiramente razoável, como pareceu a um grande número de pessoas. As diferenças surgem quando tentamos tornar essas ideias muito mais específicas e aplicáveis. Verificaremos então que há vários enfoques sistêmicos, e não apenas um. Neste livro examinaremos quatro ideias diferentes relativas àquilo que realmente constitui *o* enfoque sistêmico, e iremos justapô-las no contexto de um debate.

Os debatedores são os seguintes: (1) Os advogados da *eficiência*. Pretendem que o melhor enfoque de um sistema é identificar os pontos de perturbação e especialmente os lugares onde há desperdício, isto é, custos desnecessariamente altos, e, em seguida, remover a ineficiência. (2) Os advogados do uso da *ciência* no enfoque de um sistema. Pretendem que há uma maneira objetiva de ver um sistema e construir um "modelo" do sistema, que descreve o modo como opera. A ciência usada às vezes é a matemática, outras vezes a economia e ainda a ciência "do comportamento" (por exemplo, psicologia e sociologia). (3) Os advogados de uso dos sentimentos humanos, isto é, os *humanistas*. Pretendem que os sistemas são homens e que o enfoque fundamental dos sistemas consiste em considerar primeiro os valores humanos: liberdade, dignidade, privatismo. Acima de tudo, dizem eles, o enfoque sistêmico deveria evitar impor planos, isto é, qualquer espécie de intervenção. (4) Os *antiplane-*

jadores, que acreditam que qualquer tentativa de traçar planos específicos e "racionais" ou é absurda ou perigosa ou absolutamente má. O "enfoque" correto dos sistemas consiste em viver neles, reagir em função da própria experiência e não esforçar-se por alterá-los mediante algum grandioso esquema ou modelo matemático. Há toda espécie de antiplanejadores, mas os mais numerosos são aqueles que acreditam que a experiência e a esperteza são a marca da boa administração.

Ora, o interesse recente no enfoque sistêmico concentrou-se principalmente na versão científica, porque esta parece ter criado algumas novas ideias e técnicas, e o ponto principal deste livro será discutir essas inovações. Mas, desde que os outros três enfoques ainda são ativos e têm voz, deixaremos que proponham as perguntas e façam críticas. O enredo do debate começa com uma conversa entre um advogado da eficiência e um cientista atualizado. Então perceberemos com mais detalhe aquilo que o cientista entende por "sistema" e como às vezes ele pode aplicar seu significado com grande precisão, por exemplo, em um modelo matemático. Pode fazer isso com maior êxito quando o problema está bem-estruturado. Mas a maioria dos problemas críticos dos sistemas de hoje em dia, guerra, pobreza, distúrbios raciais, orçamentos nacional e estaduais, são todos pouco estruturados. No entanto, o cientista acredita que pode aplicar a *lógica* de seu enfoque a estas áreas mais pobremente estruturadas e iremos observá-lo tentar fazer isso nas áreas da elaboração de orçamento e de planejamento. Finalmente, veremos que o cientista se embrenha na maior dificuldade ao tentar tratar dos valores humanos e especialmente dos conflitos de valores. Poderá tentar resolver suas dificuldades ou por uma extensão de considerações econômicas (valores monetários) ou pela ciência do comportamento. Aqui é onde a oposição ao seu enfoque feita pelo humanista e pelo antiplanejador torna-se mais forte. Em primeiro lugar, então, voltemo-nos para o enfoque da eficiência para ver por que o cientista o considera "antiquado".

2. Eficiência

O leitor pode ter suspeitado que o exemplo do enfoque sistêmico dado no último capítulo era um tanto terra a terra. Descrevi nele de que modo uma espécie de *enfoque científico*, usado pelos engenheiros encarregados de projetar um foguete para levar um objeto à lua, era capaz de coordenar todos os componentes do sistema de tal modo que o objetivo básico do sistema pudesse ser realizado em prazo mínimo. Em certo sentido este exemplo era um tanto rasteiro porque as pessoas que estejam em dúvida podem perguntar se o objetivo em si mesmo é digno de valor. Na verdade, se considerarmos este objetivo no contexto dos problemas mundiais, é seguramente sensato perguntar se os verdadeiros objetivos de extensão mundial são melhor atendidos pelo fato de enviarmos uma expedição à lua.

Esta objeção é bem fundada e o cientista de sistemas terá necessidade de dizer alguma coisa sobre o significado do objetivo do sistema antes que possamos apreciar seu enfoque. Em seus próprios termos, se aceitamos incontestavelmente como válido um objetivo, podemos perder muitas horas em detalhes que no fundo são completamente insignificantes.

Mas parece haver um objetivo dominante de todos os administradores de sistemas, ou seja, a eficiência das operações; ou, em outras palavras, o objetivo de reduzir os custos. Qualquer administrador alerta observa todo o seu sistema e discerne onde estão correndo gastos não razoáveis. Se é um bom administrador faz o melhor que puder para eliminar estas perdas de modo a reduzir os custos totais da operação do sistema. Como Taylor[1] e seus "administradores científicos" viram, existe um modo eficiente de fazer um trabalho e compete ao administrador e sua equipe descobri-lo.

O "perito em eficiência" pode ser simplesmente a dona de casa que calcula como dirigir a manutenção da casa dentro do orçamento familiar ou pode ser o assessor de uma grande firma industrial ou de um órgão do governo, que determina como manter o custo dentro do orçamento.

Custo significa uso de recursos. É em geral medido em função de dólares, mas muitas vezes os custos reais podem ser pensados em função do tempo, de recursos físicos ou de homens. Toda vez que um dólar é gasto ou um homem é usado para realizar uma tarefa, ou um recurso físico é de algum modo consumido, há uma oportunidade perdida de fazer outras espécies de tarefas. Quando o administrador opera dentro de um orçamento tem de pensar que cada dólar despendido significa que uma certa porção do orçamento total foi usada e perdeu-se para sempre. Por conseguinte, tem de conservar a eficiência de seu sistema no ponto mais alto, de modo que cada dólar gasto seja gasto corretamente e contribua para os objetivos reais do sistema. Observe-se que esse objetivo de minimização dos custos é válido para qualquer sistema; os sistemas, diz o entusiasta da eficiência, têm de ser dirigidos eficientemente ou então não vale a pena que funcionem.

A filosofia do enfoque dos sistemas do ponto de vista da eficiência é baseada na ideia do "melhor modo", isto é, o modo correto de realizar uma tarefa. Se a tarefa é a manufatura de um

---

1. A sigla PPB é corrente na linguagem técnica brasileira porque corresponde a "maning, programming, budgeting" conservada no original inglês pelo uso [N.T.].

produto, então o enfoque da eficiência consiste em tomar nota do tempo de cada movimento e programar as etapas da tarefa a fim de reduzir ao mínimo o tempo. O resultado é um "navio calafetado" que anda do melhor modo possível. Em muitos casos, evidentemente, o "melhor modo" não é conhecido, mas, diz o entusiasta da eficiência, cada dirigente deve fazer o melhor que puder para aproximar-se dele.

Muito tem sido escrito e debatido a respeito do enfoque do ponto de vista da eficiência, especialmente por engenheiros e humanistas. É um enfoque que conduz naturalmente à automação, porque, em muitos casos, se conhecemos o melhor modo, conhecemos também como planejar uma máquina para fazer a tarefa. O humanismo fica horrorizado com a resultante degradação da dignidade humana e o desprezo de valores humanos mais profundos. Acentua que os grandes "ganhos" em eficiência em geral conduzem ao desemprego ou senão ao trabalho baixo ou servil.

Mas temos ouvido tanto o humanista falar dos males da eficiência que uma diferente oposição à filosofia da eficiência pode ser mais esclarecedora. Esta é a oposição feita pelo enfoque dos sistemas do ponto de vista da ciência. O argumento é que a concentração sobre a eficiência *por si* pode ser um modo muito ineficiente de administrar um sistema, *do ponto de vista global.* Em outras palavras, o "melhor modo" pode não ser o modo ótimo para o sistema inteiro. Esta oposição à "administração científica" às vezes usa um nome muito semelhante, "ciência da administração"; mas as duas filosofias são polos opostos.

Para ver como a oposição formula seu argumento, consideremos um perito em eficiência em uma firma industrial que, depois de perambular pelo depósito da fábrica, descobre montes de mercadorias em estoque que permanecem aí dia após dia. Para ele as mercadorias em estoque significam dinheiro preso. Se as mercadorias não podem ser vendidas é a mesma coisa que se o administrador tivesse sacado dólares do banco e os empilhasse num depósito, deixando assim que os dólares ficassem aí sem render qualquer juro.

Ou o perito pode ficar chocado com o fato de que ocasionalmente grande parte da força de trabalho está ociosa. Esta situação revela-se quando olha para um grande escritório e vê quantos secretários e funcionários estão empenhados em tarefas inúteis ou então não estão fazendo absolutamente nada.

Talvez entre os mais surpreendentes e óbvios desperdícios que pode notar acham-se as incontáveis peças de equipamento ocioso. Qualquer pessoa que atravessou um pátio ferroviário pode ficar chocada com o número de vagões de carga parados ociosamente nos trilhos esperando pacientemente uma locomotiva.

Um tipo mais sutil de desperdício de custos ocorre nas operações de hospitais e órgãos de bem-estar social. Para o indivíduo possuído do espírito de eficiência parece que o pessoal do hospital, embora ocupado durante uma parte do dia, é forçado a estar desnecessariamente ocioso em outros momentos, quando os casos de urgência não são tão frequentes. Nos órgãos de assistência social descobre-se que alguns dos casos que estão sendo atendidos não são absolutamente casos de necessidade real. Os casos de desonestidade no apelo para a assistência fazem o administrador eficiente pensar no enorme desperdício de dinheiro em distribuir os fundos públicos com famílias que podem facilmente cuidar de si mesmas.

Defrontando-se com toda esta evidência de desperdício, o perito em eficiência está preparado para procurar meios, graças aos quais mercadorias vitais em estoque possam ser vendidas e retiradas mesmo a preços reduzidos. Quando vê homens ociosos por todos os cantos, sua tendência é instituir reduções da força de trabalho. Quando equipamentos permanecem ociosos por dias a fio, deseja vendê-los ou partilhá-los com outros órgãos ou companhias. Quando os processos de escritório parecem incluir principalmente tarefas burocráticas sem sentido, o administrador deseja cortar o pessoal do escritório. Quando casos ilegítimos de assistência social chamam-lhe a atenção, sua inclinação é cortar os orçamentos para a assistência social. Quando se verifica evidente ineficiência na operação dos hospitais, sua inclinação é diminuir o pessoal e aumentar a eficiência do trabalho.

Ora, o perito em eficiência "tem razão". As operações de qualquer firma industrial ou órgão do governo são ineficientes e é sempre possível aumentar a eficiência mediante a revisão dos métodos de trabalho ou a redução da força de trabalho. A quantidade de "moleza" em nossas organizações governamentais e industriais nunca foi estimada, mas ninguém discute que é muito grande. Por conseguinte, os "programas de redução de custo" só têm sentido *dentro dos estreitos limites de cada divisão da organização*. É por isso que os políticos sempre podem aproveitar a oportunidade de uma espécie de ciclo sazonal de "programas de eficiência": na "estação de verão" há abundância de fundos, mas na estação de inverno os fundos estão congelados.

Ora, o argumento do cientista da administração contra a "eficiência" é que esta é sempre concebida com relação a um pequeno segmento da organização social. A mera atenção à redução do custo por si mesma, diz ele, pode fazer exatamente o oposto do que o administrador pretende. De fato, a redução do custo em muitos casos pode realmente *aumentar* o custo total do sistema.

Suponhamos que consideremos alguns exemplos nítidos nos quais uma política de estrita redução de custo conduz ao aumento no custo *total* do sistema. Estes exemplos, diz o cientista da administração, mostram como as considerações de eficiência por si mesmas sufocam o pensamento relativo ao rendimento do sistema total. De fato, a redução do custo tem muito o sabor da lista de dificuldades e problemas que relacionamos e discutimos no primeiro capítulo. Se o leitor se sentar e fizer a lista de todos os problemas que o preocupam verificará que esse exercício é uma perda de tempo porque não pensou nos objetivos básicos de sua vida e das organizações a que pertence. Da mesma maneira, se começar concentrando sua atenção sobre todas as coisas que dão origem a despesas de várias espécies, estará desperdiçando seu tempo pensando a respeito de um único aspecto da operação total. Como resultado verificará que está deslizando por maus caminhos.

Como primeiro exemplo, consideremos um aeroporto onde os aviões aterram e levantam voo numa única pista durante o dia. Para tornar o exemplo muito mais simples no início, suponhamos que os aviões chegam e partem exatamente com um minuto de intervalo, e suponhamos que leva exatamente um minuto para um avião deixar a pista livre. O perito em eficiência poderia na verdade estar muito orgulhoso da operação do aeroporto. Veria que a pista está em uso contínuo e contudo não há condições embaraçosas ocorrendo em termos de necessidade de fazer os aviões voarem em círculo a diferentes alturas para pousar. Logo que cada avião chega ou parte ocupa a faixa de aterragem durante uma quantidade fixa de tempo e sai dela justamente em tempo para que o próximo avião aterre ou levante voo.

Mas suponhamos, agora, que a situação mudou ligeiramente. Suponhamos em nosso exemplo que os aviões chegam ou partem *em média* uma vez cada minuto e *em média* levam um minuto para deixar livre a pista. A expressão "em média" significa que ocasionalmente dois ou mais aviões chegarão muito próximos um do outro e isto será contrabalançado por ocasiões em que a chegada ou a partida ocorrem com alguma distância uma da outra no tempo. Se alguém cronometrasse as chegadas ou partidas descobriria que a média é ainda uma por minuto, mas que em certo número de casos há vários aviões exigindo serviço ao mesmo tempo, enquanto em outros casos não haverá chegadas ou partidas durante, digamos, dois ou três minutos. A mesma situação se aplica ao uso da pista de aterragem. Em algumas ocasiões os aviões são mais lentos c ocupam a pista durante um período maior do que um minuto, enquanto em outras ocasiões o piloto e as condições do vento permitem ao avião abandonar a pista mais depressa do que a média.

Que aconteceria neste caso? Os resultados são bastantes surpreendentes e podem ser tratados por meio daquilo que o cientista da administração chama um "modelo de probabilidade". O modelo de probabilidade opera em grande parte com o mesmo princípio de um caça-níqueis; diz-nos a probabilidade de que certos acontecimentos ocorram. O que nos interessa neste exemplo são dois tipos específicos de acontecimentos: a pista de aterragem ociosa e o avião à espera. Se a pista permanece ociosa por um tempo demasiado longo é "ineficiente"; mas se os aviões têm de esperar demasiado, seu rendimento será também ineficiente. Uma ineficiência tem de ser contrabalançada pela outra, e *este* é o ponto que o cientista da administração julga que o perito em eficiência deixa de perceber. No caso do aeroporto pode mostrar-se que se a variação nas exigências de serviço e na ocupação da pista seguem o modelo habitual, *a linha de espera dos aviões crescerá finalmente sem limites.* Em outras palavras, o sistema torna-se cada vez mais ineficiente em termos de tempo de espera embora a pista de aterragem seja usada "eficientemente". Não se poderia predizer este resultado sem o uso da teoria das probabilidades, mas o resultado nem por isso deixa de ser verdadeiro e, diz o cientista da administração, deveria ser uma advertência para o administrador supereficiente.

Assim, se o cientista da administração sugere ao eficiente administrador deste aeroporto que instale uma outra pista de aterragem para atender aos aviões que esperam, o administrador que esteja excessivamente preocupado com a redução do custo resistirá a esta sugestão. Mostrará que em certas horas do dia a pista não está absolutamente em uso. Em outras palavras, existe aqui uma peça "desperdiçada" de equipamento que permanece ociosa durante períodos de tempo e no entanto há quem tenha coragem de sugerir que acrescente mais equipamento. Mas o administrador está concentrando-se unicamente sobre um aspecto do seu sistema total. Se começar a pensar a respeito do sistema total verá que as incertezas referentes às chegadas e ao serviço tornam absolutamente essencial que em certa parte do dia a pista permaneça ociosa. Esta ociosidade "ineficiente" é absolutamente essencial desde que não podemos controlar exatamente a chegada dos aviões e os tempos de serviço. Ora, seria sem dúvida possível ampliar o sistema de modo a que os aviões fossem tabelados para chegar e partir exatamente com um minuto de intervalo, mas os custos das operações para fazer isso poderiam ser muito maiores do que o custo com o simples acréscimo de mais uma unidade de serviço.

O cientista da administração pode construir uma tabela muito simples, mas esclarecedora, com o fim de ilustrar a situação para o administrador do aeroporto. Esta tabela mostra a quantidade média do tempo que os aviões teriam de esperar, dadas uma, duas ou três pistas disponíveis, sob a condição de que a demanda média de serviço é um por minuto e o tempo médio para desimpedir a pista é um minuto. Ao expor estas estatísticas o cientista da administração insiste com o administrador para que pense nos aviões que estão à espera como representando um custo. Se o administrador amplia sua perspectiva para incluir os custos da espera assim como as unidades de serviço ociosas, poderá sentir-se perfeitamente justificado em instalar novas pistas numa base de "eficiência".

Para quem faz a proposta de eficiência esse exemplo parecerá exprimir o óbvio, repetir um argumento sem qualquer significação ou, então, abusar da paciência alheia. "É evidente, dirá ele, que ninguém de bom-senso pretende tornar-se tão eficiente que despreze o serviço necessário. Tenho estado todo tempo insistindo no aumento de eficiência *com o mesmo nível de serviço*. Isto é, estive dizendo que podemos sempre remover a moleza, mas ainda assim realizar todas as tarefas necessárias. No exemplo que o senhor dá, o administrador do aeroporto é ridículo. Evidentemente, uma nova pista é essencial aqui porque não há outra maneira de manter o serviço no nível desejado". A esta refutação o cientista da administração replica que o perito em eficiência incorreu numa petição de princípio, a saber *que* nível de serviço é desejável? Evidentemente, alguns aviões terão de esperar ou algumas pistas terão de ficar ociosas, ou as duas coisas juntas. Que combinação de espera e ociosidade é ótima no sistema *inteiro*? Rotular a ociosidade ou a espera como "ineficiência" é não compreender a ideia central do planejamento sistêmico para o cientista; nenhuma das duas é por si mesma ineficiente". O custo *total* da operação do aeroporto tem de ser calculada para cada programa de ação. E isto, diz o cientista da administração, só pode ser feito por meio de um modelo de sistema.

O modelo preciso do cientista da administração para pensar a respeito dos custos das unidades de serviço parece à primeira vista ter sido feito pelas companhias telefônicas quando começam a considerar a quantidade de serviço que devem fornecer aos clientes nos escritórios telefônicos centrais. Quando um assinante pega o telefone e espera que o operador responda assemelha-se muito a um avião que se aproxima de um aeroporto. Suponhamos que os administradores das companhias telefônicas só se preocupassem com os operadores ociosos, de modo que, quando atravessam a sala dos telefones e veem muitos operadores esperando receber chamadas, podem sentir-se inclinados a cortar os custos reduzindo o número de operadores. Se tentarem comparar o número médio de chamadas com o tempo médio necessário para servir a um cliente, entrariam exatamente na mesma situação que ocorreu no exemplo do aeroporto. O número de clientes à espera começaria a crescer e o tempo de espera do cliente pela resposta de um operador também aumentaria. Em termos de custo *global* isto implica que um programa de redução de custo pode aumentar o custo total. O problema que o sistema telefônico enfrenta é "tornar ótima" a eficácia total do sistema, isto é, reduzir ao mínimo o custo da espera mais o custo do tempo ocioso. Isto só pode ser feito por meio de um modelo de "linha de espera" do tipo descrito acima.

O ponto principal do cientista da administração é portanto muito eficaz. Do simples fato de haver homens ou equipamentos ociosos não se pode inferir que o sistema esteja operando ineficientemente do ponto de vista do custo *total*.

A mesma ideia pode ser ilustrada de muitas outras maneiras. Há uma história notável contada em círculos de ciência dos sistemas a respeito de dois administradores de uma grande companhia que seguiam o curso de pesquisa operacional. Durante o curso ouviram falar de uma técnica matemática para estudar problemas de transporte. O instrutor explicou aos seus estudantes de administração que se têm vários estoques em diversas fábricas, os quais devem ser entregues a um conjunto de armazéns ou retalhistas, existe uma técnica explícita e precisa que lhes dirá como reduzir ao mínimo o custo do transporte do material das fábricas para os armazéns. Esta técnica especifica exatamente qual a quantidade que deveria ser mandada de uma dada fábrica para um dado armazém de modo a reduzir ao mínimo o custo do transporte. Para aplicar a técnica basta que se calcule o custo do transporte de cada fábrica para cada armazém. O resultado é o máximo de eficiência no transporte.

Quando os administradores voltaram para as empresas estavam tão inspirados pelo curso que pediram a um de seus matemáticos cativos para trabalhar no problema. A firma reuniu a necessária informação sobre os custos e o matemático juntou as peças formando um modelo matemático e polidamente pediu a um computador para moer uma solução. Com grande desapontamento do administrador a nova técnica matemática economizava somente 50.000 dólares por ano no custo total do transporte. Os administradores tinham esperado uma economia muito maior porque, embora os matemáticos sejam ainda muito baratos, os computadores não são, e o custo total da computação foi maior do que as pretensas economias.

Estes eram administradores de espírito muito eficiente, mas preocupados apenas com um aspecto de suas operações, a saber, como reduzir os custos de transporte. Desde que os computadores não podem enganar-se deve ter sido o matemático que errou. Em consequência, os administradores apelaram para uma outra equipe de pesquisa a fim de examinar os resultados e descobrir os erros de seu matemático. A equipe de pesquisa foi muito pressurosa em fazer isso por uma gratificação. Conferiram os cálculos do matemático e enunciaram essencialmente a mesma economia. Mas enquanto os administradores esperavam pelos resultados a equipe de pesquisa começou a mergulhar um pouco mais profundamente nos problemas do administrador. Começaram a fazer perguntas sobre o modo de conduzir a produção em cada uma das fábricas e os problemas de transporte de todos os materiais para as fábricas. Começaram também a perguntar astutamente por que um certo armazém necessitava de certos materiais. Em outras palavras, começaram a alargar sua visão do sistema e a sustentar que o sistema total consistia de materiais que entravam nas fábricas, saíam das fábricas para os armazéns, dos armazéns iam para os vários retalhistas, e daí aos consumidores. Quando este quadro total foi reunido tornou-se claro que os procedimentos correntes que governavam a quantidade armazenada em cada armazém eram irracionais relativamente à operação total: certos armazéns não deveriam receber os artigos que recebiam tradicionalmente, enquanto outros deveriam recebê-los. Com efeito, então, a tentativa de tornar o subsistema transporte "eficiente" era uma tentativa de fazer "precisamente" aquilo que estava errado.

Quando todas as peças do sistema foram reunidas foi possível criar uma economia de custo para o sistema total de dezenas de milhões, e o mais interessante de tudo é que se tornou evidente, à medida que o sistema total era examinado, que os custos de transporte das fábricas para os atacadistas deveriam ser aumentados.

A mesma história pode ser repetida um sem-número de vezes em muitas empresas. É verdade que não há nada mais aborrecido do que ver grandes quantidades de mercadorias espalhadas ociosas. Isto levou muitos administradores industriais ou peritos em logística a sugerir reduções inteiras no estoque. Uma maneira de realizar isto é introduzir vendas especiais ou vender a mercadoria em estoque a preços de liquidação. Mas este problema de estoques é muito semelhante ao do aeroporto. Mercadorias ociosas têm de ser conservadas para fazer frente a pedidos imprevisíveis. Não podemos predizer sempre exatamente a chegada dos aviões, e não podemos predizer sempre exatamente os pedidos de maior parte das mercadorias em estoque. Se por exemplo as mercadorias em estoque são guardadas para abastecer equipes de manutenção, então uma escassez no estoque pode significar reter uma grande quantidade de equipamento por muitos dias porque as partes não são disponíveis. Simplesmente não é uma operação "eficiente" do ponto de vista dos sistemas *totais* livrar-se dos estoques ociosos com o fim de libertar algum numerário para alguma outra finalidade. Para o cientista da administração o problema de manter os balanços de estoque é um problema que envolve ao mesmo tempo o custo do estoque e o custo da escassez, e este problema só pode ser resolvido por meio de um modelo. Se o objetivo do serviço for esquecido no esforço para reduzir os custos, o custo total do sistema pode aumentar mesmo quando tenha ocorrido uma redução do custo.

O espírito do enfoque de eficiência, apesar de tudo, não morre. Uma redução geral do custo ainda aparece, como se fosse um fantasma obsedante, em muitas situações políticas. Por exemplo, um governador da Califórnia usou sua "mão de ferro" para instituir reduções de custo de 10% em todas as repartições do Estado e nas universidades. O Congresso dos Estados Unidos recentemente vem exercendo pressões sobre o presidente para cortar os custos. Se as reduções dos custos forem realizadas dispensando "pessoal ocioso" ou estoques ou equipamentos "ociosos", o governador e o Congresso vão acabar verificando que as reduções de custo na verdade saem muito caras. Mas a razão pela qual o enfoque de eficiência sobreviverá é que baseia-se no truísmo de que a maior parte da administração é descuidada, inepta e pode ser melhorada.

Para o cientista da administração há uma "mentira" que se esconde atrás dos chamados dados de custo do perito em eficiência. Se os dados de custo foram recolhidos em função de gastos diretos e o administrador procura reduzir estes gastos verificará que aquilo que considera serem os custos reais é ilusório. Sem uma medida do rendimento total do sistema em relação à qual possa comparar os custos, seus dados de custos não significam absolutamente nada. E se esforçar-se por reduzir seus "custos" verificará que seu rendimento declina.

Isto não significa evidentemente que todos os estoques ociosos, os homens ociosos e os equipamentos ociosos sejam benéficos ao sistema. Significa apenas que a ociosidade em si mesma não é a única coisa a ser considerada quando se pensa na maneira em que um sistema está funcionando. A ociosidade por si nem mesmo significa um sintoma de perturbação. A não ser que se tenha um contexto mais amplo no qual se pense o sistema, é inútil pensar em estoque, homens e equipamentos ociosos.

De acordo com o cientista da administração, os custos a que um administrador está sujeito são sempre custos de oportunidade no sentido que quando usa alguns dólares, homens ou equipamento para uma determinada finalidade está sacrificando o uso desses dólares, homens e equipamento para alguma outra finalidade. A finalidade real deve ser avaliada nestes termos. Se o equipamento é ocioso e ele deseja usá-lo em algum outro contexto, há um custo para fazer isto. Se é usado para outra finalidade e por conseguinte o equipamento não pode mais ser usado para sua finalidade original, é nesta perda de oportunidade que se deve pensar quando começamos a pensar nos custos.

O defensor da eficiência desejará ainda ter sua oportunidade de manifestar-se. Acentuará que toda esta conversa sobre o sistema total é largamente idealista. Quando há uma embrulhada deveríamos esclarecê-la. Se uma casa está pegando fogo é uma loucura perder tempo pensando nos diversos usos do equipamento. A prescrição correta é apague o incêndio e salve vidas. Sempre que houver ineficiência, desperdício, agressão ilegal e coisas semelhantes faça-se esforço em eliminá-las.

O cientista da administração não discorda deste ponto de vista desde que seja claro – em função do sistema total – o que realmente é ineficiência ou perigo e o que não é.

O leitor começará a ver que o pensamento do cientista da administração a respeito de sistemas não é um assunto fácil. De acordo com ele, estamos sempre obrigados a pensar nos sistemas mais amplos. Se deixarmos de fazer isso nosso pensamento torna-se falacioso.

Mas até aqui o cientista da administração desempenhou o papel de crítico da filosofia da eficiência. Se quisermos entender seu enfoque dos sistemas teremos de aprender o que ele julga que um sistema é e consequentemente os passos que devemos dar para pensar a respeito dele. Ele pode não ser capaz de apresentar um modelo inteiramente satisfatório para todos os sistemas, mas ao menos pode auxiliar-nos a conduzir nosso pensamento e a manter-nos fora de caminhos estreitamente definidos.

3. Sistemas

Há uma história frequentemente contada em textos de lógica sobre um grupo de cegos que recebem como tarefa descrever um elefante. Como cada cego foi colocado em uma diferente parte do corpo surgiu uma tremenda discussão na qual cada um pretendia ter uma compreensão completa do sistema elefantino total.

O que há de interessante nessa história não é tanto o destino dos cegos, mas o magnífico papel que o narrador deu a si mesmo, a saber, a capacidade de ver o elefante inteiro e consequentemente observar o comportamento ridículo dos descritores cegos do sistema. A história é de fato um caso de arrogância. Admite que um sábio logicamente muito astuto pode sempre chegar ao cerne de uma situação, por assim dizer, e ver a tolice das pessoas que são incapazes de observar o todo. Esta arrogância é o que chamei "ciência da administração" no último capítulo.

Não se pode permitir que a arrogância permaneça inalterável. Somente se pudéssemos ter a certeza que os objetivos do cientista da administração são puros e realmente concordam com os do sistema total e somente se pudéssemos ter a certeza de que ele teve a capacidade de observação comparável à do observador dos cegos, poderíamos julgar que o cientista tem a capacidade de ver a totalidade.

Mas no espírito do debate, deixamos que o cientista da administração descreva como se elevou ao ponto de vista a partir do qual pode observar o sistema inteiro. Seu método consiste em definir cuidadosamente aquilo de que está falando. Começa com o termo "sistema". Embora, diz ele, a palavra "sistema" tenha sido definida de muitas maneiras, todos os definidores estão de acordo em que um sistema é um conjunto de partes coordenadas para realizar um conjunto de finalidades. Um animal, por exemplo, é um sistema, maravilhosamente construído, com muitas partes diferentes que contribuem de várias maneiras para a sustentação de sua vida, para seu tipo reprodutivo e suas atividades.

A fim de tornar esta definição mais precisa e também mais útil, temos de dizer o que entendemos por "partes" e sua coordenação. Especificamente, o objetivo do cientista da administração é anunciar em detalhes aquilo que o sistema total é, o ambiente em que vive, qual é sua finalidade e como esta é mantida pelas atividades das partes.

Para desenvolver mais este pensamento, teremos de expor uma série de etapas do pensamento, de certo modo como qualquer manual de lógica ou de retórica tenta fazer. O leitor, porém, deveria ter presente no espírito que estas etapas de modo algum devem ser consideradas em sequência. Mas, ao contrário, à medida que avançamos no pensamento a respeito do sistema com toda probabilidade será necessário reexaminar os pensamentos que já tivemos em algumas etapas anteriores. A lógica é essencialmente um processo de exame e reexame do nosso próprio raciocínio.

Tendo isto no espírito, podemos esboçar cinco considerações básicas que o cientista julga deverem ser conservadas no espírito quando se pensa sobre o significado de um sistema:

1. Os objetivos totais do sistema e, mais especificamente, as medidas de rendimento do sistema inteiro;
2. O ambiente do sistema: as coações fixas;
3. Os recursos do sistema;

4. Os componentes do sistema, suas atividades, finalidades e medidas de rendimento;

5. A administração do sistema.

Não é preciso dizer que existem outros modos de pensar a respeito dos sistemas, mas esta lista é ao mesmo tempo mínima e informativa.

Os objetivos do sistema global são um lugar lógico para começar porque, como vimos, muitos erros podem ser feitos no pensamento subsequente a respeito do sistema se forem ignorados os verdadeiros objetivos da totalidade.

Logo de saída, porém, devemos ter consciência de uma confusão relativa à palavra "objetivo". Os habitantes de sistemas gostam de enunciar seus objetivos e os enunciados que proferem têm um certo número de finalidades que são de todo independentes do rendimento do sistema. O reitor de uma universidade deseja conseguir o orçamento maior possível para as operações da universidade. Como consequência, deve aparecer diante de um certo número de comissões legislativas e diante do público, e nessas oportunidades deve expor os objetivos da universidade da maneira mais atraente possível. Sua finalidade é obter o máximo de prestígio e de poder político que puder com o fim de conseguir para sua universidade o orçamento maior possível destinado às operações dela. Daí, falar da qualidade da educação, da eminência da faculdade, do serviço público e coisas semelhantes. Do mesmo modo, o chefe de uma grande firma de negócios em suas declarações públicas deve apresentar um quadro brilhante dos objetivos de sua firma. Faz isso não somente para atrair fregueses, mas também para atrair satisfatórios fundos de investimento.

Em muitas firmas e órgãos governamentais estas vagas afirmações são frequentemente chamadas *os* objetivos, mas do ponto de vista do cientista são evidentemente demasiado vagas e também um tanto enganosas. Por exemplo, se levarmos demasiado a sério as afirmações públicas poderemos ser induzidos ao erro em identificar os objetivos reais do sistema comparados com os objetivos proclamados. O reitor de uma universidade é capaz de fazer-nos pensar que o único objetivo da universidade é a criação de novo conhecimento e o ensino do conhecimento a estudantes qualificados. O chefe de uma firma de negócios é capaz de fazer-nos pensar que o único objetivo de sua firma é levar ao máximo o lucro líquido sujeito às considerações do serviço público.

Ora, o teste do objetivo de um sistema, que um cientista faz, é determinar se o sistema sacrificará conscientemente outras finalidades com o fim de atingir o objetivo. Se uma pessoa diz que seu objetivo real na vida é o serviço público e no entanto ocasionalmente parece inteiramente disposta a passar o tempo no serviço privado com o fim de aumentar ao máximo seu rendimento, então o cientista diria que seu objetivo *declarado* não é seu objetivo *real*. Esteve disposto a sacrificar o objetivo declarado certas vezes com o fim de obter alguma outra finalidade.

Uma falácia comum na exposição dos objetivos é acentuar o óbvio. Por exemplo, consideremos um laboratório médico que examina os materiais que os médicos lhe enviam. Qual é o objetivo do laboratório? Uma resposta óbvia é dizer que o objetivo consiste em fazer um exame tão exato quanto possível. Mas o objetivo real não é a "exatidão", mas aquilo para que a exatidão serve: melhorar o diagnóstico do médico. Uma vez que consideremos o resultado concreto desejado, diz o cientista, podemos então perguntar a nós mesmos que importância realmente tem o objetivo. Em alguns casos a exatidão melhorada pode não valer o custo, isto é, o sacrifício de outros objetivos.

Evidentemente não é questão fácil determinar os objetivos reais de um sistema assim como não é uma questão fácil determinar os objetivos reais de um indivíduo. Todos nós escondemos nossos objetivos reais porque em muitos casos são dificilmente satisfatórios do ponto de vista de outras pessoas; se forem largamente tornados públicos podem ser prejudiciais relativamente a nossas perspectivas de atingir várias espécies de apoio em nossa vida.

Com o fim de tornar claro o assunto o cientista precisa passar do vago enunciado de objetivos para algumas medidas precisas e específicas de rendimento do sistema global. A medida do rendimento de um sistema é uma contagem de pontos, por assim dizer, que nos diz até onde o sistema está funcionando bem. Quanto maior o número de pontos, melhor o rendimento. Um estudante na aula muitas vezes chega a pensar que seu objetivo é alcançar a nota mais alta possível. Neste caso, a medida do rendimento torna-se inteiramente clara, e é interessante para muitos professores observar que os estudantes procuram alcançar uma nota alta mesmo com o sacrifício da compreensão real do conteúdo do curso. Procuram a nota alta porque acreditam que as notas altas levarão à obtenção de bolsas e outras oportunidades no futuro. Sua finalidade *declarada* é aprender, mas sua medida *real* do rendimento é a nota.

Da mesma maneira, se observamos cuidadosamente certas cidades podemos chegar a esperar que o objetivo real do governo da cidade é manter as oportunidades dos cidadãos de alto rendimento, proporcionando-lhe áreas satisfatórias para viver e recursos e espaços satisfatórios para seu trabalho. Assim, as pretensões de que a cidade se esforça por servir a *todos* os cidadãos são refutadas pelo desejo do superintendente da cidade de sacrificar estas finalidades em favor de garantir as oportunidades das categorias de alto rendimento. A medida *real* do rendimento é a aptidão da cidade em conservar grandes indústrias nos limites da cidade e manter o nível de rendimentos do grupo de alto rendimento tão elevado quanto possível.

Igualmente, no caso de certas firmas, alguns economistas acreditam que o objetivo da firma não é o lucro líquido, mas o crescimento do pessoal ou o lucro bruto, estas duas medidas representando o tamanho do império, por assim dizer. A questão é que nestas firmas os diretores estão dispostos a sacrificar uma certa quantidade do lucro líquido com o fim de aumentar o tamanho da firma em termos de pessoal, ganhos brutos ou haveres.

Não será surpresa se um cuidadoso estudo de certos colégios e universidades indicar que a verdadeira medida de seu rendimento não é feita sob o aspecto da educação, mas em números de estudantes formados.

Estas observações dão-nos algum indício a respeito do caráter do cientista da administração. Deseja desmascarar todos os chavões sem sentido do tipo "meu coração é puro e eu vivo para servir à humanidade ou à maternidade". Quer ver o que é realmente este animal chamado sistema e só pode fazê-lo observando cuidadosamente o que efetivamente faz e não o que diz que faz. Além disso, pensa que pode desmascarar eficientemente o ruído de confusão e incerteza para ver uma "medida" ou "contagem" central para o sistema.

Podemos começar já a ouvir um rumor de queixa partindo de seus opositores. Alguns deles desejarão indicar que deve ser feita uma outra distinção, entre os objetivos *reais* e os objetivos *legítimos* do sistema. Os objetivos legítimos do sistema referem-se à moralidade dos objetivos do sistema. Por exemplo, o cientista da administração pode definir o objetivo de um sistema de rodovias em função do que chama "thruput" (fluxo), significando com esta palavra o número de carros que podem passar por segmentos definidos da rodovia num dado período de tempo. Contudo, o objetivo em si mesmo pode não ser "legítimo" do ponto de vista social, não somente por causa do custo dos acidentes, mas também por causa da inconveniência que ocorre quando os automóveis transbordam das saídas das estradas e a feiura do próprio sistema de estradas livres.

Mas para o cientista da administração que pensa em todos os aspectos da questão esta objeção não é séria. Ao pensar sobre o sistema, responde ele, devemos muitas vezes deslocar-nos daquilo que é o objetivo real dos dirigentes do sistema para considerações mais amplas. Devemos de fato começar a considerar como colocar o custo dos acidentes e a feiura em nossas medidas. Por mais intangíveis que estas possam ser, diz ele, veremos que a medida delas não é realmente tão difícil como parece à primeira vista. De fato, há alguns casos excelentemente elaborados nos quais engenheiros rodoviários, assim como projetistas de aviões, estabeleceram medidas do custo de um acidente em função da capacidade perdida do indivíduo para ganhar dinheiro durante todo o resto da vida. Para o humanista isto pode parecer uma maneira muito grosseira de aplicar um número à perda de um membro ou da cabeça, mas para o cientista da administração é a única maneira prática em que podemos pensar sobre os chamados aspectos intangíveis dos sistemas. Em outras palavras, diz ele, se quisermos *pensar* no quanto a perda de vida, da felicidade ou da beleza se relacionam com o rendimento do sistema, não podemos simplesmente dizer que estas coisas são tão sutis que não podem ser definidas porque ao dizer isso significamos que não desejamos pensar absolutamente nelas. Com o fim de pensar nelas satisfatoriamente teremos de ser explícitos e opor resistência ao modo em que estes aspectos do sistema entram como medidas do rendimento dos sistemas.

O cientista da administração começa a se tornar insistente, embora sua insistência possa deixar um certo número de ouvintes em condições desconfortáveis. Não é apenas insistente, mas também alerta. Com a experiência torna-se convencido de que as "óbvias" medidas de rendimento não são as medidas reais.

Um exemplo da falácia do óbvio tem positivamente uma peculiaridade irônica. No campo da saúde, com o advento das vacinas para muitas doenças "clássicas", parece óbvio que o sistema de saúde" deveria eliminar as doenças contagiosas. Recentemente foram tomadas medidas para eliminar o sarampo. Pareceria que a medida do rendimento deveria ser a redução da percentagem de crianças que são atacadas de sarampo, avaliada possivelmente pela redução na gravidade dos casos. O editorial de um jornal acentua que o sarampo no Oriente Próximo e no Extremo Oriente muitas vezes é fatal; consequentemente, tal é o raciocínio, um "sucesso" do sistema de acordo com a medida acima resultará na redução da mortalidade infantil, e consequentemente produzirá um "intolerável" aumento da população nas áreas subdesenvolvidas. Aqui ainda uma vez o caráter do pensador de "sistemas totais" torna-se evidente: talvez seja "melhor" deixar o sarampo fazer sua feia obra do que permitir a fome resultante da explosão populacional. Este é apenas outro exemplo em que os custos devem ser incluídos na medida do rendimento.

Assim, na determinação de uma medida de rendimento o cientista procurará encontrar o máximo de consequências importantes das atividades do sistema. Reconhecidamente, ele também fará enganos e terá de rever sua opinião à luz de novos conhecimentos. Mas sua insistência e sua atenção e a intenção de ser tão objetivo quanto possível lhe permitirão, assim acredita, reduzir ao mínimo os erros.

Supondo que algum sucesso tenha sido obtido na determinação do objetivo do sistema ("medida do rendimento"), o aspecto seguinte do sistema que o cientista da administração considera é o seu ambiente. O ambiente do sistema é aquilo que está situado "fora" do sistema. Isto também não é uma coisa fácil de definir. Quando olhamos para um automóvel podemos fazer uma primeira tentativa avaliando o que está dentro do automóvel e o que está fora dele. Temos vontade de dizer que tudo quanto se acha além da pintura do carro está no ambiente do automóvel. Mas é correto dizer isso? É correto dizer, por exemplo, que tudo que se acha além da pintura de uma fábrica está necessariamente fora da fábrica como sistema? A fábrica pode ter agentes em todas as partes do país comprando matérias-primas ou vendendo seus produtos. Estes são seguramente "parte" do sistema total da fábrica e contudo não estão habitualmente dentro de suas paredes. Em um caso mais sutil os diretores da fábrica podem pertencer a várias organizações políticas por meio das quais são capazes de exercer diversas espécies de pressões políticas. Suas atividades políticas, nesse caso, certamente "pertencem" ao sistema, embora, ainda uma vez, não tenham lugar dentro da "concha" do sistema. E, voltando ao automóvel e considerando aquilo para que é feito, podemos duvidar se sua pintura é o limite real de seu sistema.

Talvez, afinal de contas, o superobservador dos cegos que tentavam descrever o elefante seja ele próprio um tanto cego. A pele do elefante representa realmente a linha divisionária entre o elefante e seu ambiente? Talvez uma compreensão do habitat do elefante seja essencial e talvez o habitat deva ser considerado como parte do sistema elefantino.

Marshall McLuham mostrou que na idade da tecnologia elétrica o telefone tornou-se realmente uma parte do indivíduo. Realmente em muitos casos seria difícil distinguir entre o ouvido e o telefone que serve ao ouvido. Sua opinião é que não podemos "cortar" o telefone assim como não podemos cortar a orelha de uma pessoa de uma maneira satisfatória. O telefone é parte do sistema que chamamos a pessoa individual.

Por conseguinte, o cientista deve ter uma maneira de pensar a respeito do ambiente do sistema, que seja mais rica e mais sutil do que a simples procura de limites. Faz isso ao notar que, quando dizemos que alguma coisa está situada "fora" do sistema, queremos significar que o sistema pode fazer relativamente pouco a respeito das características ou do comportamento de tal coisa. O ambiente com efeito constitui as coisas e pessoas que são "fixadas" ou "dadas", do ponto de vista do sistema. Por exemplo, se um sistema opera dentro de um orçamento fixo que lhe é dado por algum órgão superior e o orçamento não pode ser alterado por qualquer atividade do sistema, teríamos de dizer então que as coações orçamentárias encontram-se no ambiente do sistema. Mas se, por alguma transformação da organização, o sistema puder influir no orçamento, então alguns dos processos orçamentários pertenceriam ao interior do sistema.

Não apenas o ambiente é alguma coisa que está fora do controle dos sistemas, mas é também algo que determina em parte o funcionamento do sistema. Assim, se o sistema opera em um clima muito frio de tal modo que seu equipamento deve ser planejado para resistir a várias espécies de severas mudanças de temperatura, diríamos então que as mudanças de temperatura estão no ambiente, porque ditam as dadas possibilidades de desempenho do sistema e contudo o sistema nada pode fazer com respeito às mudanças da temperatura.

Um dos mais importantes aspectos do ambiente do sistema é a "lista dos requisitos". No caso de uma firma industrial, esta consiste nos pedidos de vendas. É evidente que em certo sentido a firma pode fazer alguma coisa com relação aos pedidos por meio de anúncios, marcação dos preços e coisas semelhantes. Mas na medida em que a demanda dos produtos da firma é, por assim dizer, determinada pelas pessoas individuais situadas fora, que são os fregueses da firma, então a demanda acha-se situada no ambiente do sistema, porque é um "dado" e porque sua natureza influencia o funcionamento do sistema.

Aqui, mais uma vez, chegamos a ter uma noção do caráter do cientista da administração. O ambiente não é o ar que respiramos ou o grupo social a que pertencemos ou a casa em que vivemos por mais que estas coisas possam parecer estar fora de nós. Em cada caso, devemos perguntar "posso fazer alguma coisa a respeito disso?" e "isso tem importância com relação aos meus objetivos?" Se a resposta à primeira questão é "não", mas a resposta à segunda é "sim", então o "isso" está no ambiente.

O cientista da administração é normalmente uma pessoa muito cuidadosa e sabe como é difícil determinar o ambiente do sistema e que o problema precisa ser revisto sistemática e continuamente. Muitas vezes os sistemas fracassam em funcionar adequadamente, simplesmente porque seus diretores chegaram a pensar que algum aspecto do mundo está fora do sistema e não é sujeito a nenhum controle. Estive recentemente assistindo a um programa de televisão cujo tema era que os pobres pagam mais do que os ricos pelos produtos domésticos. A finalidade do programa era indicar como os armazéns aumentam os preços nos bairros pobres e especificamente como as agências de crédito frequentemente exigem que os pobres paguem taxas de juros muito mais altas do que as dos ricos. No modo de pensar sobre a maneira de superar esta dificuldade da comunidade, o programa insistia na educação dos pobres, de modo a que não sejam enganados pelos vendedores de geladeiras, televisores etc. Na análise do modo como acontece que o sistema de crédito é tão desfavorável para os grupos de baixas rendas, o programa descrevia como o sistema de crédito é controlado pelos bancos e em última análise pelos criadores dos planos de ação em Wall Street. Mas os organizadores do programa não pensaram sequer na conveniência de educar qualquer dos bancos e a Wall Street a respeito do impacto de sua política sobre as comunidades pobres da cidade. Em outras palavras, os organizadores do programa consideraram a política dos bancos e de Wall Street situada no ambiente do sistema de crédito, por conseguinte não se achando sujeita a qualquer modificação. Do ponto de vista do cientista da organização é claro que algum erro foi cometido aqui. Poderia de fato ser possível, se empregássemos o enfoque sistêmico à política de crédito, mostrar como a política um tanto rígida com respeito aos grupos de baixas rendas gera uma série de problemas da comunidade, os quais por sua vez afetam desastrosamente a operação da comunidade e por conseguinte aumentam os custos de operação de grandes indústrias e mesmo dos próprios bancos.

Passamos em seguida à consideração dos recursos do sistema. Estes acham-se *dentro* do sistema. São os meios que o sistema usa para desempenhar suas tarefas. Tipicamente quando nos voltamos para a medida dos recursos fazemo-lo em termos de dinheiro, de horas-homem, e de equipamento. Os recursos, ao contrário do ambiente, são coisas que o sistema pode decidir quais os homens que trabalharão em determinadas tarefas e como o dinheiro poderá ser gasto em várias atividades ou quais serão os limites do tempo em várias espécies de atividades.

Assim como é difícil pensar corretamente sobre o ambiente do sistema é também muito difícil pensar corretamente sobre seus recursos reais. Já tive alguma coisa a dizer sobre isso na ilustração do tempo ocioso, do equipamento ocioso e dos homens ociosos. Aqui o gerente, tomado de grande ansiedade a respeito de seus recursos, pode chegar a acreditar que os homens ociosos e o equipamento ocioso implicam um recurso não usado, e, se se dispuser com excessiva energia a transformar a ociosidade em trabalho, pode descobrir que realmente está diminuindo seus recursos.

Em muitos sistemas é feita uma análise muito cuidadosa dos recursos. O tradicional balanço de uma companhia com efeito é uma lista das várias espécies de recursos que a firma tem à sua disposição, especialmente quando esses recursos podem traduzir-se em dinheiro: edifícios, equipamentos, contas a receber, numerários em caixa etc. Mas o cientista da administração concluiu que a tradicional folha de balanço deixa de fora muitos dos importantes recursos de uma firma. Não dá uma exposição detalhada do tipo de pessoal de que a firma dispõe em termos de sua formação educacional e capacidade pessoal, por exemplo. Uma coisa como a "boa vontade", que é indubitavelmente um recurso, é frequentemente representada por um número fictício na folha de balanço.

Mas há uma objeção ainda mais séria à declaração dos rendimentos de uma empresa; supõe-se que esta declaração mostra como os recursos são usados. O cientista da administração está principalmente interessado em aprender com a experiência, pois esta é sempre a marca da excelência na ciência. Mas o enunciado típico dos rendimentos esconde quase toda informação significativa, que deveria ser reunida se alguém quiser aprender com o passado da empresa. As verdadeiras lições que devem ser aprendidas são as lições das oportunidades perdidas, as possibilidades que nunca foram realizadas porque os recursos foram usados em outro lugar. Estas oportunidades perdidas são os casos que deveriam ser vigiados, mas praticamente nunca são descritos no enunciado das operações das empresas de negócios.

Para o cientista da administração o enfoque sistêmico implica a construção de "sistemas de informação administrativa" que registrarão a informação importante para fins de tomada de decisões e especificamente contarão a mais rica história a respeito do uso dos recursos, inclusive as oportunidades perdidas. Mais tarde veremos o projeto deste sistema de informação administrativa com algum detalhe.

Há outro aspecto da determinação dos recursos que é muito importante numa época de tecnologia em expansão: é absolutamente essencial que as firmas e os órgãos de governo deem especial atenção aos progressos tecnológicos que podem ser capazes de aumentar enormemente seus recursos. Teremos algumas coisas a dizer, por exemplo, sobre a crescente capacidade dos computadores e como estes conduzem com efeito a um aumento "livre" dos recursos de uma firma. Considerando um sistema e pensando a respeito dele, o cientista da administração dá atenção não somente aos recursos existentes, mas também à maneira em que os recursos podem ser aumentados, isto é, à maneira em que os recursos do sistema podem ser usados para criar melhores recursos no futuro, por meio de pesquisa e desenvolvimento no caso de tipos de equipamentos de maquinaria ou pelo treinamento e educação do pessoal e por várias espécies de atividades políticas que aumentarão o orçamento e o potencial de investimento. De fato, para muitos sistemas a componente que trata do aumento dos recursos pode ser a componente mais importante do sistema.

Os recursos são o reservatório geral, a partir do qual as ações específicas do sistema podem ser formadas. As ações específicas são recebidas pelos componentes, pelas partes ou pelos subsistemas (todos estes termos podem ser usados como equivalentes na ciência da administração). Os componentes são o quarto ponto na lista do "modo de pensar" da página 29. Aqui, ainda uma vez, diz o nosso cientista, nosso pensamento está sujeito a ser confundido pela tradição. As empresas são em geral divididas em departamentos, divisões, repartições e grupos de homens, mas o exame cuidadoso mostra que estes não são os *componentes* reais do sistema, embora tenham rótulos que parecem indicar que são. Por exemplo, em firmas industriais um departamento pode ser rotulado "produção"; isto nos levaria a pensar que somente no interior desse componente é que se acha a manufatura dos produtos. Outro departamento pode ser intitulado *marketing*; poder-se-ia, portanto, concluir que somente nesse departamento se encontrariam as atividades referentes à distribuição e venda dos produtos. No entanto, em muitas firmas a função de distribuição deve ser concebida como parte do componente de produção, simplesmente porque seria absolutamente impossível determinar como a distribuição dos produtos poderia ocorrer independentemente da maneira pela qual os produtos são feitos. E talvez o departamento de produção tenha muito que ver com a maneira em que os produtos são vendidos, simplesmente porque a produção em muitos casos tem de tratar diretamente com o cliente para satisfazer as suas ordens. Se o cliente ficar desapontado as atividades do departamento de produção podem fazer decrescer as vendas.

É por essa razão que, ao pensar nos sistemas, o cientista da administração ignora as linhas tradicionais de divisão e volta-se em vez disso para as básicas "missões" ou "tarefas" ou "atividades", rótulos todos esses usados para descrever a mesma coisa, a saber a decomposição racional das tarefas que o sistema deve executar. Assim, no caso de uma cidade ou de um Estado, as missões básicas podem ser definidas sob os aspectos de saúde, educação, recreação e coisas semelhantes. Se forem definidas assim o cientista vê que muitos órgãos diferentes estão empenhados na missão de saúde, mesmo quando seus rótulos não indicam isso. Por exemplo, o departamento de veículos de um Estado pode ter muita coisa a dizer a respeito das medidas que devem ser tomadas para identificar na estrada um indivíduo que está embriagado ou foi acometido de um ataque. O cientista deseja dizer, portanto, que o Departamento de Veículos está ativamente empenhado na missão de saúde. Da mesma maneira a função educacional do Estado não se passa unicamente dentro do Departamento de Educação, mas em muitos outros departamentos, empenhados em várias espécies de programas de treinamento para seu próprio pessoal e programas educacionais para o público por meio de folhetos, cursos breves, demonstrações na TV etc. A avaliação global da missão educacional não pode por conseguinte ter lugar dentro das tradicionais linhas departamentais.

É natural que haja muita resistência a esta concepção dos "componentes" de um sistema orientado pela ideia de missão. Em termos de política, o chefe de um departamento sabe que seu departamento é uma unidade e uma parte distinta na organização total. Tem de batalhar pelo orçamento e pelo pessoal com outros "componentes" e é julgado pelo modo como sua "parte" trabalhou para manter as finalidades totais da empresa. Além disso, as pessoas que trabalham em seu departamento identificam-se com o departamento e não com a suposta missão, que existe unicamente na cabeça do cientista da administração. Este é especialmente o caso que se passa nas universidades. Pode acontecer que a Matemática e a Filosofia sejam amplamente estudadas e praticadas em todos os campos do aprendizado, mas os departamentos de Matemática e de Filosofia definem o que estes assuntos "realmente" significam, isto é, realmente significam para o verdadeiro matemático e para o filósofo.

O cientista da administração, contudo, não é um companheiro muito simpático. Pode ver que ambições políticas e pessoais influenciam as pessoas para fazê-las crer que as partes do sistema deveriam ser o mais independentes possíveis. Há quem deseje dizer que a "educação" deveria ser colocada em um departamento inteiramente separado da "saúde" ou da "recreação". Mas o cientista da administração acredita que este é um modo errôneo de pensar sobre o assunto. Normalmente, a atividade educacional tem muito a ver com a saúde e a saúde tem muito a ver com a educação. Os defensores da separação clara de funções podem, entretanto, insistir que pensamos sobre outras espécies de funções que são mais separáveis e nas quais podem ser criadas medidas separadas de rendimento, preservando assim a integridade do departamento. Esta ideia é frequentemente posta em prática no projeto de máquinas, no qual cada componente de uma máquina tem de executar uma função específica e o desempenho de uma parte dada é o mais independente possível do desempenho das outras partes. Mesmo no projeto de máquinas, contudo, esta pode não ser uma maneira exequível de enfocar o problema.

Por que o cientista da administração é tão insistente em falar de missões em vez de departamentos? Apenas porque ao analisar as missões pode avaliar o valor de uma atividade para o sistema total, enquanto não existe maneira exequível de avaliar o valor do rendimento de um departamento. Precisa conhecer se uma atividade de um componente do sistema é melhor do que outra. Mas se uma atividade de um departamento pertence a várias missões mais amplas, pode não ser possível distinguir sua contribuição real. É por essa razão que o cientista da administração é tão cético a respeito da contabilidade administrativa, em suas várias formas. O contabilista administrativo deseja produzir os "pontos" do rendimento departamental, ou "centros de custo" que podem ser examinados para sua utilização de recursos. Mas um pensamento insuficiente entra na identificação desses pontos e centros em função de sua real contribuição para o objetivo total do sistema.

Mas por que precisamos afinal de componentes? O cientista da administração gostaria de considerar cada escolha do sistema total de maneira direta, sem ter de subdividir a escolha. Mas isso não é possível. Por conseguinte, a verdadeira razão para a divisão do sistema em componentes é oferecer ao analista o tipo de informação de que necessita para dizer se o sistema está esperando corretamente e o que deveria ser feito a seguir. Como veremos, o cientista de administração pensa que teve sucesso razoável em certos casos ao identificar os componentes reais (missões) de um sistema. Infelizmente até agora na maioria dos governos das cidades e estados não há uma correta análise sistêmica do sistema total em função dos componentes reais; por motivos históricos os governos do Estado e da cidade são divididos em departamentos e divisões que em geral não têm importância para os verdadeiros componentes do sistema. Como consequência, diz o cientista, a administração de nossos grandes sistemas de governo de estados e cidades torna-se cada vez mais difícil cada ano. Como a tomada de decisão que governa diferentes missões não é centralizada, as missões reais do Estado, por exemplo, relativamente à saúde, educação, recreação, higiene etc. não podem ser executadas porque não há administração dessas missões. Um dos maiores perigos no projeto de componentes é a rigidez que ocorreu tão frequentemente nos projetos políticos das cidades e estados. A atribuição de responsabilidade é fixada por lei e impossível de ser quebrada. O que ocorre é uma espécie de endurecimento das artérias de comunicação e a doença que se instala é bem conhecida da maioria dos administradores. Mesmo os planos mais evidentes para as várias missões da cidade e do Estado não podem ser executados, simplesmente porque não há absolutamente meios de quebrar a rigidez do sistema, que se deu em virtude da história política.

Não é preciso dizer que nosso cientista da administração é antipolítico, simplesmente porque uma parte tão grande de política frustra a racionalidade de seus projetos. Chega ao ponto de dizer que os governos municipal, estadual e federal não podem ser considerados como "sistemas", porque no seu traçado não existe um plano racional dos componentes do sistema e de sua operação. Entretanto, há notáveis exceções. Alguns departamentos governamentais, por exemplo o Departamento de Defesa e a Administração Nacional da Aeronáutica e do Espaço levaram a sério o "desafio" do sistema", assim como vários governos estaduais. Na indústria, o "pensamento sistêmico" frequentemente infiltrou-se muito profundamente, mesmo se os conceitos de "sistema total" – isto é, a corporação inteira – são ainda muito difíceis de definir. O cientista da administração otimista vê no futuro uma "era sistêmica", na qual o homem afinal será capaz de compreender os sistemas que criou e nos quais vive.

A finalidade última do pensamento com relação aos componentes é descobrir esses componentes (missões) cujas medidas de rendimento são verdadeiramente relacionadas com a medida do rendimento do sistema global. Uma aspiração óbvia é a de que à medida que o rendimento de um componente aumenta (conservando-se igual tudo mais), deveria também aumentar a medida do rendimento do sistema total. Do contrário, o componente não está realmente contribuindo para o rendimento do sistema. Por exemplo, na prática industrial se a medida do rendimento de um componente for feita em função de sua saída por custo unitário, seria essencial mostrar que, com o aumento da medida, o rendimento total do sistema aumenta. Se, no entanto, forem impostos métodos drásticos de redução de custo ao componente, que resultem na diminuição de qualidade de seu serviço ou produto, poderá muito bem acontecer que alguém institua uma medida do rendimento para o componente que não implica um aumento no rendimento do sistema. Por exemplo, um departamento de produção pode instituir várias espécies de políticas de redução de custos dando em resultado o decréscimo de seu estoque. Sua saída por unidade de custo pode, portanto, subir, mas o rendimento da firma inteira pode baixar, simplesmente porque o corte no estoque conduz a escassez indesejável.

Como veremos, este problema de medir o rendimento de um componente chega a ser muito complicado e difícil à medida que nos aprofundamos no projeto de largos sistemas. Embora a simples exigência de que a medida do rendimento do componente deva crescer com o rendimento total do sistema pareça de todo óbvia, apesar disso não se segue que um componente possa simplesmente avançar na sua medida de rendimento e ignorar tudo dos outros componentes do sistema. Se alguma outra parte do sistema muda, digamos por causa de uma melhoria tecnológica, poderá tornar-se essencial mudar a medida do rendimento do mencionado componente. Nos procedimentos de escritório, por exemplo, uma medida típica de rendimento é a que é feita em função do número de cartas ou documentos datilografados por homem-hora do pessoal. Mas suponhamos que um grupo de estudo de sistemas e procedimentos mostra como várias espécies de cartas de rotina podem ser reduzidas de tamanho, embora continuando a ter toda a informação significativa. A medida do rendimento do escritório subiria, como resultado dessa atividade, mas dificilmente caracterizaria um verdadeiro aumento do rendimento do escritório. Evidentemente, a questão aqui é que o "escritório" por si não é um verdadeiro componente do sistema, pois neste caso o componente deveria incluir aqueles que o estudam com o fim de melhorá-lo.

Estas considerações levam-nos ao último aspecto do sistema, sua administração. A administração de um sistema trata da criação de planos para o sistema, isto é, da consideração de todas as coisas que temos discutido, as finalidades globais, o ambiente, a utilização de recursos e os componentes. A administração determina as finalidades dos componentes, procede à alocação de recursos e controla o rendimento do sistema.

Esta descrição da administração, contudo, cria uma espécie de paradoxo para o cientista da administração. Afinal de contas, é ele que esteve esquematizando e planejando com seus modelos e análises, para determinar as finalidades, o ambiente, os recursos e os componentes. É ele, portanto, o administrador; pretende "assumir o comando" com seu exército de computadores?

A verdade é que não deseja fazê-lo. Não é um homem de ação, mas um homem de ideias. Um homem de ação assume riscos, e se fracassa não somente é despedido, mas sua empresa pode ficar arruinada; o homem de ação está disposto a arriscar fortunas além da sua própria. O cientista da administração é tipicamente um arriscador isolado; se fracassar não tem a responsabilidade do fracasso da empresa inteira.

Por conseguinte, encontramos uma rachadura na couraça do cientista: realmente não compreende como ele próprio é um componente do sistema que observa. Gosta de pensar que pode ficar à parte, como o observador do elefante, e simplesmente recomendar, mas não atuar. É difícil dizer até que ponto esta atitude deve parecer ingênua ao político, mas certamente a apreciação da situação pelo político é a mais requintada. A "mera" recomendação é uma fantasia; de acordo com a própria terminologia do cientista da administração, é duvidoso que o estudo de um sistema seja uma missão separável.

Esqueceremos por ora este embaraço do cientista da administração e falaremos em vez disso de outros modos pelos quais ele pode ajudar os diretores de sistemas. Não apenas a administração de um sistema engendra os planos do sistema, mas deve também assegurar que os planos sejam executados de acordo com suas ideias originais. Se não forem, a administração deve determinar por que não são. Esta atividade é em geral chamada "controle", embora os administradores modernos apressem-se a acrescentar que o termo "controle" não implica forte coação por parte da administração. Na verdade, muitos procedimentos de controle operam em caráter excepcional, de modo que a administração não interfere com as operações de um componente, exceto quando o componente dá mostras de excessivo desvio do plano. Contudo, controle não significa unicamente examinar se os planos estão sendo executados corretamente; implica também a avaliação dos planos e consequentemente a alteração dos planos. Como veremos, um dos aspectos críticos da direção de sistemas é o planejamento para a mudança de planos, porque ninguém pode pretender ter estabelecido os corretos objetivos globais, ou uma definição correta do ambiente, ou uma definição inteiramente precisa dos recursos ou a definição final dos componentes. Portanto, a parte administrativa do sistema deve receber informação que lhe diga quando seu conceito do sistema é errôneo e deve incluir medidas que tenham em vista a mudança.

A função de controle da administração pode ser estudada pelo cientista. O falecido Norbert Wiener comparava esta função de administração de sistema ao piloto de um navio. O capitão do navio tem a responsabilidade de assegurar que o navio chegue ao destino dentro do limite de tempo prescrito na sua tabela de escalas. O "ambiente" do navio é o conjunto de condições externas que o navio tem de enfrentar: o tempo, a direção de onde sopra o vento, a forma das ondas etc. Do ponto de vista do capitão, o ambiente inclui também as características do rendimento da maquinaria e dos homens, pois estes são " dados" em qualquer viagem. Os recursos do navio são os homens e a maquinaria, na medida em que estes podem ser desenvolvidos de várias maneiras. Os componentes do navio são a missão da casa de máquinas, a missão de manutenção, a missão da cozinha etc. O capitão do navio como dirigente engendra os planos para as operações do navio e garante o cumprimento desses planos. Institui várias espécies de sistemas de informação por todo o navio que o informam onde ocorreu qualquer desvio do plano, e sua tarefa consiste em determinar por que ocorreu o desvio, apreciar o rendimento do navio, e finalmente, se necessário, mudar seu plano, se a informação indica a conveniência de assim proceder. Isto pode ser chamado a "alça cibernética"[2] da função de administração, porque é aquilo que se supõe que o piloto do navio tem de realizar. Um aspecto muito crítico da alça cibernética é a determinação da rapidez com que a informação deveria ser transmitida. Qualquer pessoa que tenha tentado dirigir um barco de remos em águas agitadas reconhecerá que se a pessoa responder demasiado rápido – ou então demasiado lento – ao feitio das ondas, acha-se em séria dificuldade. O que é exigido

---

2. Da palavra grega que significa "piloto".

é uma alça de informação retroativa que permita ao indivíduo reagir ao tipo de vento e de ondas de maneira ótima.

Wiener e seus continuadores criaram a Teoria da Cibernética, que foi principalmente aplicada ao projeto de maquinaria. Mas é perfeitamente natural que o cientista da administração procure aplicar a teoria ao controle administrativo de grandes empresas.

Até aqui temos exposto as razões preliminares para o enfoque sistêmico feito pelo cientista da administração, com alguns comentários críticos marginais. Será que o enfoque do cientista da administração funciona? Se "funcionar" significa "estar em uso", então na verdade funciona. Centenas de grandes firmas industriais de transporte, energia, comunicação e materiais, todas usam a ciência da administração com títulos tais como "pesquisa operacional", "ciência dos sistemas" ou "engenharia de sistemas", "análise de sistemas" etc. Em todos os casos, a finalidade confessada desses grupos é enfocar os problemas conforme o espírito delineado neste capítulo. De maneira semelhante, toda seção de um estabelecimento militar usa cientistas da administração no projeto de sistemas de armas, de sistemas de informação (p. ex., Sage e Saccs), de sistemas logísticos etc. A ciência da administração é usada extensivamente nas repartições não militares do governo federal, em saúde pública, em educação, nos correios, no registro de patentes, na Repartição Nacional de padrões etc. Vários estados e um grande número de cidades estão criando capacitação em ciência de administração como parte integral da administração do governo.

Seria errôneo dizer que todas estas aplicações da ciência da administração atuam com igual competência ou mesmo exatamente de um ponto de vista igual. Uma ilustração poderá servir para enriquecer o sabor do enfoque, entretanto; na ilustração manterei a marcha do debate permitindo aos críticos darem sua opinião. Os críticos muitas vezes veem com alarme, ou mesmo com desgosto, o que consideram ser o uso indiscriminado e acrítico da "ciência" nos importantes problemas do governo hoje em dia. Alguns deles desejam manter o velho método de experiência por ensaios e erros. Alguns desejam que o governo definhe. Outros têm medo da atitude desumana do cientista. Outros acham que o cientista é simplesmente ingênuo. Todos fazem jus à sua opinião e o que têm a dizer pode ser dito da melhor maneira no contexto de uma ilustração real, que agora apresentaremos.

4. Uma ilustração

Esta ilustração do enfoque sistêmico do cientista é feita na área do transporte. Escolhi este exemplo porque ilustra muito bem o tema do último capítulo, isto é, que todo sistema está incluído em um sistema mais amplo. Isto, conforme veremos, torna-se obviamente verdadeiro nos sistemas de transporte.

A ilustração situa-se na indústria marítima, que transporta carga pelo mar e pelas vias aquáticas interiores. Embora a indústria marítima em certo sentido seja uma das mais velhas indústrias de transporte, seu progresso tecnológico tem sido muito lento. A maneira de carregar e descarregar a carga que usamos hoje é virtualmente a mesma técnica usada no tempo dos gregos ou mesmo pelos índios com suas canoas. Essencialmente fabrica-se um casco no qual é posta a carga, de maneira que a embarcação não afunde; em seguida transporta-se a carga e, finalmente, esta é levada por cima dos bordos da embarcação para a terra.

A indústria marítima nos Estados Unidos nos anos recentes [sic] atravessou muitas dificuldades e sua situação tornou-se uma preocupação para o governo. Como consequência, o governo, mediante o Conselho Nacional de Pesquisas e a Academia Nacional de Ciências, nomeou uma série de grupos de estudos para examinar a indústria marítima. Uma parte da dificuldade da indústria deriva do fato de que os Estados Unidos estão em posição difícil para competir com muitos países estrangeiros por causa de seus salários mais altos. Consequentemente, a questão específica que surgiu ao se começar a discutir o projeto foi saber se havia ou não algum meio tecnológico para melhorar o rendimento da indústria que contrabalançasse o custo mais alto do trabalho.

A experiência mostra que o custo principal da movimentação total da carga na indústria marítima ocorre no cais, na operação de carga e descarga, e não no setor do transporte entre portos. Um grupo de engenheiros industriais, por conseguinte, pôs-se em ação para determinar se haveria algumas ideias inovadoras que pudessem ser usadas no cais no manejo da carga. Se o grupo de pesquisas tivesse continuado seguindo a linha da pura eficiência, seu objetivo teria sido tentar projetar avanços tecnológicos na operação de carga e descarga, que tornassem a operação mais eficiente, isto é, de menor custo por unidade de material manejado.

Contudo, o grupo de pesquisas logo compreendeu que a operação de carga e descarga dos navios está encaixada em um sistema mais amplo e que este sistema mais amplo é constituído de: 1) as companhias proprietárias dos navios, 2) os sindicatos, 3) os chamados trabalhadores casuais (que não são membros do sindicato, mas são chamados sempre que há um trabalho de carga que justifique contratá-los), e 4) o público em geral. Se pudessem ser conseguidas "eficiências" na movimentação da carga, estas eficiências provavelmente dariam em resultado a diminuição da demanda de trabalho e o aumento do lucro para as companhias. No sistema mais amplo, portanto, seria de esperar que as chamadas eficiências, que os engenheiros poderiam descobrir, se fossem realizadas, causariam sérios problemas de administração do trabalho, em detrimento não somente dos trabalhadores e das companhias, mas também do público. Por conseguinte, foi julgado preferível estudar o porto como um sistema, em vez de simplesmente limitar a atenção ao aumento da eficiência da manobra de carga de cada navio.

No início o cientista enfrenta um dos problemas mais difíceis de todo o estudo, a saber, quem é a pessoa que toma as decisões. Para o cientista descrever um sistema é essencial identificar o autor das decisões. Do contrário, não há maneira clara de determinar quais são os objetivos e os recursos ambientais do sistema. Lembremo-nos que o "ambiente" de um sistema é considerado formado por aquelas condições que não estão sob o controle do autor de decisões, enquanto os "recursos" e os "componentes" acham-se parcialmente sob seu controle. Por conseguinte, a principal divisão do sistema depende de identificar a pessoa que toma as decisões. Ora, quem toma as decisões nas operações de um porto? Até certo ponto são as companhias, no sentido em que são elas que planejam a movimentação e as datas dos navios e determinam em parte o que deve ser carregado e descarregado. Por outro lado, os sindicatos evidentemente têm uma participação no modo como o porto opera, pois os estivadores, que são membros do sindicato, trabalharão em certos dias e não trabalharão em outros. O público decide certas coisas por meio de seus representantes legislativos: cada porto tem uma autoridade portuária que estabelece as condições sob as quais são feitas a carga e a descarga dos navios.

No entanto, do ponto de vista deste estudo, não é nenhum desses fatores – a companhia, os sindicatos e o público – que constitui o verdadeiro agente das decisões. O estudo é feito para o governo federal, e especificamente para dois órgãos do governo federal. A finalidade do estudo é traçar algumas medidas estratégicas que estes órgãos pudessem seguir em termos de recomendações, quer em forma de legislação, quer de advertência a outros órgãos do governo. Por conseguinte, o autor das decisões foi considerado serem as duas agências para as quais o estudo era realizado. Esta conclusão dos cientistas é discutível. Pareceria, levando-se em conta seu argumento, que em qualquer estudo o cientista da administração deveria ser ele próprio o autor de decisões, pois o que ele realmente controla é sua capacidade de dar conselhos. A ideia do cientista, contudo, é que para a equipe de estudos quem toma a decisão é a pessoa ou o grupo a quem a equipe faz um relatório, neste caso os órgãos governamentais. Saber se este é um critério correto para identificar a fonte de decisões é assunto para debate, ao qual finalmente voltaremos.

O candidato a autor de decisões indicadas pelo cientista tem algumas características um tanto estranhas. Por exemplo, o autor de decisões não tem controle direto sobre nenhuma das operações do porto. Em vez disso, ele simplesmente controla as espécies de recomendações que podem ser feitas. No entanto, o objetivo do autor de decisões pode ser apresentado com bastante clareza. Deseja apresentar uma recomendação que tenha alta probabilidade de ser aceita, mas que ao mesmo tempo seja "agradável" às companhias, aos sindicatos e ao interesse público. Como ele está "fora" do sistema, por assim dizer, seu conceito puramente racional de agradar pode não coincidir com o conceito de agrado de nenhuma das partes que realmente controlam as operações do porto. Como consequência, ele terá de estabelecer um compromisso entre suas noções de conveniência e as que julga serão aceitas pelas partes interessadas.

O grupo de pesquisas visualiza o quadro da seguinte maneira: se os engenheiros industriais tiverem êxito em planejar tecnologias que levem a alguma economia de custos na carga e descarga dos navios, estas economias de custo poderiam ser distribuídas entre as companhias e os sindicatos de tal maneira que o interesse público se mantenha no nível atual. Em consequência, o problema se restringe a determinar alguma fórmula de vantagem para as companhias e os sindicatos. O problema, no entanto, não poderia ser determinado com maior precisão até que a equipe de pesquisas consiga descrever o porto como um sistema.

Do ponto de vista do candidato do cientista a autor de decisões, grande parte da situação que se verifica no porto deve ser considerada como "ambiente" do sistema. Antes de tudo há a política dos embarcadores. Esta política dá origem às tabelas segundo as quais os navios chegam e partem do porto. A pessoa que toma as decisões não tem controle sobre esta política e por conseguinte ela tem de ser considerada como um dado. Note-se, ainda uma vez, a importância da decisão sobre o ambiente do sistema; se as tabelas pudessem ser modificadas seria possível chegar-se a uma operação do porto muito mais suave. Na situação tal como existe, a equipe de estudos aceita as tabelas de movimento, embora sejam traçadas pelas companhias. Um comentário mais geral é o de que o modo inteiro do transporte de mercadorias pode estar errado; por exemplo, talvez os caminhões e os aviões tornem os navios obsoletos. Uma vez que os grupos de estudo escolham aceitar as tabelas das entradas e saídas de navios como dados, admitem também que o modo atual de transporte por mar é um sistema suficientemente amplo para que o examinem.

Se as tabelas existentes são a base apropriada para avaliar a demanda das disponibilidades do porto, o problema consiste em determinar qual é realmente a demanda. Uma maneira de resolver este problema seria examinar a tabela de cada embarcador e procurar determinar exatamente quando seus navios chegam e partem do porto e o que estará carregando e descarregando. Esta solução no entanto seria muito cara e também resultaria em muitas inexatidões porque as tabelas de movimentos dos navios evidentemente não são seguidas rigidamente.

Pareceria, portanto, preferível examinar a política dos embarcadores em programar a entrada e a saída dos navios do porto, examinando um porto real e determinando a frequência das chegadas e partidas. O Porto de São Francisco foi escolhido para este estudo, primeiramente porque, ademais de seu clima agradável, o porto é de tamanho médio e virtualmente não há variações de acordo com a época do ano. A ideia do cientista era que este estudo de um porto bastante simples formasse um "protótipo" para outros estudos de portos.

Os pesquisadores examinaram os registros passados de chegadas de navios ao Porto de São Francisco e determinaram, por exemplo, que o número médio de navios que chegavam durante o dia em um dia de semana era 8 e que o número maior ou menor em torno dessa média distribuía-se de acordo com o que é chamado uma "distribuição de Poisson". Este fato imediatamente sugeriu ao espírito do pesquisador que o porto poderia ser considerado sob o aspecto de um modelo de linha de espera, similar ao que foi anteriormente discutido com relação às chegadas de aviões e às chegadas de chamadas a uma estação central de uma companhia telefônica. As chegadas de clientes pedindo serviço não segue uma tabela determinada, mas uma tabela de probabilidade e muito frequentemente a relação de probabilidade é do tipo de Poisson. Na distribuição de Poisson a maior parte das chegadas estão próximas da média ou na média, mas haverá dias em que ocorram em menor número do que a média e dias em que sejam muito maiores do que a média.

Uma vez que se comece a considerar o sistema como um sistema de linhas de espera, a questão natural é perguntar como se realiza o serviço. Ora, o serviço de vapores em um porto consiste de uma turma de homens trabalhando num porão, carregando ou descarregando um navio por meio de lingas (*pallets*) que são transportadas por cima do bordo do navio por um guincho. Cada turma tem cerca de quatorze homens. A unidade de trabalho, portanto, é uma turma trabalhando durante um deslocamento (*shift*) de carga. Para descrever o serviço dos navios determina-se quantas turmas-manobras (*gang-shifts*) estão empenhadas prestando serviço no navio durante a estadia no porto. Alguns navios requerem apenas uma ou duas turmas-manobras de cargas e outros requerem até 120. Evidentemente, os navios que requerem maiores números são mais importantes no sentido da descrição no modo como o porto opera, mas as demandas menores também devem ser consideradas em função de alocação de força de trabalho.

Aqui também a distribuição do esforço de serviço para cada navio seguiu muito de perto as linhas "clássicas" dos estudos telefônicos. Nos estudos telefônicos a companhia telefônica determina o tempo que leva para servir cada cliente quando faz uma chamada. Em alguns casos leva um tempo extremamente curto, porque o cliente sabia o número e o operador podia ligá-lo diretamente, enquanto em outros casos toma um tempo longo porque o cliente não tem certeza do número ou a ligação não pode ser feita prontamente.

No caso da carga e descarga de navios, porém, há uma explicação a mais. Os proprietários de navios não carregam e descarregam segundo uma taxa constante. Por várias razões, em uma manobra de deslocamento de cargas podem engajar seis ou sete turmas, enquanto em outras manobras, por exemplo a manobra noturna, engajarão somente três ou quatro, ou mesmo nenhuma. Por conseguinte, tem-se de determinar a estatística da carga e descarga dos navios de modo a ter uma noção sobre o tempo em que o navio permanecerá no porto e sobre a espécie de exigências que fará quanto ao fornecimento de trabalho.

Observe-se que nesta ilustração o grupo de pesquisas apoiou-se fortemente na experiência passada para determinar como o sistema funciona. Esta tática de sua parte deveria ser usada somente quando o grupo de pesquisas conclui que a política passada, com efeito, é parte do *ambiente* do sistema, isto é, parte do sistema que *não* é controlada pela pessoa que toma as decisões. Por exemplo, do ponto de vista do cientista, seria de todo incorreto para uma companhia usar dados de vendas passadas como base para estimar a demanda de seus produtos no futuro, *a não ser que* a companhia tenha decidido por outras razões não modificar a demanda mediante anúncios, preços ou melhoria técnica do produto. É muito possível que o futuro não seja igual ao passado se a demanda pode ao menos em parte ser controlada pelos autores de decisões. Neste caso, contudo, a demanda não é controlada pelo candidato do cientista a autor de decisões e por conseguinte o uso da informação estatística passada é justificado.

Os pesquisadores chegaram então à seguinte descrição do porto. Poderiam predizer em termos de probabilidade as chegadas de navios nos dias de semana, domingos e feriados etc. e poderiam predizer, com base numa probabilidade, quantas turmas um dado navio exigiria em cada movimentação da carga. Por conseguinte, poderiam predizer para qualquer dia dado o número de turmas que seriam requeridas para uma dada movimentação da carga.

Um aspecto final deve ser incluído: a disponibilidade de trabalho, fator que varia de transbordo a transbordo por causa de doenças, férias ou simplesmente dos desejos pessoais dos trabalhadores. Ainda uma vez, a estatística passada poderia ser usada para predizer a distribuição provável de turmas disponíveis para movimentações de cargas típicas (dias de semana na parte da manhã, na parte da tarde, domingos, feriados etc.).

Com o fim de tornar todas essas previsões ajustáveis foi criada uma simulação num computador. Na simulação toma-se um número casual que determina quantos navios chegam, digamos, numa segunda-feira pela manhã. Para cada navio que chega determina-se, com base nas probabilidades, o número de turmas que o navio requererá e os modos em que estas exigências se distribuirão sobre os dias que o navio permanece no porto. Outras complicações, como por exemplo a necessidade do navio entrar na doca seca, podem também ser incluídas na simulação.

A simulação também escolhe um número casual que diz quantos trabalhadores se apresentam na sala onde são contratados para o serviço e por conseguinte quantas manobras de trasbordos são exequíveis. Em alguns dias simulados não há turmas suficientes para servir aos navios, e alguns navios terão de permanecer ociosos até as próximas ou subsequentes manobras. Em outros dias não há trabalho suficiente para todos e os trabalhadores ficam parados. Assim, a simulação prediz os custos prováveis da escassez de braços (navios ociosos) e da escassez de trabalho (braços ociosos). Com efeito, o computador "representa" o modo de comportamento do porto. A grande vantagem da simulação, sem dúvida, é que agora pode-se começar a fazer modificações na simulação sem afetar em nada o sistema real e determinar assim como uma mudança de política, por exemplo o aumento de eficiência técnica na carga ou descarga, afetaria o porto.

O próximo passo era ver se a simulação era realista ou não. Isto pode ser feito numa base grosseira determinando se aquilo que o simulador faz é semelhante ao que o sistema real faz relativamente à demanda de força de trabalho, chegadas e partidas de navios etc. Digo que isso é um método grosseiro de avaliar a simulação, mas muitas vezes é de todo essencial. Às vezes os pesquisadores sem perceber colocarão na simulação várias condições que fazem o simulador "estourar". Nesse caso a explosão poderia significar que na simulação houve um número crescente de navios esperando para serem atendidos sem as turmas disponíveis para servi-los; a situação simulada ficaria pior cada vez mais, enquanto na realidade nada disso acontece no Porto de São Francisco, a menos que haja uma greve. Felizmente a simulação revela-se razoavelmente próxima da realidade.

Então aconteceu um fato que ajudou consideravelmente a equipe de pesquisa a aumentar sua confiança no simulador. Pouco depois de começar o estudo houve uma recessão econômica que deu em resultado a diminuição da quantidade de carga manejada pela indústria marítima em cerca de 10 a 15%. Por mais infeliz que a recessão possa ter sido do ponto de vista dos armadores, foi muito feliz do ponto de vista dos pesquisadores. A diminuição da movimentação da carga poderia ser considerada exatamente como se uma melhoria tecnológica de 10 a 15% tivesse ocorrido. Isto é, se os engenheiros industriais tivessem conseguido aumentar a eficiência da movimentação da carga isto teria então significado que, digamos, 10 a 15% menos força de trabalho era exigida para movimentar a carga. Do ponto de vista do modelo, a recessão econômica e a melhoria tecnológica, portanto, poderiam ser consideradas exatamente como a mesma espécie de fenômeno. Ora, o grupo de pesquisa poderia predizer por meio de seu simulador, mesmo sem levar em conta os efeitos da recessão econômica, como o porto operaria se a demanda de manobra da carga baixasse 10 a 15%. Isto poderia ser feito simplesmente variando algumas das condições da simulação, por exemplo diminuindo o número médio de turmas requeridas pelos navios quando estão no porto. Aqui mais uma vez a equipe de pesquisa teve sorte. A simulação veio a corresponder muito estreitamente às realidades da recessão econômica.

O leitor arguto reconhecerá que se a carga de trabalho cai 10% e todo o trabalho é finalmente realizado, o efeito sobre a força de trabalho é evidente: terá menos 10% de trabalho para fazer e não é preciso nenhum complicado simulador para nos dizer isso. Mas tinha algum interesse determinar os modelos prováveis de tempos ociosos e de tempos de espera; além do mais, se o sindicato se encolhe por motivo de atrito, qual será o tempo médio de espera? Finalmente se podemos avaliar a eficácia do sistema, como pode ser determinado o sistema ótimo? Estas são questões cujas respostas exigem a sutileza da simulação em um computador.

Além do esforço de simulação, o grupo de pesquisas julgou conveniente ver se era ou não possível criar um modelo matemático da operação do porto, usando algumas premissas simplificadoras. Isto é sempre uma excelente ideia quando a simulação é usada, porque 1) as simulações são caras e 2) é algumas vezes difícil interpretar todos os resultados fornecidos pelo computador. Sempre que possível é conveniente um modelo matemático simplificado como apoio de uma simulação.

A lógica do modelo matemático é fácil de apreender e ilustra muito bem como os cientistas de administração pensam. Começa-se pensando em todos os navios que estão no porto no início de uma movimentação de carga. Cada navio deixará um resto de obra a ser feito antes de partir, quer carregamento, quer descarregamento. O trabalho a ser feito é medido em função de turmas-lingadas. Chamemos o trabalho total a ser feito W. Em São Francisco em um dia normal W pode ser às vezes igual a 350 turmas-lingadas. Evidentemente, só uma parte de W será realizada em cada lingada.

Antes da partida de um navio alguns navios chegaram, cada qual carregando sua própria quantidade de trabalho a fazer. Estas chegadas acrescentam um certo valor a W – chamemo-lo A –, de modo que o total de trabalho a fazer é agora W + A. Mas A não é constante, pois em diferentes dias a quantidade de trabalho a ser feito pelas chegadas variará de acordo com uma distribuição de probabilidade. Assim, W + A representa esta distribuição e pode ser determinado partindo dos dados passados por meio da análise estatística.

Agora o transbordo começa e a força de trabalho entra em ação. A questão é saber quanto trabalho a ser feito – W + A – realizará. A resposta depende em parte da maneira como os armadores programam o trabalho e em parte da maneira em que os trabalhadores compareçam ao salão do sindicato. Suponhamos então que, quanto maior for W + A, mais trabalho será feito no transbordo seguinte. Esta suposição sugere ao estatístico que ele use os registros passados para avaliar o trabalho feito em uma movimentação de carga – chamemo-lo S – como função do total de trabalho a ser feito W + A. No final da movimentação da carga a quantidade total de trabalho restante a fazer é W + A - S; esta é também uma distribuição estatística, pois tanto A como S variam de dia para dia.

Ora, à maneira de Sísifo, começa-se tudo de novo na movimentação seguinte. Há W + A - S trabalho para ser feito e uma nova chegada de trabalho e uma outra tentativa de reduzir o total. Reiterando os cálculos, podemos eliminar qualquer erro no W original e convergir para um estado constante a distribuição infinita do trabalho a ser feito. Esta descrição do estado constante habilita-nos a predizer a probabilidade de navios à espera e de força de trabalho ociosa. Ainda mais, as mudanças no sistema do tipo descritas acima podem ser calculadas quanto aos efeitos sobre o tempo de espera e a força de trabalho ociosa. Observe-se que no modelo matemático os detalhes da alocação de trabalho em cada lingada foram eliminados pela média estatística; isto significa que o modelo é mais simples, e por conseguinte é menos provável que faça previsões tão exatas. Mas a simulação e o modelo, juntamente, aumentam a confiança do cientista no seu método, desde que concordem essencialmente, como se deu nesta ilustração.

O grupo de pesquisas admitiu que os componentes do sistema eram as companhias, os membros registrados do sindicato, os trabalhadores ocasionais e o público. A simulação determina o que uma alteração tecnológica significará do ponto de vista de cada um desses componentes, predizendo como uma modificação tecnológica afetará seus objetivos.

Como as companhias e os sindicatos são unidades organizadas, mas os trabalhadores ocasionais não são, o grupo de pesquisas decidiu que seu esforço principal seria estudar o modo como uma melhoria tecnológica seria dividida entre as companhias e o trabalho organizado. O leitor verá imediatamente como esse tipo de descrição do sistema conduz ao princípio do "enquadramento", que venho sempre acentuando. Se forem estabelecidos planos de procedimento para dividir os lucros da melhoria tecnológica entre unidades organizadas do sistema, obviamente os procedimentos mais amplos de outros portos e mesmo a indústria, que não se refere ao transporte, terão de ser tomados em consideração. Será isso uma maneira equitativa de distribuir os ganhos do processo tecnológico? Observe-se que o estudo do progresso tecnológico foi custeado pelo governo dos Estados Unidos, o que significa que foi custeado pelo público. Há, portanto, a questão razoável de saber se as vantagens resultantes da pesquisa tecnológica financiada pelo governo não deveriam ser distribuídas mais largamente pelo público, em vez de serem distribuídas diretamente às companhias e aos sindicatos. Há também a questão de saber se os trabalhadores avulsos, que se beneficiam da operação do porto, mas não são membros do sindicato, não deveriam ter também seus interesses representados na melhoria tecnológica.

Finalmente, como em todas essas histórias, é interessante ver qual foi o resultado imediato. No progresso do estudo as companhias e os sindicatos chegaram a acordo sobre a maneira em que os progressos tecnológicos deveriam ser divididos. Uma das companhias tinha mesmo introduzido uma nova técnica de movimentar a carga, e isto realizou a base do acordo com o sindicato. A base do acordo não diferia drasticamente da que era recomendada pelo grupo de pesquisa, mas certamente sofria de todas as dificuldades de justificação que já mencionei.

Nesta ilustração encontra-se o mesmo tema geral que percorrerá este livro, a saber que, de um lado, há maior enfoque sistêmico quando se considera o porto em totalidade do que quando se considera apenas a melhoria da eficiência na movimentação da carga, e por conseguinte há uma boa base para dizer que o enfoque sistêmico do cientista é razoável. De outro lado, há um nível mais alto relativamente ao qual a visão do grupo de pesquisa foi também confinada, a saber, a questão total da distribuição dos efeitos da melhoria tecnológica sobre a sociedade. Quem se beneficiará e como serão tratadas as desigualdades resultantes da mudança tecnológica?

Do ponto de vista do cientista de administração, no entanto, a crítica de seu trabalho não representa uma séria dificuldade; com o fim de proceder de maneira exequível, diz ele, cada medida deve ser tomada por sua vez. Logo que é feita uma série de estudos do tipo há pouco ilustrado, encontramo-nos em uma posição muito melhor para determinar os princípios que devem governar a utilização tecnológica por toda a nação e por todo mundo. Naturalmente, desejaremos continuar reexaminando esta pretensão do cientista de administração. Como disse antes, seria uma arrogância da parte dele pedir que sejamos pacientes e esperemos até que todas as suas medidas tenham sido realizadas.

O estudo mostrou que um subsistema do sistema de transportes da nação, a saber, a carga e descarga de navios, é uma área exequível de estudos por meio do enfoque sistêmico do cientista, desde que não se seja demasiado meticuloso a respeito das medidas de rendimento do sistema. Na verdade, este estudo e outros similares tornaram-se protótipos para a descrição de terminais em outras áreas de transportes, aeroportos, terminais ferroviários e rodoviários etc. O estudo mostra também como os modelos e a simulação desempenham um papel no modo de pensar do cientista. A fim de examinar este papel mais profundamente, voltamo-nos para um tipo de modelo muito útil e importante.

5. Entrada-Saída

Acabamos de examinar uma ilustração do cientista de administração atuando. Voltemo-nos agora para o exame da lógica básica que usa, que ele chama um "modelo" do sistema. Um modelo para o cientista é uma maneira em que os processos do pensamento humano podem ser ampliados. Como veremos, este método de ampliar e de fazer mais poderoso o processo de pensamento toma a forma de modelos que podem ser programados em computadores. Em nenhum momento, porém, o cientista pretende perder o controle da situação, simplesmente porque põe o computador a fazer para ele alguma parte do seu pensamento. Controla as suposições básicas: o computador deriva algumas das implicações mais ricas e mais complicadas.

Ilustrarei o processo de formação de modelos de uma certa maneira. Os cientistas da administração verificaram ser muito útil em certos casos pensar um sistema como uma espécie reconhecível de entidade na qual "entram" vários tipos de recursos (pessoas, dinheiro etc.) e da qual sai alguma espécie de produto ou serviço. Quando pensamos nos sistemas dessa maneira, chegamos àquilo que se chama o "enfoque entrada-saída" dos sistemas.

Consideremos, por exemplo, o sistema educacional de um Estado. O corpo legislativo "entra" com o dinheiro e saem estudantes com vários tipos de graus: ginasial, colegial e universitário. Neste processo a entrada é transformada em edifícios, professores, administradores, livros etc. E as entradas transformadas processam então pessoas chamadas estudantes, que saem do sistema com vários tipos de educação e treinamento. É interessante notar que, quando se considera a educação desta maneira, alguns dos componentes do sistema – por exemplo os professores – são ao mesmo tempo uma saída do sistema e também se tornam um dos processadores internos do sistema. Isto é, o sistema cria algum do seu próprio potencial.

Outro exemplo é o transporte. Aqui a entrada é dinheiro e vários tipos de materiais, e a saída é o transporte de pessoas e mercadorias de um destino a outro.

O enfoque entrada-saída é uma excelente maneira de considerar uma firma industrial. A entrada da firma pode ser considerada como o investimento inicial de fundos, e desse investimento saem várias espécies de produtos distribuídos a vários consumidores, assim como dividendos retornam aos investidores.

Ora, podemos pensar no sistema como "uma caixa-preta", conforme muitas pessoas fazem. Neste caso, teríamos unicamente de perguntar que saída o sistema produz para uma dada mistura e quantidade de entrada. Não teríamos de preocupar-nos com as "entranhas" do sistema, isto é, o modo em que o interior do sistema opera sobre a entrada para transformá-la na saída. Nesse caso a administração do sistema refere-se principalmente à mistura e quantidade das entradas; procura administrar esta entrada de modo a tornar máxima alguma quantidade e qualidade desejáveis da saída.

Mas neste capítulo desejamos explorar o interior da caixa. Desejamos descobrir que espécies de atividade se passariam no interior do sistema, de modo a produzir o tipo mais satisfatório de saída.

Com esse fim voltamos à lista das cinco considerações feitas no capítulo III, que são a base do cientista administrativo para um sistema.

Recapitulando, precisamos criar uma *medida de rendimento*, que deve ser tornada máxima. Nota-se imediatamente que a *quantidade* total da saída com toda probabilidade *não* é a medida do rendimento. Ficaríamos muito impressionados pelo número de estudantes que saem de instituições educacionais, ou pelo número de automóveis que conseguem andar pelas estradas sem pedágio ou pelo número de produtos que uma firma fabrica. Mas nossa primeira impressão tem de ser um tanto modificada pelo custo desse esforço, assim como pela qualidade da saída. O custo em geral será medido em função da entrada. A qualidade tem de ser medida em função de algum objetivo último. Portanto, a medida do rendimento de um sistema será algo assim como uma saída ponderada menos o custo da entrada, sendo os pesos determinados por padrões de qualidade.

O *ambiente* do sistema entrada-saída é o conjunto de condições importantes para os administradores, mas que não se acham sob o controle deles. Em parte essas são expressas como coações exercidas sobre o sistema: os limites externos dos recursos disponíveis, as características da demanda da saída etc. Em parte também o "ambiente" descreve a tecnologia do sistema, isto é, a maneira em que a entrada é transformada em saída, desde que a pesquisa e o desenvolvimento não sejam "partes" do sistema. Se forem, então evidentemente o nível da tecnologia pode tornar-se um motivo de atenção dos administradores.

Os *recursos* do sistema entrada-saída são a base da entrada, em geral dólares, pessoal e equipamento. Os administradores devem decidir de quanto precisam dispor de cada tipo de recurso; uma vez isto feito, põem restrições às atividades dos sistemas, por exemplo relativamente aos dólares que cada componente pode gastar ou ao pessoal que cada componente pode empregar. Mas, ao contrário das coações ambientais que são consideradas dadas ou fixas, as restrições de recursos podem ser modificadas pelos administradores, por exemplo tomando mais capital ou realocando recursos entre os componentes.

Em seguida há os *componentes* do sistema. Desejaremos falar sobre os componentes em função das várias espécies de "atividades" realizadas no sistema. No caso da educação, há um certo *número* de professores ou homens-horas gastos em ensinar, o *número* de salas de aula disponíveis, o *número* de livros nas bibliotecas, e assim por diante. Como disse, o cientista da administração não está disposto a se deixar impressionar pelo puro tamanho de uma atividade, a não ser que lhe seja mostrado que tal atividade é criticamente importante. O enfoque científico do sistema consiste em relacionar a quantidade da atividade de cada componente com a medida do rendimento, isto é, volume de saída.

Finalmente, gostaríamos de examinar cuidadosamente a *administração* dos sistemas entrada-saída em termos do controle de tais sistemas.

Com o fim de tornar claras as ideias do cientista da administração, teremos de pedir um pouco de indulgência ao leitor; terá de permitir que muitas considerações sejam idealizadas e simplificadas de modo a pôr em foco a lógica básica da análise entrada-saída. No próximo capítulo examinaremos uma situação mais realista, que se situa no outro extremo, porque suas complexidades e incertezas são muito grandes; muitas das ideias aqui expostas terão de ser modificadas com o fim de se ajustarem às realidades deste exemplo.

Por enquanto, consideremos uma firma manufatureira que fabrica cem produtos, digamos cem diferentes espécies de móveis. Suponhamos que essa firma tenha de vender cada artigo que produz a um preço fixo (isto já é uma suposição não realista, mas já pedi sua indulgência, e assim seja paciente).

Em seguida suponhamos que os contabilistas possam determinar para nós exatamente quanto custa fabricar e distribuir cada produto (isto é também irreal, como veremos). Estas duas suposições de nossa parte nos permitirão dizer que para qualquer produto dado podemos determinar que espécie de lucro dá à firma. Como pensamos na firma do ponto de vista de seus investidores, diremos de momento que o principal objetivo é levar ao máximo o lucro líquido, isto é, o rendimento bruto menos os custos. Obviamente tudo que temos a fazer é determinar quanto dinheiro um dado produto rende à firma e a seus investidores e subtrair disso o custo da manufatura e distribuição. Obteremos para um dado ano o lucro líquido total relativo a um dado produto.

Neste exemplo muito sumário podemos então facilmente identificar as cinco etapas da descrição do sistema:

1. A medida do rendimento é o lucro líquido.
2. O *ambiente* é a restrição exercida sobre o capital, o preço de cada produto (observe-se que este foi fixado por nossa suposição), a demanda do produto (supomos que nenhuma ação por parte dos administradores pode alterá-la), e o nível tecnológico (o número de itens de cada produto que pode ser produzido por unidade de recursos).
3. Os *recursos* são os dólares e o pessoal do sistema.
4. Os *componentes* são as linhas de produção, isto é, aqueles subsistemas que produzem e comercializam cada produto (observe-se que neste exemplo simplificado a identificação de um componente – ou "missão" – é mais ou menos óbvia).
5. A *administração* é a tomada de decisão relativa à quantidade de recursos que devem ser postos à disposição de cada linha de produção.

Voltemos nossa atenção para os componentes, pois estes são básicos para nosso esboço do sistema. Dizemos que o número de itens de um dado produto que produzimos em um dado ano é a medida da atividade própria de uma linha de produtos. Cada atividade produtiva representa um componente do sistema total, e associado a cada quantidade de atividade há um número que representa o lucro da firma.

Especificamente, nesta ilustração muito simplificada, supomos que a contribuição de cada linha de produtos para o rendimento total da firma – isto é, seu lucro líquido total por ano – é unicamente função de sua própria atividade. Quanto maior a atividade, mantendo-se iguais as outras coisas, maior é o lucro total da firma. Em outras palavras, cada linha de produção opera "por sua conta" e não interfere nem melhora a produtividade das outras linhas de produção. Em linguagem sistêmica, é um componente "separável".

Contudo, devemos observar que alguns produtos podem ser mais lucrativos do que outros. Isto significa que sua contribuição para o lucro liquido total por unidade de atividade é maior do que acontece com outros produtos.

A situação pode ser representada muito simplesmente em termos matemáticos se admitirmos que a contribuição de qualquer atividade para o lucro total pode ser expressa em uma "equação de proporcionalidade" muito simples. Se z representa o lucro líquido total de uma firma, então, mantidas iguais as outras coisas, estaremos supondo que z tem uma relação específica com cada atividade de uma linha de produção. Por conseguinte, se x_1 representa o número de itens de uma linha de produção 1 que são manufaturados e distribuídos durante um ano, admitimos que z tem a seguinte relação com x_1:

$$z = a_1 x_1 + b_1$$

Por exemplo, se cada item da primeira linha de produção é vendido a 200 dólares e o custo de sua manufatura e distribuição é 150 dólares, então o lucro z chegará a 50 dólares por unidade do primeiro produto; assim o a_1 na equação acima é 50. O b_1 representa o que os contabilistas chamam "custos fixos" ligados à fábrica, à administração, e assim por diante. São custos que não podem ser evitados desde que a companhia esteja em atividade. Os custos fixos são distribuídos pelas linhas de produção conforme certa prática atuarial, de modo que b_1 representa a quantidade de custo fixo (carga) atribuída à linha de produção 1. Como veremos, não importa como é feita essa distribuição, no que se refere ao traçado do sistema. Assim, embora os contabilistas frequentemente esmiúcem sem fim aquilo que chamam "a atribuição de carga" (i. é, os b) a cada departamento, em função do enfoque sistêmico do cientista esta atribuição é sem importância.

Se procedermos desta maneira teremos uma noção muito clara do modo como os componentes contribuem para a medida do rendimento da companhia inteira. Se passarmos à linha de produção 2, consideramos que sua contribuição para o rendimento da firma é dada por

$$z = a_2 x_2 + b_2$$

Observe-se que a_2 e a_1 não precisam ser iguais; se a_2 é maior do que a_1, a segunda linha de produção contribui mais por unidade de atividade do que a primeira. Isto não significa necessariamente que a segunda linha de produção seja melhor do que a primeira, porque é possível, como veremos, que a segunda use recursos muito escassos, embora possivelmente de baixo preço.

Em geral, tomamos todas as equações semelhantes às apresentadas acima para cada linha de produção e reunimo-las em uma equação maior que tem a seguinte forma:

$$z = a_1 x_1 + a_2 x_2 + a_3 x_3 + \text{---} + B$$

Neste caso os a_1, a_2 e a_3 representam o lucro líquido proveniente de cada um dos produtos 1, 2 e 3 e B no final da equação representa os custos fixos totais da firma, isto é, $b_1 + b_2$ ---. Parece agora que chegamos a um modo muito simples de administrar o sistema. Nosso problema consiste em determinar as quantidades de cada atividade, isto é, x_1, x_2, x_3, de tal maneira que z se torne máximo, o lucro líquido total da firma. Podemos ver imediatamente que o máximo de z é completamente independente de B, os custos fixos, assim como é independente do modo como B é colocado às linhas de produção.

Mas agora alguma coisa estranha parece ter penetrado, sem que notássemos, em nossas considerações. Observamos que x_1, x_2 e x_3, que são atividades, não podem ser negativas. Isto é, no modo de pensar do cientista é impossível produzir quantidades negativas de artigos. Por conseguinte, todos os x ou são zero ou positivos. Por conseguinte z cresce quando x cresce, e isto sugeriria que quanto mais atividade executemos tanto melhor, desde que os a não sejam negativos. Mas se um a for negativo isto significa que um dado produto é vendido a um preço menor do que o custo de fabricá-lo. Em tal caso os administradores têm uma decisão fácil, a saber, deixar de produzir esse produto. Assim, podemos admitir que os a são positivos, e por conseguinte são maiores do que zero, pois se fossem iguais a zero, então, mais uma vez, evidentemente, ainda a firma não fabricaria o produto (constituiria um prejuízo por causa dos custos fixos). Se os a são positivos e os x são positivos, então z aumenta à medida que aumentamos a quantidade de atividade. Notamos de fato que em geral se a firma não pode fazer nada melhor do que atribuir zeros a todos os x, então deveria sair do negócio, porque seria simplesmente manter edifícios e força administrativa para um prejuízo direto.

Portanto, se nosso objetivo é aumentar ao máximo z – a medida do mérito do sistema total – parece que devemos executar tanta atividade quanto pudermos e especialmente atividades associadas aos produtos mais lucrativos.

Mas é neste ponto que os dois outros itens críticos da lista – a saber, os recursos e o ambiente – tornam-se importantes em nossas considerações. Por exemplo, algumas das peças de mobiliário podem necessitar de um trabalho especializado, tal como esculpir várias espécies de ornamentos. Mas a firma pode ter somente um número limitado de homens capazes de executar essas tarefas especializadas. Por conseguinte, há um limite para o número de itens de certos produtos que podem ser manufaturados com a força de trabalho existente. Este exemplo serviria para clarificar o que disse anteriormente a respeito do fato de que um artigo lucrativo não é necessariamente melhor do que um outro menos lucrativo; o mais lucrativo pode usar um trabalho especializado, mesmo se o preço real pago por este trabalho não for excessivo. Assim, embora uma linha de produção seja lucrativa, pode requerer tanto trabalho especializado que somente uns poucos artigos possam ser fabricados.

Ainda uma vez, pode acontecer que alguns dos produtos necessitem um tipo especial de madeira e a firma só dispõe de pequena quantidade. Ou alguns dos produtos talvez necessitem de um equipamento especial, e assim por diante. Isto é o que chamamos no capítulo III "coações ambientais" sobre a firma. Uma coação básica é o limite superior da quantidade total de capital que a firma pode investir na manufatura de seus produtos. Não pode tornar todos os x muito grandes porque não tem dinheiro para alugar o trabalho e construir o equipamento exigido.

Mas estas considerações que estivemos expondo em linguagem corrente são bastante fáceis de traduzir em linguagem matemática. Se, digamos, algumas mesas, escrivaninhas e cadeiras exigem trabalho especializado, tudo que temos então a fazer é dizer que o número de produtos de cada um desses tipos que podem ser manufaturados é limitado pelo "ambiente", isto é, a quantidade total de trabalho especializado. Suponhamos por exemplo que se gaste t_1 horas de trabalho especializado para fazer uma unidade do produto x_t e t_2 horas de trabalho especializado para fazer o produto x_2 e t_3 horas de trabalho especializado para fazer o produto x_3. Suponhamos que estes três produtos são os únicos que necessitam dessa espécie particular de trabalho especializado. Por exemplo, o produto 1 pode necessitar de três horas por unidade, o produto 2 necessitar de cinco horas e o produto 3 necessitar de oito horas. Suponhamos que o número total de horas disponíveis é 1.500 por ano. A situação toda pode ser expressa de maneira muito simples em termos matemáticos:

$$3x_1 + 5x_2 + 8x_3 \leq 1.500.$$

O problema do administrador foi agora traduzido por essas considerações em um problema matemático. A cada limitação que o ambiente impõe ao sistema corresponderá uma equação do tipo que acabamos de exprimir. Por exemplo, a quantidade total de dinheiro disponível traduz-se na quantidade total de dólares que cada produto consome quando manufaturamos um número variável de unidades dele. E esta quantidade total poderia ser expressa na seguinte espécie de equação:

$c_1x_1 + c_2x_2 + c_3x_3 + \cdots + c_n x_n \leq C$ (o orçamento total concedido ao sistema menos os custos fixos).

Do ponto de vista do cientista da administração o problema do administrador foi traduzido em um problema matemático de elevar ao máximo a equação de lucro dada acima, sujeita às restrições ambientais, as quais por si mesmas são expressas em termos de desigualdades matemáticas[3].

---

3. A matemática é em geral mais complicada do que este exemplo indica, pois a utilização de diferentes espécies de recursos com cada componente precisa ser levada em conta.

Se o número de produtos é pequeno e se há algumas relações óbvias entre sua lucratividade e o lucro total da firma, pode ser de todo evidente o modo como a firma manufatureira deveria proceder. De maneira sistemática examinaríamos cada produto e sua contribuição para o lucro total e, com um pouco de manipulação aqui e ali, tentaríamos ajustar a manufatura dos produtos mais lucrativos dentro das coações ambientais. Ao final, chegaríamos a um plano administrativo que se aproxima muito da elevação ao máximo do lucro total.

De fato, em casos muito singelos é espantosa a maneira como os gerentes chegaram àquilo que os matemáticos deduzem quando usam os métodos mais precisos da análise matemática.

No entanto, é fácil ver que o problema pode tornar-se muito complicado e que nenhum enfoque do bom-senso terá a certeza de chegar à resposta correta. À medida que o número das condições limitantes e das atividades aumenta, o espírito humano não é capaz de pôr em ordem todas as várias espécies de situações que podiam aplicar-se e colocar as peças do quebra-cabeça nos lugares certos.

Nas últimas duas décadas uma grande quantidade de trabalho foi feita com relação aos problemas de tipo que estamos discutindo. Há maneiras diretas de aumentar o lucro líquido, expresso pela equação dada acima, sujeitas a todas as espécies de restrições impostas por interesses financeiros, tecnologias de vários tipos, limitações de pessoal etc.

De fato, em alguns casos, se as atividades podem ser decompostas de certas maneiras, pode ser possível lidar com mais de um milhão de atividades sujeitas a cerca de 35.000 equações restritivas. É evidente que uma porção pode ser descrita nestes termos. Naturalmente em tal situação é necessário usar computadores para executar as operações matemáticas por meio daquilo que os matemáticos chamam um "algoritmo". O administrador nesse caso introduz no modelo a informação básica a respeito do lucro liquido, custos e restrições. O computador, ajudado pelo matemático, engendra o plano "ótimo".

Modelos do tipo que estamos discutindo são muitas vezes chamados "modelos de programação linear". O rótulo "programação" parece bastante claro, porque o tipo de pensamento que temos examinado refere-se à maneira em que as atividades deveriam ser programadas. Isto é, temos pensado sobre a quantidade de atividade (inclusive nenhuma) que cada componente do sistema deveria executar. O termo "linear" descreve a maneira segundo a qual estabelecemos as equações e as restrições. Em cada caso fizemos a suposição de que o rendimento do lucro, os custos, o tempo e tudo o mais crescem proporcionalmente ao número de artigos que são produzidos e distribuídos. Em linguagem matemática, todas as equações que estabelecemos são equações "lineares".

Há algumas coisas muito bonitas que podem ser feitas com modelos de programação linear. Estas coisas têm muito de comum com a maneira como os administradores pensam tipicamente a respeito de seus sistemas e especialmente de seus recursos.

A diferença fundamental entre um recurso e o ambiente consiste em que os administradores podem controlar o volume do recurso enquanto o ambiente é dado. A distinção não é fácil de fazer. De fato, uma crítica frequentemente feita aos administradores é a de que são demasiado rígidos quando pensam nas restrições; podem agir de maneira excessivamente cautelosa, admitindo não poder ir além de certos limites "prescritos".

Por cxcmplo, falamos acima sobre o fato de que certos produtos exigem trabalho especializado. Se alguns desses produtos são muito lucrativos, o administrador audacioso poderia perguntar por que não haveria de tomar a seu serviço mais um homem para fazer o trabalho e com isso dobrar a quantidade de tempo de trabalho especializado disponível. Isto, argumentaria ele, permitiria fazer maior quantidade dos artigos lucrativos. Um administrador mais cauteloso poderia julgar que foi até o limite em assalariar trabalho especializado, e assim recusar-se a ir além da restrição. No primeiro caso o administrador considera o trabalho especializado adicional como um recurso, enquanto no segundo caso o administrador considera-o limitado pelo ambiente.

O cientista pode ter uma ação útil neste debate entre o cauteloso e o audacioso. Graças à técnica matemática, pode ajudar a responder à questão, mostrando o custo associado a uma dada restrição. Isto é, pode mostrar de quanto o lucro aumentaria se fosse disponível um número maior de horas de trabalho especializado. Esta técnica, diz ele, é muito útil no estabelecimento do orçamento da firma e de grande valor informativo para os investidores. O orçamento, com efeito, estabelece o limite de gastos em vários componentes do sistema; uma coisa que atormenta o espírito de toda pessoa que faz um orçamento é saber se as limitações que estabeleceu são demasiado liberais ou demasiado estritas. Um modelo de programação linear pode dizer a vantagem que proviria de acrescentar ou subtrair dólares destinados a cada atividade. Mas, por mais elegante que seja a técnica, não resolve completamente o problema do investidor ou do planejador do orçamento. Se fico sabendo que, ao relaxar uma limitação, posso aumentar o lucro de tantos dólares, que se segue daí? Como investidor, tenho de decidir se este aumento é justificado em função de outras oportunidades para o investimento. Mas isso significa que há um sistema mais amplo – o espectro inteiro dos investimentos – que devo considerar, mas *que o cientista da administração ignorou.*

Vemos ainda uma vez a rachadura na couraça de nosso herói: parece preso ao sistema particular que está estudando e deve permitir que alguma outra forma de julgamento "não científico" ou mesmo "não sistemático" assuma o comando quando os assuntos em questão vão além do sistema a que está encadeado. O senhor neste ato é o investidor, que esquadrinha a totalidade do mundo de oportunidades de investimento; o cientista de administração é seu escravo, que trabalha em um dos muitos domínios do senhor.

A mesma questão surge quando perguntamos quem terá responsabilidade pelos dados que o cientista de administração usa. Não é certamente fácil determinar quanto custa fabricar um produto, mesmo no caso mais simples. No princípio eu disse que supor que os contabilistas nos deem os dados exatos é irreal. Não se pode sempre acreditar naquilo que nos dizem porque uma parte de seu trabalho é feita com finalidades de pagamento de impostos, e por conseguinte as determinações de custo podem realmente não ser importantes para o aspecto de lucro do quadro. Em qualquer caso, as incertezas a respeito dos preços e das vendas etc. introduzem a necessidade de fazer várias espécies de juízos subjetivos, e quando se incluem estes no modelo pode-se verificar que a inexatidão da informação produz resultados totalmente errôneos.

Mas uma questão mais profunda surge do mesmo tema básico que envolve a determinação das restrições corretas: cada dólar que uma linha de produção usa é um dólar do investidor. Mas o investidor não está somente interessado nas 100 linhas de produção desta firma, mas em uma multidão de outras oportunidades também. Por conseguinte, para ele um "custo" tem de ser avaliado em função de todas as suas oportunidades perdidas. Os contabilistas, contudo, preocupam-se apenas com este sistema e suas 100 linhas de produção. Sua visão estreita pode destorcer totalmente o verdadeiro custo para o investidor. E se o cientista aceita os contabilistas como coletores de dados, ele também não merece confiança.

Ainda mais, indicamos como o modelo da firma pode ser irreal em termos de suas suposições "simplificadoras", que foram introduzidas com o fim de atingir a elegância matemática.

O cientista pode dar uma resposta parcial às acusações de uso de dados errôneos ou de um modelo supersimplificado. Existem, diz ele, algumas técnicas de "sensibilidade" matemática elegantes que fornecem um meio de determinar a gravidade dos conjuntos inexatos de dados. É possível pedir ao computador que execute uma experiência com o fim de responder à seguinte questão: Qual seria o resultado se estes custos fossem na realidade duas vezes mais altos, ou qual seria o resultado se as suposições fossem mais realistas? Mas mesmo assim, se o erro possível é grave em termos dos interesses do investidor, que acontece?

A resposta evidente dada pelo cientista é também difícil para ele, a saber, estender o modelo até as considerações mais complicadas e mais amplas do administrador. Na verdade, até certo ponto o cientista pode fazer isso. Por exemplo, pode tratar o problema quando a relação entre a quantidade de atividade e a contribuição para a medida do rendimento não é linear. Isto pode ocorrer, por exemplo, quando a quantidade vendida depende do preço, de modo que quanto mais baixo o preço, maior o número de artigos são vendidos. No modelo simples não entramos em detalhes sobre este aspecto crítico do ambiente que chamamos a demanda feita ao sistema. Não fizemos isso porque a demanda feita ao sistema era, por assim dizer, infinita. De acordo com nossa própria suposição simples, os consumidores comprariam qualquer quantidade de mobiliário ao preço oferecido. A situação mais realista é aquela em que os consumidores reagem negativamente aos altos preços e favoravelmente aos preços mais baixos. Se a publicidade for incluída no quadro, então ocorrem outras complicações. Temos de explicar em maiores detalhes dentro de nosso modelo os vários modos em que os consumidores podem reagir às coisas que um sistema faz, e a maioria dessas reações não resultarão em tipos de equações lineares simples. Contudo, em muitos casos é possível para o cientista de administração expressar as relações em termos não lineares e resolver o problema, mesmo se a matemática se tornar mais complicada e se a quantidade total do tempo do computador for maior.

Ademais, vale muitas vezes a pena considerar um sistema não do ponto de vista da certeza, mas da probabilidade. Se forem atribuídas probabilidades em vez de certezas aos acontecimentos que podem ocorrer, o cientista pode usar as técnicas muito poderosas da teoria da probabilidade com o fim de resolver os problemas do administrador.

Existe também o tamanho do modelo matemático. Pode ser verdade que nem todas as oportunidades do investidor tenham sido apreendidas no modelo simples da firma de uma linha de produção de 100 produtos, mas podemos em tempo aumentar esse modelo para incluir aspectos cada vez mais numerosos do mundo do investidor.

O aumento da finalidade e complexidade na ciência da administração não é demasiado diferente do que tem lugar em qualquer outro campo. A indústria moderna começou com tipos muito simples de modelos de maquinaria; com o tempo, os engenheiros determinaram o modo de fazer a máquina fabricar todas as espécies de coisas complicadas em ambientes complicados. Da mesma maneira, os matemáticos que trabalham em modelos de administração são capazes de introduzir nos modelos toda espécie de considerações; é uma questão de tempo. Podem aumentar o tamanho dos modelos, fazer entrar neles várias incertezas e julgamentos e de fato começar a enfocar as realidades com que o administrador se defronta.

Houve muitas aplicações do enfoque de programação linear para o estudo de sistemas, produção, distribuição, comercialização, atribuição de pessoal etc. Nessas aplicações o cientista não é tão rígido como o modelo indicaria. Compreende que há uma larga margem para erros, e daí a necessidade de planejar a parte administrativa do sistema de modo a poder reagir oportunamente às consequências do erro. Especialmente é essencial evitar incompreensões na empresa a respeito do que o modelo pode fazer e do que não pode. Há um famoso caso em que a programação linear foi aplicada "com êxito" à alocação de vagões de carga de uma grande ferrovia. Criou-se uma instalação de computadores que imprimia uma tabela diária, derivada dos dados nelas introduzidos sobre as demandas dos clientes. Mas, embora a administração de cúpula entendesse este enfoque sistêmico, a administração média não entendia. A administração média acreditava que ou o computador tinha razão ou ela tinha. Como o computador tivera pouca ou nenhuma experiência com problemas ferroviários e suas complexidades, a escolha era óbvia. Em vez de considerarem o modelo como um auxiliar para tomar decisões diárias, julgaram-no um monstro ignorante e perigoso. E tinham a vantagem, porque alimentavam o monstro com seu alimento diário de dados; que pode haver de mais simples do que alimentá-lo com dados atrasados de uma semana? Não há nada mais tolo do que um computador que expele tabelas com uma semana de atraso. O custo da computação é o mesmo, tola ou não. O resultado foi que o modelo do cientista "não funcionou".

Para o cientista este exemplo pode não dizer nada, a não ser que se deveria sempre prestar atenção às atitudes das pessoas. Mas há aqui uma implicação mais profunda. Em primeiro lugar, o exemplo mostra o erro de admitir que, simplesmente porque a lógica é correta, a "solução" é também correta. De modo mais geral, mostra que há uma limitação fundamental em qualquer modelagem de um sistema, que *o sistema está sempre enquadrado em um sistema mais amplo*. Do ponto de vista do investidor, qualquer companhia dada é apenas uma parte do âmbito total de seu interesse. Do ponto de vista dos administradores médios, a companhia é também somente uma parte de seu interesse total de vida, e, quando surgem ideias que ameaçam seus "sistemas", naturalmente resistem a elas.

Por conseguinte, por mais maravilhosamente que um sistema específico funcione, relativamente a um sistema mais amplo pode absolutamente não "funcionar".

Em suma, os verdadeiros custos associados a um sistema refletem sempre o modo em que o sistema mais amplo se comporta. O que o cientista tem chamado "enfoque sistêmico" – ao menos neste ponto de nossas considerações – tem sido sempre o sistema limitado. Com o fim de chegar a medidas de eficácia, consideração de recursos e ambiente e os componentes, foi essencial para ele limitar-se a admitir alguma medida de rendimento aceitável que é somente dotada de significado em um sentido limitado. Disse acima que os modelos de programação linear podiam ser muito úteis para os planejadores de orçamentos na consideração da alocação de fundos aos vários departamentos e divisões de uma empresa. Enquanto a operação de orçamentar é tomada no interior do sistema, não se discute esta vantagem. Mas o sistema mais amplo que aloca os fundos em primeiro lugar à empresa não pode ser descrito pela ciência da administração, a não ser que o cientista seja capaz de criar um modelo ainda mais amplo para descrever as atividades do sistema mais amplo. Contudo, quando passamos às considerações de sistemas cada vez mais amplos, os problemas de complexidade tornam-se enormes. Isto pode ser visto muito claramente no caso da medida de rendimento de um sistema. Se o cientista aceita, com base em alguma autoridade, que a medida de rendimento deve ser o lucro líquido, ou o número de estudantes formados ou o número de automóveis que usam as estradas sem pedágio, então o problema dos valores não aparece em forma crítica. Não aparece, porque algum outro sistema, mais amplo, decidiu o que deverá ser. Mas se agora ele tentar examinar o sistema mais amplo, tem de perguntar a si mesmo se estas medidas têm qualquer sentido e aqui suas linhas diretrizes começam a tornar-se inteiramente indistintas.

Em geral, podemos dizer que quanto maior se torna o sistema, quanto mais as partes interatuam, quanto mais difícil é compreender as coações ambientais, tanto mais obscuro se torna o problema de saber quais os recursos que deveriam estar à disposição e, mais profundamente que tudo, tanto mais difícil se torna o problema dos valores legítimos do sistema.

O administrador também não pode aceitar com fácil confiança a noção de que o cientista ampliará gradualmente sua perspectiva para modelos cada vez maiores, porque o administrador tem todo direito de perguntar que sistema garante o sucesso do cientista. Afinal de contas, foi o cientista que introduziu o "enfoque sistêmico" em primeiro lugar. Como foi ele que o introduziu, os adversários têm o direito de lançar-lhe em rosto de volta o seu próprio método. É *ele* parte do "sistema total"? Se é, que espécie de parte? Há alguma característica do sistema total que diz que a ciência deve ter êxito mesmo em face de todos os erros – às vezes erros irreversíveis – que comete? Quando o cientista insiste conosco em que examinemos os "programas" por seu "quanto dá", que há com seu próprio programa? É caro, difícil de compreender e, de acordo com sua própria confissão, de alcance limitado.

Mas este ataque ao cientista pode ser demasiado rude. Há de fato uma maneira perfeitamente lógica em que pode defender-se, modificando sua posição um tanto rígida. Afinal, pode ele dizer, estou defendendo uma filosofia da vida tanto quanto um método de aprendizado. Se meu método preciso de aprendizado não pode ainda ser estendido de maneira precisa até as obscuridades dos sistemas mais amplos, pelo menos minha filosofia pode. E se minha filosofia precede meu método exato na exploração de sistemas totais, quando minha capacidade técnica alcançá-las estaremos muito melhor preparados para usá-las.

Qual é esta filosofia? Bem, é a crença de que os sistemas de administração podem ser considerados essencialmente como sistemas precessadores de informação, nos quais a informação toma a forma de dados sobre objetivos, ambiente, recursos e componentes (missões). Mesmo que um modelo exato não possa ser construído, o "modo de pensar" inerente aos modelos de programação pode ser usado de maneira muito rica.

O adversário do cientista terá uma pronta resposta, ou um conjunto de respostas. O antiplanejador nunca pode reconhecer que qualquer "modo de pensar" que ignora a rica experiência e o julgamento possa ter qualquer valor. Afinal, dirá ele, este país sempre confiou nos homens experimentados para abrir caminho, e veja onde estamos hoje. O humanista, por outro lado, olha para a situação em que estamos hoje e não fica feliz com ela. Aparentemente nossos "dirigentes experimentados" são muito capazes de fazer uma porção de coisas em cidades, países e no mundo todo. Mas o humanista não está feliz em tratar a responsabilidade com o caráter das pessoas como o cientista, que pensa nos homens como processadores de informação.

Mas concordamos em dar bastante corda ao "cientista" para que se enforque a si mesmo. Coloquei o nome dele entre aspas porque se tornou um filósofo, e ninguém sabe se estas criaturas são científicas. No próximo capítulo veremos como o cientista que virou filósofo enfoca as complexidades da programação no mundo real.

II
Aplicações do pensamento sistêmico

6. Orçamento-programa

Deixamos agora as claras e tranquilas águas do modelo matemático e procuramos atravessar os lamacentos pântanos da realidade. Mas o cientista da administração deseja conservar sua lógica, mesmo se tem de perder suas equações. A "realidade" que temos de enfrentar é o problema de fazer o orçamento de atividades de um órgão do governo do Estado. Esta realidade aparentemente desafia uma formulação precisa sob o aspecto de um modelo, mas, apesar disso, o cientista desejará pensar sobre o problema à sua maneira. O modo de pensar que exploraremos é frequentemente chamado "planejamento e orçamento-programa" (PPB)*. Há muitas definições do planejamento e orçamento-programa na literatura do assunto, e a maioria de nós ficamos inteiramente frustrados em nossas tentativas de conseguir uma descrição do método exata e sem ambiguidade. Evidentemente, não existe esta descrição exata e sem ambiguidade porque cada autor introduz sua própria formação na sua definição. Neste capítulo consideraremos a noção do PPB do cientista da administração.

O capítulo II discutiu uma filosofia da administração na qual a única preocupação do administrador era ter a certeza de que partes específicas de sua empresa operam tão eficientemente quanto possível. De acordo com esta filosofia, uma vez que

---

* A sigla PPB é corrente na linguagem técnica brasileira porque corresponde a "planning, programming, budgeting" conservada no original inglês pelo uso [N.T.].

um administrador decidiu que uma parte é necessária, instalaria os detalhes administrativos que farão esta parte funcionar o mais eficientemente possível. Por conseguinte, esforçar-se-á por estabelecer o orçamento no nível que julga ser necessário para a operação eficiente. Esta maneira de compreender os processos orçamentários, diz o cientista de administração, ignora as relações entre as diferentes partes da empresa. Ignora também a importância relativa das operações de uma parte; como veremos, ignora igualmente alguns outros aspectos muito significativos da atividade empresarial.

Com o fim de obter uma visão geral do sistema, temos de proceder, como no capítulo III, considerando os objetivos globais, e em seguida identificando o ambiente, os recursos e os componentes (missões parciais).

A realidade que pretendemos examinar é o problema do alcoolismo, tal como se verifica numa sociedade moderna, e especificamente o problema do que um governo de Estado poderia fazer a este respeito[4].

Cada um de nós já se defrontou com o problema do alcoolismo de uma forma ou de outra; por exemplo, motoristas bêbados, pessoas da família alcoólicas, redução do rendimento do trabalhador como resultado de excesso de bebida, e assim por diante. A maioria de nós temos também consciência dos benefícios do álcool tomado com moderação.

Do mesmo modo que no caso de todos os problemas importantes de nosso sistema, não é fácil passar dos vagos sentimentos de desconforto que temos a respeito de um problema como o alcoolismo a um enunciado muito específico relativo ao

---

[4]. A ilustração aqui examinada é tomada do trabalho executado por A.H. Schainblatt na General Electric, TEMPO. Agradeço-lhe a permissão para usar este material.

seu verdadeiro significado, e, em consequência, ao que o governo do Estado deveria procurar realizar com o fim de resolver o problema.

Uma geração mais velha é familiar com uma solução para o alcoolismo, adotada pelos Estados Unidos na década de 1920. A ideia era resolver o problema do alcoolismo simplesmente eliminando a venda de todas as bebidas embriagantes no país inteiro. Os benefícios sociais do álcool foram assim jogados fora juntamente com seus males. Para aqueles de nós que vivemos durante os anos da proibição, tornou-se por demais evidente que os planejadores da proibição fracassaram em ter um enfoque sistêmico. Simplesmente não se deu o caso de que a proibição legal da venda de bebidas alcoólicas fizesse cessar o consumo do álcool. Na verdade, nas classes superiores existe a prova real de que a proibição criou maior oportunidade para o alcoolismo. As ilegalidades da compra de bebidas alcoólicas produziram um ambiente no qual o alcoolismo pôde florescer muito mais do que antes da proibição. A proibição teve êxito naquilo que era evidentemente sua finalidade principal, a saber, a prevenção da bebida entre as classes trabalhadoras.

O espírito da proibição como solução para o alcoolismo pode ser expresso na simples definição do objetivo de uma "missão" relativa ao alcoolismo: reduzir a quantidade de álcool na corrente sanguínea do cidadão médio. A ideia da proibição era que, instituindo coações legais à venda de bebidas alcoólicas, esta medida quantitativa de rendimento poderia ser "levada a um ponto ótimo". O cidadão médio, era o que se acreditava, consumiria menos porque poderia comprar menos.

Mas este objetivo – reduzir a quantidade média de álcool na corrente sanguínea do cidadão – constitui uma formulação adequada do problema? Para o cientista da administração a medida aventada assemelha-se à proposta de "cortar os custos" da filosofia da eficiência; a finalidade, diz ele, não deveria ser minimizar os custos, mas tornar ótimo o rendimento. Muitas pessoas reconhecem a vantagem de uma certa quantidade de consumo de álcool em ocasiões sociais. Mesmo aqueles que acreditam, por motivos morais ou de saúde, que não se deveria consumir nenhuma quantidade, não estão em condições de impor suas ideias ao resto dos cidadãos. A dificuldade relativa ao objetivo de minimização é que este deixa de exprimir os problemas reais ligados ao alcoolismo. Os problemas reais consistem nos tipos de comportamento manifestados ocasionalmente por pessoas que consumiram o que para elas era uma quantidade demasiada de álcool. Em termos vagos, isto significa que o consumo de álcool por parte de alguns indivíduos pode criar uma situação social e psicológica desvantajosa tanto para o indivíduo alcoólico como para as outras pessoas a quem está associado.

Notamos que, nesta definição do problema, o termo "cria" significa que devemos atribuir ao consumo de álcool as desvantagens sociais específicas que produz. Isto poderia ser feito, por exemplo, se pudéssemos reunir dados da seguinte maneira. Suponhamos que pudéssemos atribuir a um dado Estado, isto é, um número que representa a saída econômica do Estado em um dado período de tempo. Suponhamos que fôssemos capazes de relacionar esta saída econômica com os dias de trabalho por parte dos cidadãos do Estado. Finalmente, suponhamos que fossem capazes de atribuir ao consumo do álcool o número de dias perdidos pela força de trabalho do Estado (a este respeito a força de trabalho inclui tanto trabalhadores como empregados assalariados). Se fôssemos capazes de reunir todas estas informações, então poderíamos desejar dizer que, *na situação existente*, a medida do dano causado pelo álcool é a perda no produto bruto do Estado que tem lugar por causas relacionadas com o consumo de álcool. Grifei a expressão "nas circunstâncias existentes" para acentuar o ponto que um novo projeto do sistema total – por exemplo, a substituição do álcool por algum depressor muito mais inócuo – poderia modificar completamente toda a natureza do problema. Por conseguinte, como sempre acontece na ciência da administração, a particular medida de rendimento que escolhemos para um subsistema variará se o sistema total variar; ao iniciar um projeto habitualmente nos restringimos às condições existentes com o fim de poder começar.

Neste caso, então, sugere-se que a medida do mérito da missão relativa ao alcoolismo seja a quantidade de dano social provocado pelo álcool que a missão impediu, na qual "dano social" é medido em função de dias de trabalho perdidos menos o custo da administração da missão. Observemos que, como os dias perdidos de trabalho podem ser traduzidos em *custos* de tempo perdido, podemos esperar encontrar uma unidade comum de medida para a missão inteira e suas subatividades, isto é, um lucro *líquido*, o que é uma coisa muito desejável para o cientista.

A medida sugerida de mérito da missão tem muito da atitude "não humana", quando não "inumana", do cientista da administração em ação. O ponto principal a respeito do alcoolismo para o humanista são os pesares que uma família sofre por motivo de um parente alcoólico. Realmente, muitos alcoólicos podem ganhar a vida bastante satisfatoriamente, mas as noites de bebedeira produzem a tragédia da família. Há os moralistas, além disso, que veem no alcoolismo uma quebra da moralidade pessoal, que ocorre quer o indivíduo falte ao trabalho um dia, quer não. Finalmente, a dona de casa alcoólica não será contada na medida de mérito proposta para a missão porque normalmente ela não é um ganha-pão e outros membros da família tomam a seu cargo os seus dias improdutivos.

A toda esta queixa o cientista da administração responde que não existe maneira exequível de ter uma vista interior mesmo de uma mostra de lares onde haja alcoólicos, exceto nas famílias mais pobres visitadas por assistentes sociais; mas estas são seguramente uma amostra tendenciosa. Além do mais, como poderemos medir o pesar ou a imoralidade? Como veremos, o exequível torna-se o arcanjo do céu do cientista da administração; este é inteiramente guiado em sua prática e em sua moralidade por aquele espírito. Neste caso, não havendo qualquer alternativa exequível, deixa sua ideia como está, com o fim de guiar seu pensamento, embora conservando um espírito aberto para outras possíveis medidas à luz de novos dados. Para começar, portanto, diz que o problema do alcoolismo nas atuais circunstâncias consiste na minimização das perdas no produto econômico de um Estado como resultante do consumo de álcool. Mesmo para o cientista da administração orientado no sentido do que é exequível, esta definição por si mesma é incompleta, contudo, porque deixa de reconhecer os benefícios do álcool para muitos cidadãos do Estado. Por conseguinte, o cientista procura determinar um grupo "moderado" de consumidores de álcool, por exemplo, os "bebedores puramente sociais". Enuncia então o objetivo da missão da seguinte maneira: a minimização do dano social causado pelo álcool sujeito à condição de que a oportunidade de consumo por bebedores sociais moderados permaneça a mesma.

Realizada esta definição preliminar do problema, o cientista volta-se então para os tipos de atividades relacionados com a medida que formulou. Especificamente deseja considerar aquelas atividades que afetarão – positiva ou negativamente – o dano social produzido pelo alcoolismo. Em linguagem de planejamento de programas chamaremos estas atividades "programas". Numa primeira estimativa, os programas podem ser reapresentados em termos de 1) *prevenção* do alcoolismo, 2) atividades *corretivas* que têm lugar quando já ocorreu o alcoolismo, 3) *controle* do alcoolismo por meio de atividades médicas, econômicas, legais ou sociais, 4) *pesquisa* sobre o problema do alcoolismo, e 5) *administração* e manutenção geral das missões que tratam do alcoolismo.

Estes cinco programas gerais são muito amplos; por isso, com o fim de analisar as atividades, é necessário dividir o programa amplo em subprogramas. Por exemplo, com respeito à *prevenção* é fácil ver que 1) cursos e conferências educacionais podem valer ao Estado, ajudando as pessoas a compreender a significação do alcoolismo, seus perigos, e os meios de reagir aos sinais de perigo. O programa de prevenção pode também ser executado 2) por meios legais, por exemplo, por leis destinadas a impedir a venda de bebidas alcoólicas a menores, ou a venda de bebidas alcoólicas durante certas horas do dia. E finalmente 3) o programa de prevenção pode ser executado por métodos econômicos e financeiros, isto é, por taxas e medidas de controle de preços.

Mas pode-se ver também que mesmo nesta divisão haverá algumas partes que se superpõem a outras – por exemplo, entre as medidas legais e as econômicas –, e além disso que não é óbvio que estes três subprogramas esgotem todos os modos de prevenção do alcoolismo. Por exemplo, se julgarmos que o alcoolismo é um problema psicológico, então os métodos psiquiátricos podem ser essenciais na prevenção, assim como nos programas de reabilitação, quando o alcoolismo já se acha muito adiantado no indivíduo. Mas lembremos que o cientista começou restringindo sua atenção às condições existentes. Como no sistema total do Estado não existe até agora programa para a prevenção do alcoolismo por meio de tratamento psiquiátrico, elimina este subprograma possível nesta fase de seu pensamento. Restringe a atenção às condições existentes de modo a chegar a uma avaliação muito precisa dos subprogramas correntes. Como resultado desta avaliação, diz ele, será capaz de examinar o sistema existente e fazer algumas perguntas muito críticas a respeito dele.

Vejamos agora as atividades *remediadoras* da missão. Estas são importantes nos casos em que já existe o alcoolismo. Evidentemente o primeiro subprograma aqui será a descoberta da ocorrência. Como no caso do crime, a simples ocorrência da deficiência social nada significa a não ser que o Estado tenha conhecimento dela. Por conseguinte, a detecção torna-se uma subatividade necessária relacionada com a ação remediadora. Uma vez que a detecção tenha sido feita e o Estado esteja informado de uma situação alcoólica atual ou potencialmente perigosa, o passo seguinte consiste em fazer a triagem e avaliar, isto é, tentar apreciar os perigos reais. Isto será seguido, no caso de alcoólicos graves, por um tratamento "de prazo curto" em clínicas ou hospitais de desintoxicação e em seguida por um tratamento a longo prazo ou reabilitação. A reabilitação pode ter lugar por exemplo em clínicas ou hospitais psiquiátricos estatais. Em alguns casos não haverá o intento de reabilitar o alcoólico, mas em vez disso será conservado afastado da sociedade, em cárceres do condado ou em centros de tratamento para permanência prolongada. Por conseguinte, deveríamos separar esta atividade – chamemo-la "internação" – da reabilitação.

Embora a decomposição dos programas mais amplos em subprogramas possa parecer mais ou menos óbvia, o cientista da administração teve em mente uma finalidade específica, isto é, chegar a subprogramas cujas atividades sejam qualificáveis. Assim, pode determinar a quantidade de esforço de detecção em termos de homens-horas ou dólares, ou a *quantidade* de tratamento e reabilitação em termos de pacientes-dias. Na verdade, em todos estes subprogramas há várias opções para quantificar a soma das atividades, e o cientista procurará descobrir a medida que contribua mais claramente para a medida global do rendimento do sistema, o decréscimo no dano social.

De maneira semelhante, o cientista decomporá as atividades de *controle*, *pesquisa* e *administração* em subprogramas, cada um deles quantificável.

Sua tarefa seguinte é determinar quanto de cada subprograma é executado no sistema existente, não apenas dentro do órgão que trata do alcoolismo, mas em qualquer outro lugar no governo do Estado, porque é inteiramente claro que um certo número de outras partes do governo do Estado desempenha algum papel significativo na missão. Portanto, para determinar a quantidade de atividade executada pelo Estado na missão sobre o alcoolismo, o cientista deve observar outras partes para avaliar as atividades relacionadas com o "alcoolismo" nos outros departamentos de Estado. Pode-se começar a ver o que o cientista da administração entende por orçamento-*programa*: os programas e os subprogramas são identificados no sistema inteiro. Até aqui na discussão não há estabelecimento de orçamento, isto é, nenhuma decisão quanto ao modo de alocar fundos e pessoal para os vários programas com o fim de executar a missão sobre o alcoolismo. Nesta etapa do pensamento estamos puramente avaliando que quantidade de cada programa da missão está sendo executada atualmente. Esta avaliação pode ser feita se pudermos organizar uma matriz do tipo exposto na Tabela 1. No alto desta matriz aparecem os vários programas e subprogramas da missão relativa ao alcoolismo. O lado esquerdo da matriz mostra os órgãos governamentais que têm alguma quantidade de atividade em um ou mais dos programas. Por exemplo, o Departamento de Correção executa uma certa quantidade de atividade remediadora quando encarcera um prisioneiro alcoólico; detecta, faz a triagem, avalia e em certas ocasiões pode mesmo tratar e reabilitar o alcoólico. Tal como o sistema existente está montado, em outras palavras, as responsabilidades do Departamento de Correção, forçam-no a desempenhar um papel na missão sobre o alcoolismo. Na matriz foram colocadas marcas nos retângulos para indicar aquelas áreas uns quais um dado departamento do sistema existente desempenha algum papel nos programas e subprogramas da missão referente ao alcoolismo. A ausência de uma marca indica que o departamento em questão realiza pouca ou nenhuma atividade no correspondente programa.

Nosso trabalho agora é substituir as marcas por alguma medida de atividade. Do ponto de vista do orçamentador isto significa substituir as marcas por quantidades de dólares, por exemplo, traduzindo homens-horas e utilização de equipamento em dólares.

Agora, o problema do sistema torna-se muito difícil de analisar corretamente. Consideremos ainda uma vez o Departamento de Correção. Que quantidade de dólares é apropriada para representar a quantidade de atividade no combate ao "alcoolismo" executado por ele? Consideremos a seguinte resposta à questão: conte-se o número de presos que são alcoólicos, compare-se com o número total de presos, e confronte-se esta relação com o orçamento total do Departamento de Correção. Assim, se 10% de todos os prisioneiros são alcoólicos, então a quantidade de atividade no combate ao alcoolismo feita pelo Departamento de Correção seria 10% do orçamento do departamento. Mas poder-se-ia argumentar que este número é totalmente irreal, porque o Departamento de Correção faz muitas outras coisas com os presos, além de tratá-los do alcoolismo; ainda mais, nem todos os presos alcoólicos vão para o cárcere como resultado de seu alcoolismo.

TABELA 1

ÓRGÃO	\multicolumn{18}{c}{PROGRAMAS}

ÓRGÃO	Prevenção	Educacional	Legal	Econômica	Atividades Remediadoras	Detecção	Triagem e avaliação	Tratamento	Reabilitação	Internação	Controle	Médico	Econômico	Legal	Social	Pesquisa	Manutenção	Total
Departamento de Correção					✓	✓	✓	✓	✓	✓	✓			✓			✓	
Departamento de Higiene Mental					✓	✓	✓	✓	✓							✓	✓	
Departamento de Bem-estar Social		✓	✓	✓		✓						✓	✓		✓		✓	
Controle de Bebidas Alcoólicas	✓						✓	✓	✓		✓		✓	✓			✓	
Depart. de Autoridade de Menores	✓				✓	✓	✓	✓			✓		✓	✓				
Departamento de Saúde Pública	✓	✓				✓				✓	✓	✓				✓		
Patrulha das Estradas da Califórnia	✓	✓									✓							
Subvenção a Sanatórios de TB.					✓			✓	✓		✓	✓		✓				
Depart. de Veículos Motorizados					✓	✓					✓			✓			✓	
Depart. de Reabilitação									✓		✓		✓	✓				
Junta de Igualização														✓				
Apelação de Bebidas Alcoólicas	✓	✓																
Departamento de Educação	✓	✓	✓	✓	✓	✓	✓	✓	✓	✓	✓	✓	✓	✓	✓	✓	✓	
TOTAL	✓	✓	✓	✓	✓	✓	✓	✓	✓	✓	✓	✓	✓	✓	✓	✓	✓	

Para o cientista a questão precisa ser respondida em função da significação da quantidade de atividade para o rendimento total do sistema. Uma hora do tempo de um homem gasta unicamente em tratar do alcoolismo deveria ser atribuída a algum subprograma da missão, onde quer que ocorra. Se a hora de tempo também faz outras coisas, então somente uma parte dela deveria ser alocada. Por conseguinte, o cientista acredita que *em princípio* há um número correto (dólares ou tempo) para cada bloco da matriz. No entanto, quando o cientista procura determinar este número correto, entra logo em problemas políticos. Se o número consignado ao Departamento de Correção é grande, esse departamento tem razão de recear que seu orçamento para o ano seguinte seja reduzido, porque os legisladores argumentarão que está fazendo uma porção de coisas que não são devidamente ligadas com sua missão de "correção".

A situação pode parecer muito estranha para o cientista que não viveu dentro do sistema. A atribuição de números, que julga ser um procedimento objetivo, revela-se carregada de interesses políticos. Sem dúvida, o que está acontecendo é que o sistema mais amplo se intromete no subsistema. O cientista deseja recolher dados para determinar o orçamento correto, mas os próprios dados têm significado para todos os órgãos importantes do governo. Assim, a política reflete a extrema interdependência das atividades dos órgãos, de modo que o "alcoolismo" como missão não é realmente separável de outras missões estatais. Uma vez que o cientista não tem condições de abranger o sistema inteiro a este respeito, tem, em vez disso, de fazer a atribuição dos números por uma negociação política, na qual seja dada a todas as partes a possibilidade de expressar o argumento mais forte possível em favor de sua posição.

O cientista pode sentir um grande desconforto a respeito disto. Pode acreditar que o enfoque sistêmico é o método direto e precisamente racional de chegar a decisões sobre os sistemas.

Pode pensar que as lutas pelo poder político não resultam em um plano ótimo para a sociedade e que seu enfoque sistêmico é uma tentativa de eliminar todas as incertezas da política do poder e substituí-las pelo método "correto". Mas a necessidade de o cientista ser factível impede-o de criar uma imensa imagem do sistema e trabalhar com afinco no que pensa serem os dados objetivos. O sistema maior está aí, no entanto, e sua existência mostra-se na atividade política. O cientista mais arguto reconhecerá uma vantagem em vez de uma desvantagem na política de orçamento. De fato, chegará a ver que seu enfoque sistêmico oferece uma nova e importante arena para o debate político. Em vez de debater somente assuntos relativos aos modos últimos de proceder, o enfoque sistêmico permite que o debate seja levado até os próprios elementos a partir dos quais os modos de proceder são formulados: os dados básicos e a estrutura do sistema podem ser debatidos em cada parte do sistema. Evidentemente, ao adotar esta posição o próprio cientista da administração mudou. Não está mais imune às forças políticas de poder do sistema, nem pode pretender a posição de pura objetividade. O cientista torna-se agora uma parte inseparável do sistema e não fica de lado, por assim dizer, como se não pertencesse ao sistema.

Como deveria ser resolvido o problema de atribuir um número à matriz no debate político? *Quem* deveria ter a responsabilidade e a autoridade para fazer estas designações? O cientista de administração que acaba de renunciar à sua imunidade política não se acha essencialmente em uma situação melhor do que qualquer outra pessoa para tomar a decisão final. Nem deveria ser o chefe de qualquer dos órgãos, pois estes terão cada qual sua própria posição política para manter. Deveríamos então pensar em alguém, situado no cume do sistema, capaz de observar todos os seus aspectos de modo a tomar uma "conveniente" decisão? Deveríamos dizer, por exemplo, que somente o gabinete do governador é capaz de resolver conflitos referentes aos números que figurariam na matriz? Mas para o cientista isto seria uma maneira irracional de considerar o problema. O gabinete do governador é também uma unidade dentro da estrutura total do Estado, e dificilmente julgar-se-ia que adote uma posição puramente objetiva com respeito à política de poder que se trava entre os órgãos. Bem, deveríamos dizer que é o "público" que deve decidir, porque afinal de contas são as pessoas servidas pelo governo do Estado? Em outras palavras, prosseguiria o argumento, se o debate político entre os órgãos pode ser examinado pelo público, então o público pode decidir que aspecto da política está realmente servindo aos interesses públicos e que aspecto está servindo aos interesses egoístas dos chefes dos órgãos. Mas aqui é irreal esperar que o público decida cada item que seria inserido na matriz do tipo acima descrito. Ademais, esta matriz é muito pequena comparada ao tipo que surgiria em outros problemas do governo estadual e federal?

O cientista da administração chegou a um dilema conhecido. De um lado necessita dados para avaliar as atividades dos subprogramas, mas de outro lado não pode obter os dados, a não ser que compreenda inteiramente o sistema total. Mas não pode entender o sistema total até que tenha analisado as partes; este é o único enfoque exequível. Idealmente pode escapar do dilema argumentando que o debate político é por si mesmo uma espécie de procedimento de avaliação no qual surgem naturalmente considerações sobre o sistema inteiro. Assim, o cientista pode considerar o projeto de um "componente de negociação" do sistema, capaz de produzir os tipos de dados mais convenientes para a análise dos problemas porque são destinados a pôr em evidência os verdadeiros itens do sistema total. Como o enfoque sistêmico do cientista consiste em uma apresentação de projetos alternativos e a escolha do melhor projeto em função do objetivo do sistema total, esta ideia deve aplicar-se também ao método pelo qual os dados são selecionados por cientistas de sistemas e autores de decisões.

Infelizmente, seria politicamente ingênuo pensar que este componente de negociação possa ser projetado e usado. Na política de grandes sistemas como os governos estaduais, os vários componentes do sistema raramente se encontram face a face e portanto realmente nunca entendem as razões por que um componente sente de um modo e outro sente de outro modo. Na verdade, a política dos órgãos estatais torna necessário que cada qual procure sua própria meta. Se um número muito grande aparece na matriz, referindo-se ao Departamento de Correção, este considerará isso uma conjuração da parte de algum outro órgão para reduzir o orçamento do Departamento de Correção, de maneira que o órgão opositor possa acumular para si maior "império". O cientista, contudo, fará o mais que puder para obter que os órgãos se encontrem, a fim de que cada qual compreenda a maneira como o outro raciocina, eliminando assim os sentimentos de frustração que têm lugar quando não existe comunicação.

Em todo caso, qualquer que seja o modo como são recolhidos, os dados devem ser aceitos como conjecturais. Para o cientista será absolutamente essencial que, no processo permanente de planejamento e replanejamento para grandes sistemas, tenha uma oportunidade de voltar atrás sobre a base dos dados, com o fim de verificar onde concepções errôneas relativas ao sistema conduziram a dados incorretos.

Voltando à missão que tem a seu cargo o alcoolismo, até aqui temos discutido as atividades que habitualmente são executadas no governo estadual, e que contribuem para o desempenho da missão sobre o alcoolismo. Mas as atividades em si mesmas nada significam. O cientista deseja relacionar a magnitude das atividades com o rendimento total da missão. Se ele se mantém dentro do sistema existente, deseja determinar as necessidades *existentes e as demandas* para as atividades que ocorrem dentro do Estado e que são relacionadas com o alcoolismo. Esta análise requer fracionar os requisitos relativamente à sua origem e construir outra matriz, semelhante àquela anteriormente dada, na qual as entradas representam as demandas feitas aos vários programas da missão sobre o alcoolismo. Isto pode ser feito classificando as demandas em termos de várias espécies de pessoas, os "clientes" da missão relativa ao alcoolismo. A razão para classificar os clientes é avaliar a eficiência da missão, pois clientes diferentes receberão tipos diferentes de serviço e ganham diferente valor dado pelo serviço.

Obviamente, a primeira divisão básica é entre não alcoólicos e alcoólicos. O bom-senso também sugere uma separação entre os jovens e os adultos. Por conseguinte, separamos os não alcoólicos de menos de vinte anos daqueles que têm mais de vinte anos. Em seguida, subdividimos cada um desses grupos em não bebedores e bebedores. De maneira semelhante, entre os alcoólatras desejaríamos separar aqueles que estão no estágio reabilitativo, em vários graus de reabilitação, daqueles que estão no estado não reabilitativo, em vários graus de gravidade de seu problema de alcoolismo.

Supondo que esta fragmentação possa ser levada até uma coleção de dados, construímos então uma matriz (Tabela 2) que indica o número de indivíduos, ou, mais especificamente, o total de horas exigido pelos indivíduos de cada um dos programas arrolados sob a missão de combate ao alcoolismo. Por exemplo, sob o programa prevenção encontraríamos uma certa demanda da parte de indivíduos não bebedores de menos de vinte anos, por exemplo, para serviços educacionais, de maneira que estes jovens abstêmios possam tomar consciência dos problemas ligados ao alcoolismo e talvez nunca adquirirem o hábito. Neste caso, o cientista pode apreciar *na situação existente* a quantidade de atividade devotada a educar a juventude abstêmia. É evidente que no caso desta "matriz de requisitos" os mesmos problemas políticos surgirão na atribuição de números, como ocorreu ao tentar preencher a matriz de atividades (Tabela 1): Não haverá nenhum conjunto de dados explícito e objetivo que forneça o exato conjunto de números para a tabela. Assim, as escolas secundárias podem desejar mostrar que existe uma demanda real de educação sobre o alcoolismo, a qual só pode ser satisfeita acrescentando-se mais conselheiros. Aqui, ainda uma vez, o cientista fará o melhor que puder para criar um "sistema de negociação" para a determinação das exigências. Repetindo uma vez mais: a política ligada à atribuição de um número nessa matriz é uma política relacionada com as características do sistema inteiro.

As duas matrizes que vimos discutindo – uma relacionada com a quantidade de atividades em curso em cada subprograma da missão sobre o alcoolismo e a outra relacionada com as demandas – oferecem uma primeira avaliação de eficiência de todo o sistema. Se, por exemplo, verifica-se que as demandas reais para alguns dos programas são muito grandes comparadas com as de outros programas, e, no entanto, as atividades, representadas em quantidades de dólares, são o inverso, há razão para suspeitar que o atual plano de atividades não é adequado.

Se o cientista esforça-se em estabelecer o orçamento em função das demandas existentes, toma a segunda matriz, que representa as demandas existentes para os vários subprogramas, e se esforça por reconstruir a primeira matriz, de modo que esta satisfaça mais convenientemente estas demandas. Por exemplo, se a maior demanda na segunda matriz ocorre na primeira fase de reabilitação do alcoolismo, expressa em termos de homens-horas de serviço, e se esta primeira fase da reabilitação requer essencialmente trabalho clínico, o cientista espera que esta atividade seja correntemente refletida na primeira matriz em função dos dólares gastos, digamos, no subprograma médico de reabilitação. Se não for esse o caso, ele acredita ter razão em suspeitar que nas condições existentes a missão não está sendo executada satisfatoriamente e requer-se a realocação dos fundos.

Tabela 2

PROGRAMAS	Não alcoólicos				Alcoólicos						TOTAL
	Menos de 20 anos		Acima de 20 anos		Reabilitação			Não reabilitação			
	Não bebedor	Bebedor	Não bebedor	Bebedor	Fase 1	Fase 2	Fase 3	Classe 1	Classe 2	Classe 3	
Prevenção											
Educacional	✓	✓	✓	✓							
Legal											
Econômica											
Atividades remediadoras											
Detecção					✓	✓	✓	✓	✓	✓	
Triagem e avaliação											
Tratamento					✓	✓	✓	✓	✓	✓	
Reabilitação											
Internação					✓	✓	✓	✓	✓	✓	
Controle											
Médico	✓	✓	✓	✓	✓	✓	✓	✓	✓	✓	
Econômico	✓	✓	✓	✓	✓	✓	✓	✓	✓	✓	
Legal					✓			✓			
Social											
Pesquisa	✓	✓	✓	✓	✓	✓	✓	✓	✓	✓	
Manutenção	✓	✓	✓	✓	✓	✓	✓	✓	✓	✓	
TOTAL											

É fácil ver como a análise da missão referente ao alcoolismo se ajusta à lógica do capítulo III. Cada subprograma é um centro de atividade. Quanto maior a atividade em cada centro, mais alta a medida global do rendimento, mantidas iguais as demais condições. Por exemplo, quanto maior for a educação preventiva, menor será o dano social causado pelo consumo do álcool. Cada atividade em princípio tem uma "taxa de contribuição" para a medida global, isto é, para cada atividade há um coeficiente de rendimento, grosseiramente estimado partindo da matriz de exigências e do custo da atividade. O plano ótimo é aquele que eleva ao máximo a contagem de pontos global por uma alocação racional das atividades em cada subprograma, sujeito às restrições de mão de obra e de fundos.

Na prática real da programação e orçamento-programa a matriz de requisitos é comparada com a matriz de atividades, com o fim de chegar-se a um julgamento sobre os custos e os lucros de cada atividade. Em princípio, admite-se que este julgamento avalia os coeficientes relacionados com cada atividade. Lembremo-nos que no capítulo III cada coeficiente representava a contribuição liquida, isto é, os lucros totais menos o custo. Ao chegar a um julgamento sobre o custo-lucro, considerável esforço pode ser posto na análise econômica da contribuição de cada atividade. O que resulta então é uma nova matriz na qual os lucros de cada atividade podem ser comparados com seus custos. Assim, o simples tamanho da atividade na matriz de requisitos não deveria ser considerado como sinal de verdadeiro proveito.

Suponhamos por exemplo que os sistemas escolares comecem a iniciar cursos sobre o alcoolismo para a juventude; então a tabela de requisitos mostrará uma grande demanda para a educação no programa de prevenção para os jovens de menos de vinte anos. Mas poder-se-ia achar que estes programas educacionais não têm proveito algum, porque as causas que levam os jovens a beber são de tal natureza que a simples existência de cursos acessíveis a eles nas escolas secundárias não significarão nada relativamente à sua decisão de beber ou de não beber. Consequentemente, o mero tamanho dos requisitos partidos de qualquer setor dos cidadãos do Estado não indica a verdadeira medida do rendimento, sendo exigida uma análise mais precisa do benefício.

Evidentemente, há muitas variações deste esquema de orçamento-programa. Mas nosso interesse aqui está menos nos detalhes dos esquemas e mais na lógica subjacente. Por que este enfoque do orçamento é correto? A lógica subjacente, de acordo com o cientista da administração, deve ser encontrada dos modelos "mais puros" de alocação, como aquele que foi descrito no capítulo V. Esta lógica foi realmente transportada para os procedimentos orçamentários?

O cientista tem muitas razões de não se sentir satisfeito no que se refere às técnicas de orçamento-programa, qualquer que seja o modo como são realizadas. Uma das principais razões dessa preocupação é que o PPB é uma técnica, e, na medida em que é isso, deixa de ser uma pesquisa. Sempre que se verificam sérias lacunas no conhecimento, a técnica de orçamento tem de fazer julgamentos, julgamentos frequentemente muito subjetivos e malfundados. Do ponto de vista do cientista, a saída importante da técnica de um orçamento de programa não é o orçamento em si mesmo, mas a compreensão das lacunas no conhecimento.

Desde que começamos a levantar essas questões sobre a adequação do sistema existente, estas lacunas em nosso conhecimento tornam-se muito visíveis. Por exemplo, pode ser verdade que a educação secundária seja ineficiente como preventivo do alcoolismo nas condições existentes, mas uma alteração no ambiente social (p. ex., a instituição de "clubes da juventude") poderia aumentar grandemente os benefícios dos cursos das escolas. Segundo a maneira de ver do cientista, na consideração de grandes sistemas muitos problemas são revelados por meio do enfoque sistêmico, problemas que ainda não foram resolvidos e, *portanto*, requerem programas de pesquisa a fim de solucioná-los. A grande vantagem do enfoque sistêmico, diz o cientista, é que estes problemas surgem de modo muito específico e significativo, e assim podemos relacionar diretamente a saída da pesquisa com a solução dos problemas básicos do governo do Estado. Assim, se perguntarmos a nós mesmos se deveria haver cursos e conferências na escola secundária sobre os efeitos do alcoolismo, estamos perguntando em que ambiente esses cursos e conferências poderiam realmente levar à prevenção do consumo do álcool e especialmente do consumo de álcool socialmente perigoso. Pode bem acontecer que haja registros passados que forneçam informação sobre a relação entre programas educacionais da escola secundária e a prevenção real, mas a análise desses registros só pode ser feita por métodos de pesquisa. Se os dados não estão disponíveis, os métodos de pesquisa exigirão o estabelecimento de várias espécies de programas experimentais.

O ponto sobre o qual o cientista insiste é certamente importante para a ciência social. Quando passamos do sistema existente, isto é, dos dados disponíveis existentes, para os problemas mais profundos de saber se o sistema existente é adequado para realizar uma dada missão, é necessário, diz ele, enunciar claramente as lacunas de nosso conhecimento. Estas lacunas definem programas de pesquisa nas ciências sociais que são especialmente engrenados para resolver problemas de um sistema total. Portanto, em vez de ter uma proliferação de estudos sociais tratando de problemas *ad hoc* que o cientista social inventa, o enfoque sistêmico fornece um plano para a pesquisa social, mostrando os tipos particulares de problemas que precisam ser resolvidos a fim de se atingir uma alocação racional de recursos para as missões do sistema.

A fim de tornar clara a questão do cientista olhemos para trás, sobre o que temos feito até aqui, relativamente ao sistema existente. Conforme indiquei no começo do capítulo, é muito provável que a bebida do álcool não crie desvantagens sociais, mas, ao contrário, crie benefícios para uma classe do público bebedor. Se pudéssemos reconhecer as características dessa classe, talvez, sob o aspecto de sua constituição psicológica, pudéssemos eliminar uma parte do problema total, vendo que nenhuma das atividades da missão relativa ao alcoolismo é de modo algum importante para esta classe de pessoas. Para especular um pouco, suponhamos que admitimos que no mínimo metade do gênero humano nunca beberia perigosamente, mesmo se tivesse inteira oportunidade de fazê-lo. Esta metade incluiria pessoas que não bebem por preferência, pessoas que só bebem muito moderadamente em grupos sociais, e assim por diante. Se tal é o caso, aplicar qualquer das atividades da missão sobre o alcoolismo a esta metade da população é uma perda de tempo. Sua própria constituição psicológica é tal que essas pessoas virtualmente nunca se encontram em condições de causar prejuízo social pelo fato de beberem, seja o que for que bebam. Se a pesquisa pudesse revelar a existência desta parte da população, teríamos alguma base para considerar a validade real da segunda matriz. Poderíamos perguntar a nós mesmos que espécies de atividades são atualmente dirigidas a esta população "inofensiva" e começar a julgar se alguma dessas atividades poderiam ser reorientadas para aqueles que são suscetíveis de beber perigosamente. A ideia situada atrás deste programa de pesquisa está contida no conceito de prevenção, isto é, a identificação do bebedor potencial perigoso em alguma etapa precoce, na qual a educação, o tratamento psicológico e talvez mesmo uma extensa assistência clínica poderiam evitar que chegasse a uma etapa posterior em sua evolução, quando a necessidade do álcool se torna perigosa.

Realmente, o cientista já tinha pensado no futuro, no argumento que acabou de fazer, quando estabeleceu os programas e subprogramas da missão sobre o alcoolismo. Há um item da sua lista chamada "pesquisa". O que diz agora é que o programa de pesquisa deveria tornar-se uma parte integral do próprio enfoque sistêmico e que a quantidade de atividade de pesquisa deveria ser determinada pela análise do sistema. Não se pode determinar que tipos e que quantidades de pesquisa são exigidas sem considerar em detalhe os vários programas que o cientista requer. O exame do sistema existente indica muitas deficiências em nosso conhecimento do modo como a missão de combate ao alcoolismo trabalha, e portanto conduz diretamente a uma definição do adequado programa de pesquisa[5].

O leitor já terá percebido há muito tempo como os argumentos do cientista da administração o arrastaram de novo, por bem ou por mal, para a voragem da intriga política e da luta pelo poder. Especificamente, por que deveríamos confiar nele para nos dizer quanto deveria ser destinado à atividade de pesquisa, se evidentemente é tendencioso? Do ponto de vista do sistema todo, a questão é saber que quantidade de fundos disponíveis deveria ser gasta em pesquisa com o fim de melhorar o sistema existente *versus* a prevenção ou a reabilitação. Para responder a esta questão devemos avaliar de quanto a pesquisa melhoraria a prevenção ou os programas de reabilitação. Mas mesmo o cientista tem de admitir que a pesquisa sempre é levada a cabo em um estado de ignorância. Talvez, para conhecer exatamente a quantidade com que um dado esforço de pesquisa contribuiria para um dado programa, necessitaríamos ter efetuado a pesquisa.

---

5. É interessante notar que, para muitos administradores de programas sobre o alcoolismo, "pesquisa" significa pesquisa médica e não pesquisa social, do tipo acima discutido. Assim, a necessidade da pesquisa muitas vezes não está em desacordo com uma análise sistêmica, mas com uma necessidade sentida".

Ainda mais, a política do Estado com relação à pesquisa no problema do alcoolismo não pode ser separada de sua política com respeito à pesquisa em vários outros aspectos da sociedade que interessam o governo do Estado: educação, saúde, legislação etc. Isto significa que a missão cujo objeto é o alcoolismo se superpõe parcialmente à missão de pesquisa do Estado. Isto é o que teria de ser, porque a superposição põe em foco a questão de saber se o sistema existente de atividades estatais é adequado. Esta é mesmo uma questão mais ampla do que saber se a missão sobre o alcoolismo existente é correta.

O cientista da administração está sujeito a ser varrido para o mar por esta torrente de questões, ficando assim longe da terra firme da exequibilidade. Seu pensamento levou-o a duvidar dos benefícios sociais da pesquisa e das atividades de desenvolvimento com respeito a todas as várias missões que o governo de um Estado dirige.

Na época atual o cientista da administração não tem meios técnicos para avaliar os benefícios sociais das atividades de pesquisa, mesmo se a questão for de importância crítica. Assim, nos Estados Unidos a alocação federal dos fundos de pesquisa pode estar inteiramente errada. Cerca de 90% dos gastos do governo federal em pesquisa e desenvolvimento vão para a área militar, o programa espacial e o programa de pesquisa nuclear. Embora todas estas três áreas sejam importantes, são todas devotadas à criação de diversas espécies de tecnologia. É verdade que o Departamento de Defesa teve papel pioneiro na criação de planejamento e orçamento de programas, que discutimos neste capítulo, mas seu programa de planejamento e orçamento é todo orientado para a missão de defesa. Consequentemente, no melhor dos casos, o Departamento de Defesa foi capaz de examinar a missão de defesa existente e perguntar se, dentro dos limites orçamentários, pode ser melhorado. Não perguntou se as atividades de pesquisa financiadas pelo Departamento de

Defesa são convenientes, em vista das demandas de atividades de pesquisa dos setores não militares de nossa sociedade.

Há certamente boas razões para o ceticismo de muitos políticos e administradores industriais no que se refere à utilidade da pesquisa em problemas sociais. O ceticismo surgiu do fato de que uma tão grande quantidade de pesquisa social é realizada de maneira fragmentada, reunindo enormes quantidades de dados, correlacionando-os e fichando-os em relatórios que, no melhor dos casos, têm modesto interesse para o leitor, e, no pior dos casos, são totalmente insignificantes para fins de tomada de decisões.

Embora o cientista da administração possa julgar que o enfoque sistêmico do planejamento e orçamento-programa pode ser a resposta à proliferação fortuita da pesquisa social, não tem politicamente uma posição sólida para executar suas ideias. De um lado, a comunidade acadêmica não deseja que lhe digam a pesquisa que deve realizar; ainda esposa a ideia tradicional de que a excelente pesquisa básica nasce da curiosidade intelectual. Esta própria curiosidade é criada dentro de cada indivíduo, ou, mais provavelmente, dentro de cada "colégio" de indivíduos dotados de espírito acadêmico nas várias disciplinas. Do outro lado estão aqueles que dispersam verbas; que argumentos coercitivos o cientista pode criar para convencer aqueles que controlam as verbas a apoiar a pesquisa sobre as "lacunas" que o cientista encontra no orçamento de programas? Quaisquer que sejam os argumentos que o cientista use, não podem ser baseados em um de seus "modelos", porque não sabe como fazer o modelo dos proveitos e custos da pesquisa. Mas, mesmo que pretendesse ter esse modelo, por que os autores de decisões deveriam confiar nele? Seria a mesma coisa que se um sindicato criasse um modelo que "provasse" que os altos salários e os lucros marginais fossem socialmente desejáveis.

Assim, o cientista da administração encontra-se na terrível posição de não ser nem totalmente puro nem totalmente impuro. Não é um cientista puro porque tem a fonte de sua pesquisa nas lacunas que encontra ao procurar realizar um enfoque sistêmico, e não partindo da sua própria curiosidade intelectual. Por outro lado, não é totalmente impuro também, porque resiste a tornar-se um político, pois não lhe é possível analisar as lutas de poder do sistema inteiro.

Estas preocupações do cientista da administração têm muito que ver com a definição do "enfoque sistêmico". Em vista disso, o enfoque sistêmico significa observar cada parte componente em função do papel que desempenha no sistema mais amplo; mas parece haver um profundo paradoxo nesta prescrição óbvia de racionalidade. O paradoxo é do tipo "quem decidirá?" Quem decidirá o modo de examinar cada componente, quando "examinar" significa "realizar extensa pesquisa"?

O paradoxo não é o fim, mas o começo da formulação de uma ideia. Sugere onde ir em seguida. Neste caso, o passo seguinte do cientista parece quase óbvio. Foi levado até o ponto em que vê lacunas na informação que julga necessária para tomar boas decisões, isto é, decisões baseadas num enfoque sistêmico. Isto sugere que teria feito melhor se mergulhasse mais profundamente no papel da informação na administração de sistemas. Talvez, se pudesse compreender melhor o correto projeto dos sistemas de informação de administração, estivesse em condições seguras para avaliar os benefícios da informação suplementar e, em consequência, se achasse no caminho de um sólido argumento em favor de mais ampla pesquisa.

7. Sistemas de informação de administração

Em muitas discussões do enfoque sistêmico encontra-se este conceito identificado à utilização de computadores para o processamento da informação. Uma companhia ou órgão governamental pode julgar que adotou um enfoque sistêmico para os seus problemas se pediu a uma companhia de computadores para examinar seu sistema de informação e determinar o modo como os computadores podem ser usados.

Evidentemente, nesta altura sabemos o suficiente sobre o cientista da administração para predizer que ele não dirá que o processamento da informação por meio de computadores, por si mesmos, constitui um enfoque sistêmico. Ora, os computadores são indubitavelmente um sistema; por isso, aqueles que planejam programas de computação com componentes físicos e pessoal habilitado no processamento de dados (hardware e software) têm de pensar sobre todo o complexo dos computadores do ponto de vista dos sistemas. Mas mesmo se o Departamento de Computação de uma companhia é bem-planejado do ponto de vista sistêmico isto não significa que suas atividades na companhia constituam um enfoque sistêmico dos problemas da companhia. Pelo fato de certas funções num hospital serem ligadas por um sistema de comunicação, tratado em parte por um computador, isto não significa que o hospital adotou o enfoque sistêmico de seus problemas.

Mas, como o cientista da administração deseja compreender o papel da informação na administração de sistemas, terá certamente de considerar os sistemas de informação existentes e passados e esperará encontrar muitas indicações nos projetos de sistemas computadorizados.

Entre os maiores sistemas de informação que herdamos do passado encontram-se as tradicionais bibliotecas. Poderá ajudar-nos a compreender o modo como o sistema de informação trabalha dentro de um sistema maior se examinarmos algumas das tradicionais maneiras de proceder e os esquemas dos sistemas de bibliotecas. Uma finalidade da biblioteca tradicional é reunir documentos de várias espécies, livros, artigos, mapas etc. e identificar a coleção de tal modo que uma pessoa que deseja um assunto nela contido possa encontrá-lo "com êxito". A medida do rendimento do sistema pode ser dada em função do tamanho da coleção e da capacidade de um usuário encontrar um documento da coleção. Estas duas medidas podem reduzir--se a uma, a probabilidade de que qualquer usuário do sistema obtenha o documento ou informação que deseja. Mas, do ponto de vista do sistema, esta medida por si mesma não é adequada, porque implicaria que, quanto maior a coleção, melhor a biblioteca, implicação que certamente não é verdadeira em geral.

Contudo, suponhamos que procedemos como se a medida tivesse pelo menos algum mérito e examinemos como trabalha este sistema de informação. O cientista da administração, como sempre, parte para a identificação dos componentes (programas) da biblioteca. Estes podem ser: solicitação de documentos, recepção, catalogação (identificação), armazenagem, busca, anúncio e pesquisa. Se consideramos a recepção e a catalogação na biblioteca tradicional vemos que a maior parte dos documentos enviados ao sistema não é rejeitada. A questão aqui é que, como o sistema não pode conhecer todos os possíveis pedidos, deveria armazenar um item, a não ser que houvesse forte probabilidade de que este item não tem valor ou nunca será requisitado.

O sistema tradicional evidentemente está longe de ser passivo. Tenta ligar os documentos armazenados no sistema de várias maneiras, a fim de que o usuário encontre rapidamente quando consulta o catálogo. Talvez um nome conveniente para esta atividade seja "construção de redes de fatos", isto é a inter-relação de vários dados de informação no sistema total. As redes de fatos permitem ao usuário encontrar um documento e ser informado sobre a existência de outros documentos que possam ter interesse para ele. Uma vez que tenha alcançado os documentos suplementares, novas indicações podem levá-lo a outros dados de informações de que necessita.

As atividades normais de recepção, catalogação e construção de redes de fatos são suplementadas por vários tipos de trabalho de pessoal especializado na biblioteca tradicional. Este trabalho surge de pedidos específicos feitos por usuários para a reunião de informação em uma certa forma, por exemplo, reunião de informação demográfica ou, no caso de companhias industriais, reunião de informação sobre vendas e custos passados.

Sentir-se-ia o cientista satisfeito ao dizer que a biblioteca tradicional está bem organizada em termos de um enfoque sistêmico? Esta questão, conforme vimos no capítulo anterior, é um tanto ambígua. Como indicamos aí, uma etapa do enfoque sistêmico consiste em considerar o sistema encaixado em um sistema existente e em suas exigências reais. Outro modo de considerar o sistema é levantar questões sobre o que seria o sistema se o sistema mais amplo no qual está enquadrado fosse radicalmente alterado. Mas mesmo se o cientista considerar a biblioteca tradicional dentro do sistema existente, tem um grande número de razões para ser cético em chamar sua organização uma "organização sistêmica".

Em primeiro lugar, parece óbvio que os programas da biblioteca não são examinados sob o aspecto de missões executadas pelo sistema mais amplo no qual a biblioteca está inserida. Por exemplo, em que lugar no sistema realiza-se a aquisição de documentos?

Numa universidade, os programas de solicitação e recebimento de documentos podem ser executados em um certo número de lugares, dentro da universidade, mas diferentes da biblioteca. Os departamentos individuais e os institutos de pesquisa normalmente solicitam e recebem um enorme número de documentos, o mesmo fazendo os professores individuais. A mesma coisa pode ser dita a respeito das bibliotecas dos órgãos governamentais e das bibliotecas de firmas industriais. A coleta de itens de informação prossegue em muitos lugares diferentes do sistema central de informação, oficialmente reconhecido, da biblioteca. Se o bibliotecário tivesse de responder à crítica implícita dizendo que, exceto para a biblioteca, todas as outras coletas de documentos destinam-se a finalidades muito especiais e a usos muitos especiais, o cientista insistiria na análise da demanda sobre as várias atividades do programa, assim como no último capítulo analisou a demanda de atividades executadas em seções do Estado diferentes daquela diretamente responsável pela missão sobre o alcoolismo.

Em segundo lugar, o cientista acha que os programas da biblioteca tradicional não são relacionados com a medida do rendimento da biblioteca. A medida do rendimento é feita em função do lucro para o usuário, menos os custos. Ora, muitos usuários vêm à biblioteca com um pedido específico que pretendem confrontar com o catálogo ou a memória do bibliotecário de referência. Uma parte muito significativa de cada pedido, a saber, que a informação buscada seja digna de confiança e verdadeiramente importante para as necessidades do usuário, não pode ser satisfeita pela biblioteca tradicional. De fato, a biblioteca tradicional tem de transformar a natureza do pedido de conhecimento feito pelo usuário em um pedido de um conjunto específico de documentos; a biblioteca não tem a responsabilidade de garantir a validade ou a importância dos documentos.

Finalmente, a biblioteca tradicional é organizada em vários departamentos e os custos são determinados segundo as linhas departamentais. Por isso os custos das várias atividades sistêmicas não são relacionados com as verdadeiras exigências dessas atividades.

Assim, o cientista acharia extremamente difícil atualmente estudar a biblioteca de uma universidade e esforçar-se por constituir um modelo de sua eficiência. Não seria capaz de dizer se as atividades da biblioteca estão contribuindo para a medida do rendimento do sistema constituído pela biblioteca, isto é, para benefício dos usuários. Assim, julgaria de todo impossível determinar se as alocações feitas para os vários programas e subprogramas são corretas. E finalmente não seria possível determinar o valor real da biblioteca para o sistema mais largo no qual a biblioteca está incluída.

Estas conclusões aplicam-se a qualquer dos sistemas bibliotecários bem conhecidos, a Biblioteca do Congresso, as bibliotecas universitárias, as bibliotecas da comunidade, as bibliotecas de firmas industriais, as bibliotecas de empresas de pesquisa. Consideremos, por exemplo, a biblioteca da comunidade, onde os cidadãos podem chegar e obter livros por duas semanas "grátis". Embora possa parecer ao cidadão médio que está obtendo leitura gratuita por esse meio, se fosse avaliar o custo para a cidade da compra e procura do livro que ele toma emprestado concluiria que seria muito mais barato se as pessoas comprassem seus livros em livrarias de livros de bolso. A medida do benefício para a comunidade da biblioteca comunitária é geralmente obscurecida por um grande número de fatores não analisados relacionados com a quantidade adequada de atividade que deveria ser executada em cada um dos programas da biblioteca. Por exemplo, pode julgar-se que o movimento dos livros é uma boa medida do rendimento da biblioteca; isto é, quanto mais frequentemente um livro é retirado, maior sua utilidade para o sistema, e quanto maior movimento de livros há na biblioteca total da comunidade, melhor o rendimento da biblioteca. Mas o movimento *por si* é simplesmente uma medida física da atividade de procura para os usuários.

Tal como o cientista vê o caso, do ponto de vista sistêmico, não se pode usar a quantidade de atividade física como medida de rendimento de um sistema. Tem-se de mostrar como a atividade é traduzida numa medida de utilidade ou valor. Por exemplo, um modo de obter uma grande movimentação numa biblioteca comunitária é anunciar e armazenar literatura pornográfica, ou literatura que trata essencialmente de histórias pungentes a respeito de comunistas, nazistas ou subprivilegiados. Nesses casos é adequado argumentar que a movimentação constitui uma verdadeira medida de rendimento da biblioteca? Talvez a procura de livros sobre saúde ou educação seja um tipo muito significativo de atividade do que a procura de novelas populares ou livros sobre viagens, mas talvez não. A questão é que, até compreendermos a relação entre a atividade e a utilidade dessa atividade para o sistema, não temos condições para examinar a biblioteca comunitária do ponto de vista sistêmico.

Agora, deve ser claro por que a simples computação da biblioteca tradicional, como foi descrita acima, não constitui um enfoque sistêmico para o cientista da administração. Por exemplo, há certo interesse hoje em colocar o catálogo da biblioteca do Congresso na memória de um computador, de modo que o usuário possa tratar com o computador quando requisita informação. Mas realizar isso não constitui um enfoque sistêmico da biblioteca para o cientista. Não constitui porque as questões sistêmicas básicas relacionadas com o catálogo e seu uso não foram respondidas simplesmente pelo fato de colocar o catálogo em forma legível pela máquina.

O exemplo da missão referente ao alcoolismo, do último capítulo, indica como o cientista deveria esperar aproximar-se do enfoque sistêmico de bibliotecas e outros sistemas de informação.

Em primeiro lugar, com o fim de incluir as necessidades do usuário, o cientista desejaria planejar o que se poderia chamar o "filtro de qualidade". Este seria um programa destinado explicitamente à filtração de dados que não mereçam confiança, sem importância e sem sentido, por meio de alguma espécie de juízo de um perito, no ponto em que a informação é recebida, e finalmente eliminando a informação quando já não tem mais qualquer uso.

Mas isso não é tudo que o filtro deveria realizar. Mesmo quando seja importante e digna de confiança, alguma informação deveria entretanto ser "esquecida" pelo sistema de informação. Isto é mais ou menos evidentemente verdadeiro se a importância da informação não paga o custo de seu registro, armazenagem e busca. Mas pode haver um papel mais profundo para a função "de esquecimento" nos sistemas de informação. Todo ser humano conhece as vantagens de perdoar e esquecer. Formam parte de suas relações vivas com os outros. Contudo, quando chegamos às grandes empresas, parece que negligenciamos as missões que a vida individual há muito nos ensinou. Julgamos que, justamente porque podemos registrar e armazenar a informação significativa, deveríamos fazer isso, "para o caso em que em algum tempo mais tarde gostássemos de recordá-la". Mas a própria posse da informação pode tornar-se uma grave desvantagem em atividades ulteriores do amplo sistema. A profissão jurídica há muito aprendeu a grande vantagem de esquecer a informação. Se toda a informação fosse usada na profissão jurídica, a profissão cairia num atoleiro sem saída de confusão judiciária.

Um excelente exemplo dos males da falta do esquecimento está nos arquivos do FBI e outros semelhantes. O princípio dos fichários parece ser o de que deveria ser reunida a informação a respeito de todo indivíduo dos Estados Unidos se possível, de modo que "mais tarde", em caso de seu nome surgir relacionado com o esclarecimento de um caso de segurança ou uma ação criminosa, possa-se recuperar toda informação importante a respeito dele. O critério de importância é muito amplo; por exemplo, qualquer coisa dita por alguém sobre a pessoa pode ser considerada à primeira vista como sinal da importância da informação.

Isto significa que, quando o indivíduo é examinado mais tarde – para esclarecimentos, digamos –, então todos os itens de informação têm de ser recuperados e explicados, pois a própria armazenagem da informação permitiu à maior parte da "informação" atravessar seu filtro. Portanto, o fichário nunca esquece, e, porque nunca esquece, os tipos de males que estes fichários criam para a sociedade podem muitas vezes ser muito maiores do que os supostos benefícios. Para o cientista, existe a necessidade de adaptar o enfoque sistêmico a esses fichários, introduzindo uma medida de sua eficiência para os cidadãos.

Mas ao tentar ajustar os sistemas de informação às necessidades do usuário, o cientista da informação está exposto a chocar-se com oposições. Em primeiro lugar, há a pessoa de espírito eficiente que argumentará que a falta de guardar a informação que mais tarde poderia ser julgada útil é um erro imperdoável. Além disso, diria ele, o desenvolvimento da tecnologia e armazenagem da informação, em microfilmes, fitas e discos, cada ano reduz o custo da armazenagem e da busca. Se o cientista da administração sustenta agora que o problema precisa ser analisado por um modelo que faz o balanço entre o custo da armazenagem e o custo da falta de ter a informação, choca-se imediatamente com seu velho problema do inexequível. Como pode predizer se a informação será útil ou inútil? O problema não é demasiado diferente do que os fabricantes de automóveis enfrentam ao guardar partes sobressalentes; algum proprietário de um modelo de 1925 está destinado a aparecer em algum momento. Semelhantemente, mesmo se um documento não foi pedido durante anos, alguém está destinado a aparecer e a requisitá-lo, do contrário sua inutilidade é evidente. Quanto à imoralidade da lembrança, isto é um problema que outros devem resolver, não o sistema de informação. Nenhuma biblioteca ou sistema de fichário, prossegue o argumento, deveria ter a responsabilidade de determinar como a informação é usada. Como poderia o sistema de informação controlar o comportamento do usuário?

O cientista pode certamente sentir o caráter razoável desses argumentos; tem também consciência de viver em uma civilização de pegas, que tende a guardar tudo que pode: edifícios, livros e escritórios. Sua tática evidente é exigir pesquisa sobre o uso da informação, mas pode facilmente compreender a oposição que este pedido produzirá. A *teoria* da informação é uma ciência segura, enquanto trata da transmissão de mensagens e não de sua significação para os usuários. Logo assim que entramos na pesquisa sobre o comportamento do usuário transformamo-nos em bisbilhoteiros, pessoas que espiam a vida dos outros. Não somente os humanistas fazem objeção, mas também os tecnologistas, que pretendem que a pesquisa não é capaz de revelar nada digno de valor.

Assim, o cientista acha quase impossível, no caso de sistemas de informação, avaliar o valor da pesquisa sobre o comportamento do usuário. Se for tecnicamente treinado, voltar-se-á provavelmente para os tópicos mais seguros da pesquisa: a estrutura dos fichários, as técnicas da busca, a separação automática e coisas semelhantes. Seu enfoque consistirá em admitir que o sistema mais amplo, no qual o sistema de informação está incluído, é um sistema satisfatório. Isto é, esforçar-se-á por projetar um sistema de informação admitindo que o sistema existente é correto, assim como no último capítulo começou a projetar uma missão sobre o alcoolismo admitindo que o sistema estatal existente era adequado. Admitirá portanto que um sistema de informação está tendo um desempenho satisfatório, se "satisfaz" os requisitos feitos, mesmo se os requisitos explícitos não representem as verdadeiras necessidades.

Assim, a maioria dos sistemas de informação baseados em computadores operam hoje conforme a atitude tradicional com relação às demandas: o sistema de informação, por si mesmo, não se preocupa diretamente com a legitimidade das demandas. Sua medida de rendimento consiste somente na satisfação das demandas, qualquer que seja o modo como forem feitas. Os sistemas são projetados para dizer ao usuário o que está no documento, e eles peneiram a qualidade em um sentido muito amplo, mas não vão além disso: *caveat emptor*.

No entanto, o debate não precisa parar no ponto em que para a prática atual. A despeito do fato de que grandes exigências são feitas aos sistemas de informação baseados em computadores e estes são muitas vezes retratados como *o* enfoque sistêmico, em um sentido muito fundamental o cientista acredita que eles deixam de representar sua filosofia dos sistemas. Fracassam simplesmente porque sua medida de rendimento é feita em função de negociações, em vez de ser feita em termos de benefícios. O verdadeiro benefício de um sistema de informação deve ser medido relativamente ao significado da informação para o usuário.

Suponhamos, pois, prosseguindo nessa ideia, que exploremos a noção de significado, mesmo se a possibilidade de testá-la empiricamente possa ser longínqua. Quando o cientista entra nessas especulações vai além dos sistemas existentes e procura imaginar como poderia ser realizado um plano que melhoraria o rendimento em algum sentido real.

Em primeiro lugar, em um gesto tipicamente científico, ele faz uma distinção. Esta repousa sobre a observação de que em muitos casos um indivíduo precisa de informação para preencher um quadro que está quase completo, mas ainda não de todo. O dado específico de informação necessário é, digamos, um item que completará o quadro; uma vez que tenha o item, o usuário pode decidir corretamente.

Imaginemos, por exemplo, um homem em um hotel quando o alarme de incêndio tocou. Ao se precipitar para o saguão, a questão que tem no espírito é saber qual a porta que conduz a uma saída segura. Note-se nesse caso que praticamente toda a tomada de decisão já foi executada; mas em seu "modelo" da situação falta um item, a saída correta. Logo que esse fato for captado, a decisão correta será tomada. Se o homem correndo para o saguão tem de abrir várias portas para determinar qual delas é uma saída e qual não é, então o custo da busca do fato pode ser desastroso, enquanto se existir um sinal dizendo "saída em caso de incêndio", o sistema de informação gerou informação que, do ponto de vista do indivíduo que escapa, tem um enorme valor comparado com seu custo.

Casos desse tipo são chamados "recuperação de fatos". Em alguns casos parece termos, ao menos em princípio, um modo de identificar a verdadeira necessidade. O valor da recuperação do fato é a melhoria do comportamento do usuário menos o custo de obtenção da informação, dado que a maior parte do modo de agir básico do indivíduo que toma a decisão foi estabelecida antecipadamente. Por exemplo, um engenheiro que está planejando uma ponte de uma certa maneira pode precisar conhecer a resistência de certos materiais. Irá a um manual e retomará os "fatos". Note-se ainda uma vez que o plano de ação básico e o modelo subjacente foram decididos. O engenheiro não está especulando a respeito de saber se a ponte deve ser construída, ou mesmo, nessa etapa, que espécie de ponte. Toda esta deliberação já se passou antecipadamente. Da mesma maneira, um viajante que está em dúvida como ir de São Francisco a Asheville, Carolina do Norte, irá a um guia de linhas aéreas com o fim de descobrir como fazer várias conexões. Estará empenhado no reencontro de um fato porque o plano de ação básico – isto é, a conveniência da viagem e o modo de transporte – foi todo estabelecido antecipadamente.

Mesmo o cientista fortemente orientado no sentido da exequibilidade e do planejamento de maquinaria vê como planejar e avaliar um sistema de informação de administração relacionado com a recuperação do fato. Se a população usuária é suficientemente bem-definida, o planejador de sistemas só necessita determinar a probabilidade de que um fato de uma dada espécie seja requerido e qual será seu provável valor. Deseja então reduzir ao mínimo o custo da recuperação do fato quando é necessário, em termos de dinheiro e tempo. Este é o princípio de acordo com o qual são planejados os horários das linhas aéreas, muitos sistemas de contabilidade, manuais de engenharia e hoje em dia alguns sistemas de computadores. Dada a evolução do computador, podemos esperar encontrar sistemas de recuperação de fatos muito mais requintados no futuro. O engenheiro de construção, por exemplo, pode ser capaz de comprar um consolo no qual datilografa [sic] seu pedido de informação e, em forma de "tempo alugado" do computador, receber uma resposta em questão de segundos.

Mas observemos que, mesmo no caso de recuperação do fato, o planejador do sistema tem de realizar algumas tarefas muito difíceis com respeito ao usuário. Não apenas tem de determinar o valor da informação por algum meio, mas tem também de armazenar no sistema o modelo ou plano de ação do usuário. Por exemplo, o horário da companhia de aviação armazena implicitamente um modelo de usuário, no qual é feita a suposição de que a viagem aérea é essencial. O guia não pergunta ao usuário, como o governo fez durante a Segunda Guerra Mundial, sobre a conveniência da viagem em primeiro lugar. Não diz: "Se o senhor usasse o telefone ou mesmo uma carta realizaria sua finalidade muito melhor e por um custo muito menor". E, contudo, este próprio enunciado deve ser considerado como informação. Em outras palavras, o planejador de um sistema muito simples de recuperação de fatos pode deixar de fornecer as mais importantes espécies de informação quando os pedidos são feitos. O "fato" exigido pode não ser o fato que se refere à partida de um avião, mas o da viabilidade de outro dispositivo de comunicação. Na verdade, existe a questão séria de saber se os sistemas altamente "eficientes" de recuperação de fatos não tendem a sufocar questões criadoras, por exemplo questões relativas ao sistema total do usuário. Ainda uma vez, a pura eficiência da operação pode mostrar que é muito cara.

Há também a questão do grau de confiança que o fato merece. Um horário de companhias de aviação é um dispositivo de previsão. A maioria dos viajantes não estão interessados no modo como os aviões viajaram ontem: estão interessados em saber como viajarão amanhã. Mas os guias de companhias de aviação não indicam que há uma certa probabilidade dos aviões não partirem por causa das condições do tempo ou por defeito na máquina. No entanto, esta é uma informação muito importante do ponto de vista do viajante. A fidedignidade de um "fato" no sistema de informação depende de um modelo de previsão. Em alguns casos este modelo pode ter uma alta fidedignidade, porque está bem-inserido em disciplinas tradicionais da ciência, enquanto em outros casos pode não ter.

Podemos ver agora que o enfoque sistêmico dos sistemas de informação administrativa implica um problema extremamente importante e no entanto difícil: Que espécie de modelo do usuário deveria ser armazenado no sistema, e qual seria a confiança oferecida pelo modelo com relação aos fatos? Consideremos a riqueza do sistema de recuperação do fato que está armazenado na cabeça de um perito, comparado com o sistema de informação armazenado em uma biblioteca. O sistema biblioteca evidentemente tem mais "fatos" do que o cérebro de qualquer indivíduo particular, por mais perito que seja. E, no entanto, se o cientista se voltasse para um perito seu amigo e dissesse, por exemplo, que está preocupado com um certo problema no campo da comunicação, o amigo pode muito bem replicar: "Bem, você deveria ler o último livro de Jones sobre o comportamento das abelhas". O amigo pode fazer isso porque tem um modelo muito claro do que o cientista está tentando fazer, e por isso pode relacionar as intenções reais do cientista com o trabalho feito em campos totalmente diferentes. Mas no caso de um catálogo de biblioteca o pedido tem de ser tomado literalmente. A biblioteca usará suas técnicas de catalogação para seguir a pista de fatos importantes, uma vez que tenham sido identificados por vários termos. A biblioteca, portanto, tem um modelo mínimo do tipo do usuário.

Existe um último ponto que precisa ser tratado a respeito dos chamados sistemas de recuperação de fatos, ponto ao qual aludi anteriormente. É a questão do uso ilegítimo dos fatos, seja de que espécie forem. O fichário do Serviço de Rendas Internas não está aberto a qualquer usuário, assim como os fichários médicos não se acham em geral à disposição de qualquer um, porque em ambos os casos o risco de uso ilegítimo é demasiado grande. Portanto, simplesmente não é verdade que os sistemas de informação nada tenham a ver com as intenções do usuário. Segundo o modo como o cientista considera este assunto, devemos incluir no projeto a salvaguarda do segredo e, mais geralmente, a salvaguarda contra o uso ilegítimo. Mas este não é um assunto fácil de decidir. Por exemplo, deveriam todos os registros educacionais ser abertos a qualquer cidadão que desejasse pagar o preço de consultá-los? Lembramo-nos que em muitos casos estes registros contêm cartas confidenciais escritas a respeito do estudante.

À medida que o cientista em sua especulação se desloca para sistemas de informação mais ricos, nos quais o modelo de tomada de decisões pelo usuário está longe de ser completo, teremos de considerar cada vez mais profundamente as espécies de pressuposições que precisam ser armazenadas nesses sistemas, com respeito às necessidades e recursos do usuário. Os modelos que devem ser armazenados são representações do usuário do sistema. A representação retrata a espécie de coisas que o usuário está procurando fazer e pode elaborar previsões a respeito do que acontecerá se adotar certos planos de ação.

Consideremos, por exemplo, o gerente industrial que tenta formular alguns planos. Será possível em breve, num sistema de "aluguel do tempo", que o gerente tenha um console e outros aparelhos de exposição de dados em seu escritório. Se deseja especular sobre um novo produto ou uma companhia publicitária pode perguntar ao sistema computador central. O sistema não estará restringido à busca de fatos. Além disso, tomará as questões perguntadas e as configurará em um modelo matemático do problema do administrador. Em seguida fará previsões que comparam a linha de ação que está imaginando com outras linhas de ação também possíveis e exibirá os resultados ao administrador. Este pode então intervir, perguntando novas questões ou modificando seu plano de ação. As questões ou a informação suplementares partidas do usuário serão enviadas, por via do console, do escritório ao sistema central, que as incorporará e, quando necessário, modificará o modelo ou o banco de dados.

Com efeito, um sistema de informação desta espécie estaria simulando o tipo de rico intercâmbio que tem lugar entre um cientista e seus pares ou entre um administrador e aqueles que estão bem-informados sobre os problemas do administrador. A pequena anedota seguinte ilustra a maneira em que este sistema de informação pode operar na comunidade científica.

Solidão

Ele abre a porta e entra em seu gabinete. A escrivaninha já está bem-arrumada. O manuscrito em que esteve trabalhando está pronto, com uma adequada quantidade de lápis, canetas e folhas de papel. De um lado estão as páginas em que trabalhou ontem, devolvidas pelo Centro de Computadores, com suas perguntas, notações e adições. De outro lado, bem-arrumadas em pilhas estão as várias espécies de informação de que precisará para o trabalho de hoje. Tudo isto o aborrece, como aconteceu antes, porque não há desculpa possível para demorar a ação, como havia nos velhos e inadequados dias: fazer ponta nos lápis, procurar o papel, ler um pouco aqui e ali, tomar café. O café já está fumegando alegremente na cafeteira, posta em ação quando abriu a porta.

Com relutância, mas por necessidade, senta-se e examina cuidadosamente o manuscrito de ontem. O sistema de informação do Centro melhorou-o depois que foi embora ontem. O sistema de informação do Centro reviu-o da seguinte maneira:

a) Fez a revisão do escrito no que se refere à gramática e à ortografia.

b) Notou deficiências estilísticas evidentes: repetições de ideias, proposições deselegantemente construídas etc. O Centro imprimiu as novas proposições sugeridas ou partes de proposições, de tal maneira que só precisa riscar as velhas, ou as novas, conforme desejar.

c) Esquadrinhou o escrito quanto à correção. Cada proposição afirmativa é examinada no que se refere ao conteúdo e classificada em função de importância do conteúdo. As proposições mais importantes foram comparadas com a "memória significativa" do Centro que é essencialmente o armazém do que tem sido escrito nesse campo. Em cada caso o Centro dá uma nota à proposição, como "redundante", ou "oposta à concordância", ou "nova, mas sem objeção".

d) O Centro fez o resumo do que ele escreveu e comparou este resumo com sua memória total de ideias. A saída é simplesmente uma série de sugestões sobre aquilo que poderia ser importante em alguns outros campos.

e) O Centro forneceu uma série de referências para o material examinado.

Como é importante que nosso herói não perca o dia inteiro revendo aquilo que o Centro lhe disse, o Centro preparou uma lista de itens, ordenados em termos de importância, de modo que se quiser pode ignorar algumas de suas respostas. Assim poderia dizer:

1) Leia o livro *Möglichkeit und Erfahrung* de Ageldorf.

2) Os parágrafos 6 e 12 contradizem-se parcialmente um ao outro.

3) O parágrafo 13 não tem proposições significativas.

4) O parágrafo 20 diz a mesma coisa que o parágrafo 4 do manuscrito de ontem. (O Centro evidentemente armazena todos os manuscritos anteriores e suas respostas.)

5) A proposição 3 no parágrafo 25 é incompreensível; a sentença 5 é uma tautologia.

6) O senhor está escrevendo "tolerância" sempre incorretamente. (Os erros de ortografia vêm sempre em último lugar, evidentemente.)

O primeiro fichário de documentos à direita consiste em itens que o Centro pensa que gostaria de ler. Estes são condensados e classificados quanto à sua importância. O segundo fichário é uma resposta às suas perguntas do dia anterior, que enviou por via da sua máquina de escrever. Algumas dessas perguntas são questões específicas sobre um fato histórico, algumas são referências, algumas são para "quem quer que trabalhe sobre esta ideia". Uma delas é um problema matemático. Ele esteve trabalhando sobre uma teoria de que as grandes empresas originam um estado catatônico em certas circunstâncias, e ele desejava descrever alguns desses processos por meio da linguagem das "situações sem solução". O Centro elaborou uma teoria segundo as linhas de suas sugestões.

Finalmente, há uma pilha geral de material que o Centro pensa que ele deveria examinar "quando tiver tempo". Um destes é uma história de detetive recentemente publicada. O Centro não fez nenhuma avaliação de sua obra. Isto virá mais tarde, quando o sistema de revisão do Centro lhe dirá se a obra é publicável, onde publicá-la, como condensá-la, e assim por diante. Às vezes o Centro fará uma interrupção no meio da obra e perguntará ao autor se, em vista do grande número de redundâncias, proposições tautológicas e contradições, deseja continuar. O Centro nunca recomenda o abandono ou outras medidas. (Sabe-se que o Centro exclamou "maravilhoso" a respeito de alguns manuscritos, mas a conveniente depuração do entusiasmo consertou tudo isto há muito tempo.)

À medida que trabalha pode dirigir perguntas ao Centro. Se calca um botão vermelho, deseja a resposta o mais cedo possível; um botão amarelo diz "no fim do dia", e um azul tem escrito em cima "amanhã". Seus pedidos podem ser de referências ou resumos, de novidade de uma ideia, de claridade de uma ideia, de solução de um problema analítico etc. É importante que ocasionalmente o Centro responda imediatamente, porque este é o modo como os dois podem chegar a conhecer-se um ao outro.

Nos primeiros dias, havia muitas concessões mútuas, quando diria ao Centro para deixar de fazer-lhe referência a Harbison, "que é um burro", ou tentar de novo porque a última resposta era sem importância. Agora, porém, o Centro aprendeu seu modo de proceder, e operam tranquilamente juntos. O Centro tem seu próprio senso de humor e em certos momentos lhe dirá que se está tornando muito pomposo. Ele gosta que lhe diga isso, embora não o admita para si mesmo. Mas nunca diz ao Centro que pare com o disparate, como disse quando o Centro o acusou de bajular o presidente. Ele também caçoa com o Centro por sua atitude antitrabalhista, que agrada muito a este.

Uma cigarra toca em sua escrivaninha. Uma voz notavelmente humana informa-o de que é o decano com sua descompostura mensal. Suas atividades foram medidas quanto ao conteúdo, o número de referências feitas a elas por outros, quanto ao seu índice de "louvor", o número de vezes que seu nome foi mencionado em clubes de faculdades (todas as quais são telegrafadas aos vários centros universitários). Pode ver que seus "companheiros de referência" fracassaram e planeja vingar-se eliminando alguns deles de sua lista. De modo geral, as coisas não têm andado bem. Seu índice de fama é baixo, seu índice de prestígio desceu abaixo da linha vermelha e a probabilidade de um grau honorário baixou 12 pontos. Desencorajado, decide largar o dia e distrair-se. Calca um outro de seus muitos botões. Uma voz surpreendentemente feminina responde...

Esta anedota mostrará que, ao lado da satisfação tecnológica, haverá muitos perigos reais nos futuros sistemas de informação. Estes perigos acham-se no mundo mais amplo no qual tanto o usuário como o sistema de informação estão inseridos. Nem o usuário nem o sistema de informação – na historieta, o mundo político da comunidade acadêmica – conhecem muita coisa sobre este mundo mais amplo. Mais precisamente, tanto o sistema de informação quanto o usuário têm uma suposição implícita a respeito do mundo mais amplo em que estão operando, por exemplo, de que a ciência é pura e a política nunca interferirá. Se esta é a suposição simplória do professor e de seu sistema de informação, a questão da pureza do mundo, por assim dizer, nunca despertará a atenção de um ou de outro até que subitamente há uma sacudidela vinda de fora, que destruirá tanto o usuário quanto seu sistema. Em outras palavras, o mesmo velho tema está de volta para atormentar o cientista da administração:

não pode separar adequadamente o subsistema do sistema político mais amplo. Na verdade, pode tornar as coisas piores em vez de melhores, porque a facilidade de uso do sistema de informação pode cegar o usuário a outros estímulos. O usuário faz suposições básicas sobre a natureza do sistema mais amplo em que vivemos, do qual ele próprio não tem bem consciência. Os relatórios partidos dos sistemas de informação serão adequados às suas premissas básicas, de tal maneira que ele nunca pode apreender nada novo a respeito da ideia que faz do mundo. Todos reconhecem este ponto, quando ele se esforça por discutir problemas de religião ou política, porque estas discussões se fazem em comunidades fechadas. A informação circula dentro da comunidade fechada e a suposição básica a respeito do que é a totalidade do mundo continua sem ser desafiada. Um republicano fanático não está sujeito a ser perturbado em nada por aquilo que lê nas revistas e jornais porque as revistas e jornais que lê são todos de orientação republicana. Mesmo quando vê um jornal de orientação de esquerda considera-o tolo; seu sistema de informação rejeita automaticamente a fidedignidade da informação contida nesses documentos.

O humanista descobrirá um grande perigo tanto nos sistemas correntes de informação quanto naqueles a respeito dos quais o cientista especula. É um perigo que leva o humanista a pôr em questão todo o "enfoque sistêmico", em qualquer de suas formas; é o perigo do enclausuramento, isto é, a incapacidade do sistema de informação e de seu usuário de possuírem dispositivos adequados de percepção com respeito ao mundo exterior. Especificamente, o usuário e seu sistema de informação podem muito bem ser desligados dos sentimentos mais profundos e das realidades dos homens.

Admitindo que esta queixa "de sangrar o coração" feita pelo humanista tem qualquer sentido, como responderia o cientista?

Poderia planejar um sistema de informação que tivesse alguma capacidade de ouvir o que se passa fora, no sistema mais amplo?

Os alemães têm uma bonita palavra para as suposições subjacentes relativas à natureza do mundo. É uma imagem do mundo, uma *Weltanschauung*. O que se pergunta é como o usuário e seu sistema de informação podem tomar cada vez mais consciência da natureza de sua *Weltanschauung* comum, e assim levantar questões sobre a correção dela.

Imaginemos, por exemplo, um autor de decisões que está considerando a sensatez de um certo plano de ação que vem seguindo. Para ser mais específico, consideremos ainda uma vez a política dos Estados Unidos com respeito aos seus gastos em pesquisa e desenvolvimento. A política que os Estados Unidos vêm seguindo consiste em gastar cerca de 90% de suas verbas de cerca de 16 bilhões de dólares para pesquisa e desenvolvimento no campo militar, espacial e da energia nuclear. Será esta uma política sábia?

Bem, se tivéssemos o tipo de sistema de informação sobre o qual o cientista estava antes especulando, que incluía um modelo econômico, a pessoa que faz a política tomaria um conjunto de dados e levantaria certas questões sobre as consequências da política de pesquisa e desenvolvimento dos Estados Unidos. O sistema de informação administrativo poderia predizer as consequências de tal maneira que o autor da decisão pudesse julgar se a atual política é correta. Por exemplo, o sistema o ajudaria a julgar se os atuais gastos são realmente essenciais, ou não, relativamente à demanda feita à capacidade de defesa dos Estados Unidos e também consideraria a possível utilização dessas verbas para pesquisa no setor não militar, por exemplo, em saúde, educação e alimentação da população do mundo.

Mas durante toda esta interação entre o autor da decisão e seu sistema de informação haveria um certo número de suposições subjacentes que nunca são postas em discussão. Por exemplo, tanto o autor da decisão quanto o sistema de informação admitiram que os Estados Unidos *devem* desempenhar um papel dirigente com relação à defesa das "nações livres" e de seu desenvolvimento econômico. Mas talvez isso não seja assim; talvez, como cultura, sejamos demasiado imaturos para assumir a liderança do mundo. Tanto o autor de decisão quanto seu sistema de informação admitiriam que os Estados Unidos têm a responsabilidade de executar programas domésticos de pobreza, transporte, educação e coisas semelhantes. Mas talvez isso também não seja assim; talvez o governo federal deva cessar de procurar ser um parente indulgente.

Suponhamos que o sistema de informação fosse projetado da seguinte maneira: quando o autor de decisão propõe uma questão referente à conveniência de um plano de ação corrente, o sistema de informação gera uma proposta de oposição, uma proposta de um "inimigo mortal". Neste caso, a proposta do inimigo mortal seria que 90% dos gastos totais dos Estados Unidos com a pesquisa e o desenvolvimento deveriam ser devotados a atividades não militares, não espaciais, não relativas à energia nuclear. Assim fazendo, o sistema de informação apresentaria ao autor de decisões um outro quadro do que é o mundo, uma *Weltanschauung* diferente da sua própria. Esta segunda *Weltanschauung* admitiria que o mundo é essencialmente um mundo de forças econômicas e que estas podem ser controladas, por exemplo, alimentando e educando a população do mundo. Quando isto acontecer, diz a *Weltanschauung*, os perigos da agressão desaparecerão. Assim, haverá duas imagens do mundo operando. A primeira pinta uma década ou mais de atividade agressora em todo o mundo, na qual os Estados Unidos devem conservar sua capacidade militar, de modo a policiar guerras frias e quentes, onde quer que ocorram. Especificamente, deve suprimir as revoluções "indesejáveis". A segunda imagem do mundo mostra que este é basicamente econômico em suas estruturas e argumenta que os Estados Unidos terão melhor resultado onde possam alterar as condições econômicas para que a revolução não brote.

Ambas estas imagens do mundo, no sistema de informação de administração que estamos considerando, podem tomar o grupo de "fatos" armazenado no sistema de informação e interpretá-lo em defesa da política que estão pleiteando. Assim, a concepção defensiva do mundo tomará informação sobre a construção de mísseis em nações agressoras como prova política corrente. Mas a concepção não defensiva do mundo tomará a construção dos mísseis como prova de temor diante das intenções militaristas dos Estados Unidos, temor que poderia ser superado se gastássemos uma parte maior de nosso dinheiro de pesquisa e desenvolvimento nos problemas de negociação entre as partes em conflito, por exemplo, mais no Departamento de Estado do que no Departamento de Defesa.

A ideia que se acha atrás desse sistema de informação "dialético" é esclarecer o usuário sobre as suposições básicas que entram nos alicerces de qualquer proposta. Tornando-se autoconsciente de suas suposições, supõe-se que o administrador se tornará um melhor autor de decisões, pois sua sensibilidade ao mundo aumenta. Isto pode acontecer quando o administrador reconhece alguma suposição comum subjacente a ambos os lados do debate. Por exemplo, no caso em questão ambas as propostas têm uma base de acordo assim como uma base de desacordo. Ambas admitem que os gastos atuais com a pesquisa e o desenvolvimento são convenientes; discutem apenas a alocação desses gastos. Ambas as concepções do mundo admitem que os Estados Unidos são a nação que deveria tomar o papel ativo e dirigente na política mundial. Nenhuma das duas considera a possibilidade dos Estados Unidos manterem a pesquisa e o desenvolvimento das Nações Unidas nas atividades de defesa tanto quanto nas não defensivas.

É pela técnica da revelação das suposições subjacentes aos próprios dados que este sistema de informação especulativa se torna capaz de ressaltar a importância da concepção do mundo do usuário. No começo deste capítulo o cientista admitiu que os itens de informação têm um papel dominante no sistema de informação de administração, de modo que cada dado da informação tem existência por si mesmo e o usuário está em condições de desejar a informação ou não desejá-la. À medida que se aproxima de um enfoque sistêmico, o cientista reconheceu que o usuário precisa conhecer o grau de confiança que a informação merece e subsequentemente que precisa "inserir" a informação em um modelo. O que não estava claro no primeiro projeto de um sistema de informação era que um item de informação transporta consigo uma concepção implícita do que é o mundo, especificamente, que a utilização da informação dá caráter de certeza a suposições muito fortes e às vezes implícitas a respeito do sistema mais amplo em que o usuário e o sistema de informação estão imersos.

É nesta área que a pesquisa sobre os sistemas de informação poderia descobrir maneiras extremamente úteis e fecundas de interação entre o usuário e o sistema de informação. Quando consideramos que a maior parte de nós, como cidadãos, fazemos face a um enorme número de problemas que devemos tentar resolver, tanto em nossa vida de comunidade como nos governos da cidade, do Estado e da Federação, começa a aparecer como uma tarefa sem esperança manter o cidadão bem-informado. A mesma observação evidente aplica-se a pessoas que elegemos como nossos representantes nos corpos legislativos, assim como aos dirigentes de firmas industriais, instituições educacionais, hospitais etc. Em todos os casos, há um número excessivamente grande de problemas para o autor de decisões procurar resolver em profundidade. Mas, diz o cientista, pode ser possível criar uma tecnologia "dialética", pela qual o autor de decisões, no limitado tempo de que dispõe, está exposto a um debate forçoso a respeito dos temas com que se defronta, não um debate entre pessoas, mas entre ideias.

Isto é o que diz o cientista. Pode-se ver o tema desumanizante até o fim da discussão. O debate, diz ele, não é entre homens, mas entre ideias. Ele age como se acreditasse que os homens são máquinas de processar informação. Na verdade, em uma área da pesquisa científica chamada "inteligência artificial", admite-se claramente que a inteligência é um tipo de processamento de informação, e por conseguinte que os computadores podem pensar porque podemos fazê-los simular o processo de informação dos homens. É estranho quantas vezes os críticos da inteligência artificial fazem objeção à coisa que não é aquela a que deveriam objetar; ficam horrorizados com a sugestão de que os computadores podem pensar, quando deveriam ficar horrorizados com a sugestão de que os homens sejam processores de informação. Numa pessoa com sentimentos profundos deve haver uma forte oposição à ideia de que o planejamento de sistemas sociais seja posto nas mãos de homens que não entendem os homens. Conforme suas próprias declarações, o cientista não consegue compreender o sistema total. Os homens não são "melhores" porque processam informação mais rapidamente ou mais coerentemente. Os homens são melhores porque o são em sentido moral ou estético.

Oh! diz o cientista, compreendo o que o senhor quer dizer. O senhor está falando dos valores. Mas eu posso tratar perfeitamente bem dessa área, como veremos mais adiante.

8. Uma ilustração

Em vista da grande quantidade de especulação que entrou na discussão dos sistemas de informação de administração, vale a pena considerar um exemplo específico. Um exemplo apropriado ocorreu no começo da década de 1960, quando o Governador Brown da Califórnia expediu um convite às firmas relacionadas com as viagens especiais do Estado para fazerem propostas de um "enfoque sistêmico" a alguns problemas sociais importantes. A ideia do governador era que a indústria aeroespacial tinha uma boa quantidade de cientistas sistêmicos, que pareciam estar fazendo um trabalho maravilhoso no projeto de sistemas de vários tipos para a Administração Nacional da Aeronáutica e Espaço, a indústria aeronáutica e o Departamento de Defesa. Seu pensamento era que o *know-how* desses cientistas poderia voltar-se para a consideração dos problemas críticos dos Estados, porque o *know-how* consistia essencialmente no enfoque sistêmico dos problemas. Não fica claro, em vista do discurso do governador e dos vários comentários editoriais dos jornais, se alguém conhecia bem o que significa o enfoque sistêmico, além de que era o enfoque usado pelos cientistas sistêmicos existentes para o trabalho em várias espécies de sistemas de maquinaria.

O convite era para propostas sobre os problemas de informação, transporte, criminalidade e higiene. Será de algum interesse aqui considerar o sistema de informação que foi proposto, como resultado do convite do governador, e examinar o projeto segundo os cinco aspectos do enfoque sistêmico, mencionados no capítulo III.

Em primeiro lugar, há o objetivo do sistema de informação do Estado. É fácil formular a versão "propagandística" dele: "A finalidade de um sistema de informação na Califórnia é oferecer ao público e aos dirigentes dos vários órgãos a correta espécie de informação no momento justo e com a devida precisão e na forma correta como as necessidades exigem". Evidentemente, esse enunciado do problema é simplesmente uma maneira de dizer que para qualquer sistema de informação o que se deseja é o melhor. Os projetistas do sistema traduziram a versão propagandística do objetivo em uma versão mais exequível e prática: fornecer informação ao público e aos órgãos dos tipos agora existentes e que é transmitida de um órgão ao outro, ou por um órgão ao público, ou pelo público ao órgão, mas fornecer essa informação em um sistema com base em computadores, no mínimo dentro do tempo do atual sistema "homem" e no mínimo dentro do custo do atual sistema. Consequentemente, a medida do rendimento do novo sistema foi descrita em função da melhoria que o novo sistema introduz em relação ao antigo relativamente ao tempo e ao custo.

Julgando pela discussão do último capítulo, podemos facilmente perguntar se esta medida de rendimento e seu objetivo são objetivos verdadeiramente legítimos de um sistema de informação do Estado. A informação, como dissemos, tem a tendência a acumular-se, e quanto mais informação se acumula, mais informação é necessária para acompanhar o curso da acumulação. A informação com efeito é um organismo reprodutor que não tem moral e prossegue gerando rebentos sem qualquer consideração sobre o efeito de sua própria "explosão populacional". Assim, traçar um novo sistema que simplesmente tenta bater os padrões do velho pode ser meramente planejar em maquinarias computação de movimento rápido alguns dos males da coleta de informação, bem como alguns de seus benefícios.

Mas os pensamentos do último capítulo implicam também que não é exequível ir muito além das atuais exigências de informação. Na verdade, o convite do governador não incluía um convite para examinar a administração e os planos de ação de cada órgão estatal. Por conseguinte, os cientistas sistêmicos indubitavelmente sentiram que sua missão era restrita ao projeto de um sistema de informação que servisse às necessidades existentes.

O ambiente do sistema de informação inclui os limites orçamentários estabelecidos pelo governo de Estado para a aquisição de novo equipamento e de pessoal. Dadas as restrições acima mencionadas, o ambiente também consiste na real transmissão da informação entre órgãos e entre o público e os órgãos. Os cientistas sistêmicos, portanto, elaboraram uma grande "matriz" para descrever este ambiente. A matriz mostra a quantidade de informação que passa de um setor do Estado para outro e é muito semelhante à matriz dos requisitos da missão relativa ao alcoolismo. Por exemplo, uma imensa quantidade de informação passa anualmente do público para o Departamento de Veículos Motorizados e deste para o público, assim como grandes quantidades de informação passam de certos setores do público para o sistema educacional, e em seguida voltam ao público. A matriz indica as exigências que devem ser feitas a várias unidades de informação no interior dos órgãos.

Os recursos do sistema de informação são definidos em função do orçamento permissível e do pessoal disponível que estaria disposto a trabalhar como programadores, funcionários dos fichários e outros. Os recursos consistem também nos fichários existentes. Em termos de nova tecnologia, os recursos incluem as espécies de bancos de dados em computadores vendidos no mercado – fitas, discos e tambores; novos processadores em computadores; e elos de computadores. Uma parte muito importante do enfoque sistêmico de um sistema de informação do Estado consiste numa cuidadosa avaliação da maquinaria de computação existente com o fim de determinar quais os itens do mercado mais convenientes dentro do orçamento permitido pelo Estado. Este estudo da alocação de recursos é conduzido em termos de análise custo-lucro, geralmente comparando duas ou mais peças específicas de equipamento. Às vezes as comparações exigem julgamentos mais sutis a respeito de "barganhas", por exemplo, a barganha do tempo de processamento *versus* o custo, ou dos custos de programação *versus* o tempo de entrega.

Um recurso oculto do sistema de informação que não foi mencionado no relatório real do cientista sistêmico é o suporte político do novo sistema, assim como o recurso "negativo" da oposição política. Embora os cientistas de sistemas não julgassem conveniente avaliar os recursos políticos, positivos ou negativos, existentes em Sacramento durante o estudo, a história subsequente de sua recomendação mostrou claramente a conveniência de terem agido dessa maneira. Se alguém deixar de avaliar a oposição e o suporte políticos poderá perder muitas horas em arquitetar cuidadosamente planos que encontram um desastroso ataque por conservadores políticos ou outros, que fazem da oposição às novas ideias o seu pão político.

Ainda aqui o cientista sistêmico pode replicar à crítica acentuando que o convite não incluía um estudo da reação política; compete ao gabinete do governador ou a outros órgãos levar a cabo esse estudo. Mas a crítica permanece no entanto, seja de quem for a culpa. Dificilmente poder-se-ia dizer que um enfoque sistêmico foi feito se uma grande parte do projeto está destinada a morrer em botão por falta de fertilizante político.

Os cientistas de sistemas gastam algum tempo considerando o modo como os componentes deveriam ser planejados, porque esta área lhes parece ser seu principal objeto de atenção. Uma proposta era ter um grande componente que seria a biblioteca centralizada de todas as informações importantes do Estado; todos os registros de saúde, registros educacionais, registros de veículos motorizados, e assim por diante, seriam armazenados em um lugar centralizado. Conforme este plano, os vários órgãos e o público poderiam requisitar informação da fonte central. A requisição seria transmitida por linhas ao depósito central de informação, que peneiraria a requisição e a processaria mediante um computador, mandando de volta tudo que fosse adequado devolver ao requerente. Neste caso, os componentes do sistema seriam como um sistema telefônico, com uma estação central e telefones individuais ligados a ela. Os sistemas de telefone originais tinham em grande parte esse caráter, antes de vários sistemas telefônicos terem sido reunidos em um sistema mais amplo. Quanto maior o número de requerentes, evidentemente, mais atravancado se torna o sistema. Por conseguinte, os planejadores do sistema de informação do Estado sugeriram em vez disso que *pools* de informação fossem armazenados em vários órgãos e houvesse um componente centralizado contendo informação sobre o local onde a informação estava armazenada. Se o usuário soubesse como indicar o que precisava por meio de algum número de código ou outro dispositivo simbólico, poderia então interrogar o sistema central, que lhe diria onde a informação que está procurando pode ser obtida, ou então transmitir seu pedido ao órgão apropriado. Naturalmente, em alguns casos o usuário poderia saltar o sistema central de informação, se, pelo bom-senso ou por conhecimento anterior, pudesse facilmente descobrir onde estava a informação. Isto significa que os componentes do sistema consistem de fichários de informação em vários órgãos (talvez com algumas duplicações) ademais de um componente de informação central, que diga onde está armazenada a informação básica.

Os restantes componentes consistiriam em ligações e terminais que conectassem o requerente da informação com o sistema central de informação e daí com os fichários nos quais está interessado, assim como com programadores dotados de computadores localizados em cada "banco de dados".

Evidentemente, a medida do rendimento do componente central de informação será sua capacidade de identificar diretamente para um requerente individual o lugar onde está armazenada a informação que procura; a medida bruta de rendimento nesse caso é o número de informações corretas transmitidas menos o número de vezes que o sistema central de informação é incapaz de responder, mesmo quando a informação existe. O banco de dados em cada órgão é um componente do sistema e sua medida bruta de rendimento é o número de vezes que responde corretamente a pedidos do sistema de informação central ou diretamente do usuário. A medida bruta do rendimento das conexões e terminais será sua acessibilidade e a facilidade e exatidão com que transmitem pedidos e enviam de volta as respostas.

Estas medidas brutas são modificadas pelas estimativas de custo para formar as medidas líquidas de lucro, que são então usadas como base para planejar o processador central e os fichários do órgão.

Pelas observações feitas acima fica claro que os planejadores deste sistema não estavam excessivamente preocupados com a administração do próprio sistema. Tomaram a si o problema da criação de um plano, pois isto era o que lhes pediam que fizessem. Não se interessavam, contudo, em saber como o plano seria executado, isto é, não se preocupavam com a consideração das forças políticas pró e contra que poderiam influir em pôr em ação o plano ou resistir a ele. Os cientistas do sistema também não se preocupavam com os problemas globais da administração do novo sistema, isto é, não estabeleceram um guia de administração que dissesse ao Estado até que ponto o sistema estava funcionando em função de seus objetivos realistas e em função das atividades dos vários componentes.

Finalmente, aquilo de que mais se necessitava era de um método para avaliar o novo sistema. Já indiquei que alguns dos problemas de avaliação foram negligenciados porque a questão básica de saber se a informação é realmente necessitada, ou não, pelo sistema manual corrente foi em grande parte ignorada. Por exemplo, é quase trivial perguntar se o público precisa "informar" o Departamento de Veículos Motorizados anualmente, isto é, se as licenças devem ser expedidas anualmente. Talvez devessem ser expedidas cada seis meses, ou talvez cada dois, três ou cinco anos. De fato, há aparentemente alguma ambivalência por parte da repartição dos veículos motorizados nesta conta, porque os veículos motorizados devem ser registrados anualmente, enquanto os motoristas só precisam de registro de cinco em cinco anos. Observe-se que este problema é o problema familiar de fazer o balanço entre objetivos opostos, neste caso o objetivo de informação atualizada e o objetivo de redução ao mínimo dos custos da informação; para o cientista da administração o problema poderia ser resolvido por meio de um modelo.

Conforme foi mencionado no último capítulo, há um grande número de problemas de avaliação muito críticos além daqueles que se referem diretamente ao valor da informação para o usuário. Existe a questão de saber se a informação deveria estar sempre disponível para qualquer requerente. Como evidentemente não deveria, que critérios seriam então usados para decidir se o pedido do usuário deve ser satisfeito? Estes são os problemas sérios do caráter confidencial, correlacionados com os registros do Estado, especialmente registros de saúde, criminalidade e educação.

Embora a perspectiva de grandes sistemas de informação para os governos estatal, local ou federal pareça brilhante, dado que a tecnologia de computação está avançando obviamente com grande rapidez, é claro que na maioria dos enfoques sistêmicos deste problema crítico muitos dos pontos básicos ainda são ignorados. Podemos ficar de todo fascinados pela rapidez com que um pedido da nação pode ser atendido, partindo de um banco de dados por um processador de um computador. Na verdade, os computadores tonaram-se já tão hábeis que satisfazem não somente demandas específicas de dados brutos, mas realizam várias espécies de análises estatísticas. Traçam mapas, fazem testes de correlação, ou dizem ao usuário se em certos segmentos houve, ou não, aumento significativo em certos tipos de trabalhadores, proprietários de casas ou firmas de negócios. Toda esta transmissão e análise de dados é tão agradável quanto costuma ser qualquer espécie nova de tecnologia. Mas, pelo fato de que os dados podem ser manejados rapidamente, isto não significa que um sistema rápido seja bom. Se um sistema é capaz de tomar dados e analisá-los muito rapidamente e devolvê-los ao autor de decisões quando este não está em condições de interpretar adequadamente o significado dos dados, a rapidez será mais prejudicial do que benéfica.

A proposta de um sistema de informação na Califórnia não foi má, mas também não foi boa. O que seguramente se necessita como mínimo é um sistema de informação que ajudasse os autores de planos de ação a tomar suas decisões. Por exemplo, alguns anos depois que o estudo foi completado, um novo governador, que era "dotado de espírito de eficiência", executou a política de cortes gerais no custo. Foi isso uma medida sábia? Meu modo de pensar é que, mesmo se as recomendações do estudo tivessem sido realizadas inteiramente nessa ocasião, o sistema de informação por computadores não teria adiantado muito em avaliar a política de eficiência do novo governador.

Os cientistas sistêmicos que projetaram o novo sistema têm um bom ponto a seu favor dizendo que não lhes cabe a responsabilidade pelos aspectos mais amplos de seu sistema; no melhor dos casos, poderiam ter recusado fazer uma proposta, a não ser que lhes fossem concedidas mais amplas responsabilidades. Portanto, a dificuldade real está com os administradores. Eles pareceriam esperar que o projeto do sistema seria feito para eles e que não tinham nenhum papel ativo a desempenhar no projeto. Para o cientista de administração atento, esta atitude passiva da parte dos administradores está destinada a ser um erro.

A essência do erro, conforme o cientista, reside no insuficiente planejamento, na criação de sistemas demasiado orientados para as atuais necessidades, em vez de o serem para necessidades que surgirão no futuro. Antes de ouvirmos o que o cientista tem a dizer a respeito dos valores, portanto, devemos aprender alguma coisa sobre seu conceito de planejamento. Para fazer isso, precisamos aprender algo sobre a tomada de decisões com respeito ao tempo.

III
Enfoque sistêmico do futuro

9. Tempo

Quando deixamos o cientista de administração, antes do intervalo ilustrativo, ele estava prometendo responder aos críticos dizendo-nos como fazer o enfoque sistêmico dos valores humanos. Mas, antes de fazer isto, precisamos preencher com uma outra peça a história dele; é a que se refere ao tempo, um item muito importante em qualquer tentativa de projetar sistemas humanos.

Durante todo o tempo vimos falando a respeito do sistema "mais amplo" que enquadra o menor, assim como um leito enquadra um corpo que, por sua vez, enquadra um coração, que enquadra um vaso sanguíneo, e assim por diante. Mas esta linguagem deixa de apreender a ideia muito importante de que o sistema "mais amplo" pode ser o mundo futuro. Neste sentido de "mais amplo", o sistema mais amplo é infinito, estendendo-se sem fim pelas gerações futuras; estende-se também sem fim pelo passado, mas os cientistas da administração não estão interessados neste setor do sistema mais amplo, a não ser fonte de dados, pois, um tanto ingenuamente, pensam que nada podem fazer com respeito a ele.

Ora, todo projeto que discutimos tem uma orientação futura, mas a maioria das ilustrações e modelos referiam-se ao futuro próximo mais do que ao futuro distante. Talvez uma maneira melhor de dizer a mesma coisa é que os projetos e modelos que consideramos são todos dirigidos para a etapa seguinte, mais do que para certo número de etapas sucessivas. Uma "etapa" do futuro é como um episódio numa história ou um ato em uma peça; a história do encontro de Ulisses com os Ciclopes é uma "etapa" na epopeia da *Odisseia*. As etapas são relativas ao sistema, evidentemente. A próxima "etapa" em um departamento de produção pode ser o esquema de manufatura da próxima semana, enquanto que a próxima etapa no projeto de uma usina geradora de eletricidade pode ser 50 anos, a vida de um gerador.

No exemplo do estudo do porto, a próxima etapa era a duração da melhoria tecnológica dos engenheiros; no último capítulo a próxima etapa era o sistema de informação, baseado em computadores, do Estado. Em ambos esses casos, os projetistas poderiam ter considerado etapas além da próxima, com o fim de ter uma perspectiva do sistema "mais amplo". O fato de não terem feito isso indica sua implícita suposição de que a próxima etapa é "separável" das etapas subsequentes, isto é, seja o que for que se faça em seguida, isso não impede nem ajuda as alterações que têm de ser feitas mais tarde, suposição muito discutível, para dizer o mínimo.

Considerar um sistema em termos de etapas exige que o cientista seja razoavelmente exato na definição de uma etapa; mas, como veremos, é às vezes fácil definir, mas não predizer as etapas futuras. Frequentemente, a consideração multifásica é chamada "dinâmica", enquanto a visão de uma única fase ou etapa é "estática". Esta nomenclatura imediatamente torna tendencioso o quadro, porque nesta cultura de gente de sangue vermelho, corajosa e livre, é sempre melhor ser dinâmico do que estático. Na realidade, porém, os modelos dinâmicos podem ser muito menos factíveis de aplicar, conforme a noção de factibilidade do cientista, do que os modelos estáticos. Na verdade, o cientista de administração tem uma filosofia do futuro muito específica, que precisamos explanar antes que examinemos seu método de modelagem dinâmica ou de múltiplas etapas.

O primeiro artigo de fé da filosofia do futuro do cientista é: o *futuro é sempre menos certo que o presente* (e, presumivelmente, que o passado também). Assim, cada etapa sucessiva é mais vaga, menos predizível, e por isso torna-se cada vez menos exeqüível planejar além de um certo ponto. Observa-se por exemplo que os anos de 1984 e 2000, embora sempre presentes como metas de planejamento, só recentemente se tornaram metas reais dos planejadores sociais. Não conheço nenhum que sugira seriamente que planejemos para o ano 2100 ou 3000 ou 10000, embora presumivelmente haverá gente então, e presumivelmente o modo como viverão (ou deixarão de viver) será parcialmente determinado pelo que fazemos hoje. A razão pela qual o cientista acha impossível ir muito longe no futuro é que acredita que o erro de suas medidas aumenta com o tempo, de modo que finalmente todas as suas estimativas se tornam completamente destituídas de confiança. Note-se que esta situação não vale para todas as ciências; por exemplo, em astronomia podemos predizer a distância relativa dos planetas durante milhões de anos e mesmo calcular quando o sistema solar estará congelado.

Há boa razão para duvidar deste primeiro artigo de fé do cientista da administração, mesmo em seu próprio terreno. Para ele o "presente" não é aquilo que vê diretamente, mas o que constrói em seus modelos e em sua imaginação. Como está interessado em replanejar os sistemas sociais, os "fatos" significativos a respeito de custos, por exemplo, são todos juízos sobre oportunidades perdidas no sistema mais amplo, *incluindo o futuro*. Aparentemente, o cientista simplesmente quer dizer que se sente mais à vontade no presente, que o presente é factível de planejar.

Mas ele tem uma resposta a esta acusação, em seu segundo artigo de fé que diz o seguinte: *os lucros e os custos diminuem ambos em cada etapa sucessiva*. A ideia que se encontra por trás dessa crença é o chamado fator de desconto. Consideremos o planejamento para a compra de novo equipamento, por exemplo, automóveis para uma frota de passageiros. Os cientistas da administração usam um "modelo substitutivo" para este modo de pensar por múltipla armazenagem (*multistorage thinking*). Cada ano (etapa), a direção tem de decidir se deixa o automóvel rodar outro ano ou se o substitui. A experiência passada fornece algumas boas estimativas dos custos prováveis de manutenção, dos custos inconvenientes e dos custos de substituição para cada ano seguinte. Ora, se um custo, como o de substituição, pode ser adiado por mais um ano, o gerente pode usar as verbas não dispendidas para outras finalidades, por exemplo pode investir o dinheiro e receber, digamos, uma renda de 10%. A mesma velha lógica básica do custo da "oportunidade" acha-se aqui em ação; o custo de comprar alguma coisa agora em vez de mais tarde é a oportunidade perdida de usar os fundos para outras finalidades no intervalo. Na linguagem do cientista, os custos futuros deveriam ser "descontados" retroativamente dos valores presentes. Segue-se que, em função de valores presentes, os custos planejados para cada etapa sucessiva decrescerão na proporção de 10% por ano, se 10% é o que o administrador pode ganhar em seus investimentos.

A mesma lógica aplica-se aos lucros. Se tenho de esperar dez anos que meu navio volte, eu abro mão do uso de fundos durante este período; por conseguinte, um lucro de dez anos a partir de agora deve ser "descontado" retroativamente do valor atual.

Pode-se ver como esta segunda crença ajuda a superar as dificuldades da primeira: não se trata realmente de planejar além daquela etapa em que o presente valor dos lucros e custos da etapa são virtualmente zero. A maioria dos modelos de substituição de equipamento, por exemplo, vão até 10 ou 12 anos no máximo; não há vantagem em explorar além desse tempo porque os lucros e os custos tornam-se por demais pequenos (há também outras razões técnicas pelas quais o "horizonte de tempo" não precisa ser maior).

O leitor pode não gostar desta filosofia científica do futuro e com boa razão. Se os modelos de substituição fossem aplicados a professores e não a automóveis, uma quantidade de nós seria forçada a aposentar-se mais cedo do que na idade de 65 ou 70 anos, particularmente porque os velhos professores são caros e os jovens professores assistentes são baratos. O ponto que os professores idosos desejariam deixar claro é que o custo da substituição relativamente do valor atual é sempre muito maior do que as estimativas monetárias indicariam. Talvez exemplos mais notáveis sejam as futuras gerações da sociedade. Se lhes dissermos: "Vejam, um benefício para vocês deve ser descontado retroativamente do valor presente", estamos dizendo que, quanto mais tarde você nascer, na história menos importante será, o que não é muito delicado de nossa parte.

Sem dúvida, o cientista da administração tem conhecimento das críticas e indica que sua filosofia tinha em mira o empresário ou autor de decisões individual, enquanto a aposentadoria de professores ou o projeto de sociedades do futuro envolvem os valores de muitas pessoas. Prometemos adiar a questão do valor até que conhecêssemos mais a exploração que o cientista faz do futuro, por isso examinemos alguns de seus modelos mais precisos, depois do que podemos ver como ele trata algumas das realidades mais vagas e mais complicadas do futuro real.

Uma evolução até certo ponto evidente do modo de pensar segundo uma única etapa para o modo de pensar por múltiplas etapas têm lugar nos problemas de linha de espera e de inventários de estoques. Por exemplo, a maior parte das unidades de serviço está ligada com outras unidades. Quando o senhor entra num hospital sua entrada estabelece uma série inteira de exigências, primeiro no balcão de seguro, em seguida na estação de enfermagem, e assim por diante. Um enfoque sistêmico dos hospitais, portanto, teria de considerar o processamento de pacientes sob o aspecto de uma série de estações; não adianta ser altamente eficiente em uma etapa se isso significa amontoar uma enorme linha de espera em outra etapa subsequente. A primeira tentativa num problema sequencial que consiste de várias unidades de serviço é desenhar um "fluxograma", no qual os círculos indicam o serviço prestado e as setas indicam os caminhos tomados pelos clientes. Se existem dados sobre os tempos de chegada e de serviço, pode ser possível construir um modelo de linha de espera de múltiplas etapas que prediz onde ocorrerão os engarrafamentos, e em geral ajuda o administrador a atingir completamente o ponto ótimo. De maneira semelhante, no problema dos inventários de estoques pode encontrar-se uma sequência de etapas: matéria-prima, material em processamento e final. Um plano de ação "ótimo" em uma etapa pode destruir as etapas ulteriores; a solução do cientista consiste em construir modelos do inventário de estoques de múltiplas etapas.

Nos casos mais simples o fluxograma será linear, no sentido de que uma coisa ou indivíduo passa de uma etapa à próxima da seguinte maneira:

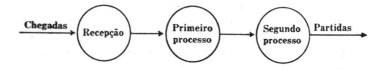

Mas em muitas situações realistas o fluxo pode ser muito mais complicado e ter o seguinte aspecto, por exemplo:

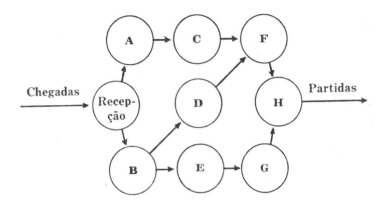

Aqui, na recepção os doentes que chegam são divididos em dois grupos, alguns indo para A (p. ex., graves operações de urgência), o resto para B, (operações marcadas). Aqueles que passam por B são também divididos em dois grupos e vão ou para D ou para E, e assim por diante.

Estes fluxogramas mais complicados são chamados "redes". Se as setas indicam o fluxo das pessoas ou coisas, o administrador estará interessado nos tempos de espera, nos tempos ociosos, ou nos inventários de cada "nó" da rede. Mas pode também estar interessado no tempo total ou no custo total de um item para atravessar o sistema. Uma ilustração muito importante desta preocupação administrativa encontra-se na área da construção ou do desenvolvimento da engenharia. Neste caso, os nós representam tarefas a serem feitas, as setas mostram a sequência e pode-se indicar na seta o tempo da tarefa. Assim, o primeiro nó na construção de uma casa pode ser a colocação dos alicerces (há nós anteriores no sistema total evidentemente, p. ex. as plantas, os empréstimos bancários etc.). Depois que os alicerces foram colocados, constrói-se o arcabouço da casa. Depois deste nó três trabalhos podem ser feitos simultaneamente: as paredes, o chão e o telhado. No diagrama de fluxo isto seria indicado por três setas saindo de um mesmo nó.

O engenheiro da construção pode tomar um grande número de importantes decisões com o auxílio da rede. Em primeiro lugar, pode desejar avaliar o tempo até a terminação. Verificará que há algumas tarefas críticas que determinam este tempo total. Consideremos um diagrama de fluxo muito simples do seguinte tipo:

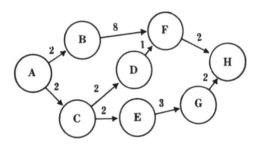

É fácil ver que o trabalho B, que leva 8 dias, é "crítico" na tarefa total, e por conseguinte a tarefa não pode ser completada em menos de 12 dias. Com efeito, o caminho "crítico" que determina o tempo mínimo para completar a tarefa é dado pelos nós A-B-F-H. Se fosse essencial completar o trabalho mais cedo, poder-se-ia tornar B mais eficiente (a um certo custo) reduzindo seu tempo à metade. Mas então A-C-E-G-H torna-se o caminho crítico e a tarefa levará 9 dias; por conseguinte, reduzindo B abaixo de 5 dias não melhora o tempo total. Consequentemente, o engenheiro da construção usa a rede para avaliar os custos e os lucros de reduzir o tempo de cada trabalho.

Os engenheiros de construção e os superintendentes de produção há muito estão familiarizados com estas redes. Às vezes resolvem seus problemas manualmente, por meio de "mapas Gantt", que lhes permitem mover a sequência dos trabalhos de modo a aproximar-se de um fluxo suave. Este método é, contudo, muito limitado, e nos últimos anos foi substituído pelo CPM (Critical Path Method) e Pert (Program-Evaluation-and-Review-Technique), que são baseados em modelos matemáticos e podem ser programados em um computador se necessário, e permitem levar em conta centenas de nós e (no caso de Pert) permitem levar em conta as incertezas. De fato, Pert e CPM tornaram-se tão populares que seu significado se perdeu ao seguir-se sua rotina, coisa muito comum quando as técnicas da ciência da administração se tornam institucionalizadas. Há referência a um caso no qual, apesar do uso de diagramas Pert, um contrato passou "despercebido", isto é, o tempo avaliado para a conclusão manteve-se crescente. Descobriu-se que a quantidade de escapamento era aproximadamente igual ao tempo exigido para manter o diagrama Pert atualizado, exatamente outro caso em que o cientista da administração deixou de incluir-se a si mesmo no sistema total.

É fácil ver como a teoria da rede pode ser um importante auxiliar no projeto de vias de trânsito e linhas de comunicação. A principal contribuição da matemática aqui é fornecer métodos que reduzirão a complexidade "combinatória". Se há dez maneiras de projetar um nó (ou caminho) e dez maneiras de planejar o nó seguinte, então há cem maneiras de planejar ambos, e em breve o número de alternativas escapa-nos das mãos. Em casos específicos, a mágica matemática pode ajudar a evitar a completa exploração de todas as possibilidades. Um excelente exemplo ocorre na oficina onde cada dia mil trabalhos entram e são processados em vários centros de trabalho. O número de possíveis tabelas que o chefe da oficina pode seguir é enorme; no entanto, os chefes de oficinas dirigem seu sistema com aparente eficácia. A tarefa fascinante do cientista da administração foi compreender a engenhosidade de um bom chefe de oficina e ver se a matemática pode melhorá-la.

Finalmente, no modo de pensar segundo múltiplas etapas dever-se-ia reconhecer que, mesmo após um plano ter sido adotado, pode ser modificado. Este comentário traz-nos à lembrança a ideia da cibernética, termo que designa o piloto. A cibernética é um método matemático de avaliar e controlar um processo com base em sua experiência. Há uma abundante literatura técnica sobre a cibernética, especialmente quando aplicada aos sistemas mecânicos. O próximo capítulo discute uma de suas possibilidades em sistemas sociais.

Até aqui, o modo de pensar segundo múltiplas etapas tem sido restrito ao modelo ou à simulação. Mas se aderirmos a esta restrição uma grande parte do planejamento seria impossível. Assim como fizemos no caso dos modelos de programação linear, podemos perguntar se a *lógica* do modelo não pode ser aplicada a situações realistas de planejamento, mesmo se falta uma parte significativa dos dados, assim como um modelo preciso.

Mas agora temos de admitir que estamos entrando em águas profundas. O planejamento – isto é, o modo de pensar segundo múltiplas etapas – não é de todo uma ideia popular; sugere "socialismo", ou o controle de nossas liberdades pelo Estado. Parece ir contra a imaginação, o gênio, a intuição, a criatividade e uma multidão de outras palavras "bem" de nossa cultura. O entusiasta do planejamento é um tipo, e como pensa que tem o domínio do sistema inteiro, vale a pena ouvi-lo antes que o condenemos.

10. Planejamento

"O modo de considerar o sistema inteiro é em termos de um plano, diz o planejador, porque a única coisa que torna o homem superior ao resto dos animais é sua capacidade de pensar para adiante, de planejar. O planejamento significa traçar um curso de ação que podemos seguir para que nos leve a nossas finalidades desejadas."

Para o planejador toda pessoa deve ser um planejador em algum grau. Cada manhã é necessário que eu tome meu automóvel e vá para o trabalho. Normalmente, ao partir penso no caminho que tomarei. Há na verdade somente poucas alternativas e eu comumente esmiúço cada alternativa em função da hora do dia para determinar qual será a carga de trânsito e a provável conveniência e velocidade com que posso andar. Escolho uma e sigo o plano. Se meu planejamento foi bem-sucedido e alcanço meu objetivo chego ao destino dentro de meu limite de tempo e sem demasiado esforço de minha parte.

Evidentemente esse simples exemplo não é planejamento no sentido do último capítulo, porque há apenas uma etapa, repetida continuamente. Mas neste exemplo podemos discernir os ingredientes essenciais de um plano no sentido em que o planejador compreende o termo. Uma finalidade foi estabelecida, um grupo de alternativas foi criado, cada uma das quais é examinada para saber se efetivamente levará ou não à meta, uma das alternativas é selecionada, o plano é cumprido e a pessoa que tomou a decisão avalia até que ponto o plano funcionou. Esta última informação será usada para controlar a operação do plano, assim como para planejar melhor no futuro.

Como ilustração do aspecto multifásico do planejamento examinemos um administrador industrial que está pensando em construir uma nova fábrica. Digamos, por um momento, que o tamanho e o equipamento da fábrica foram decididos e que ele deve agora determinar a localização da fábrica. Começará pensando no que deseja que a fábrica realize relativamente à manufatura e distribuição de mercadorias. Determinará então o custo da construção da fábrica para cada localização, a acessibilidade ao pessoal, e os custos de distribuição provenientes da fábrica. Mas se for prudente, pensará além da primeira etapa da operação da fábrica. Consideraria, por exemplo, a possibilidade do produto manufaturado na fábrica tornar-se obsoleto em dez anos; se isto acontecer, deve planejar a fábrica de tal modo que o custo da conversão seja mínimo. Também deveria examinar o modo em que a fábrica e seu pessoal podem influenciar o desenvolvimento industrial e social da região. Em outras palavras, o administrador que está planejando deveria abranger o maior número de aspectos e etapas futuras.

Para os entusiastas do planejamento parece quase uma loucura perguntar por que se deve planejar, pois têm toda uma série de argumentos prontos para apoiar suas ideias. Mostram a absoluta necessidade de preparar-se para todas as contingências. O argumento consiste em que o autor de decisões deveria reduzir ao mínimo a surpresa, porque para o planejador a surpresa é uma situação insatisfatória. Se eu me ponho a caminho em meu automóvel e realmente não penso no trajeto que estou tomando, posso ser surpreendido ao verificar que certas ruas foram esburacadas e há longas demoras. Se tivesse pensado no assunto e possivelmente indagasse do Departamento de Trânsito de Estradas, poderia ter evitado a surpresa; esta evitação é parte de meu plano. Especificamente o planejador acentua a necessidade de preparar-se em termos de dinheiro e de pessoal. O dinheiro exigido em muitas grandes empresas só pode ser obtido se os detalhes daquilo que se está fazendo são traçados cuidadosamente em um plano bem desenvolvido. Para criar pessoal é muitas vezes essencial treinar pessoas para realizar certas tarefas e isto só pode ter lugar se olhamos em frente e determinamos quando e como o treinamento teria lugar.

Em suma, diz o planejador, o autor de decisões deve estar em condições de avaliar as alternativas antes de escolher alguma. Do contrário, se simplesmente saltar no escuro, a alternativa em que aterrizar pode não ser a mais satisfatória, e não terá uma oportunidade de examinar outras alternativas de uma maneira autoconsciente. Tudo isso significa que se pensarmos bem naquilo que vamos fazer com antecedência, estaremos em melhores condições.

Apesar do fato de que o planejamento tem seus entusiastas, não se discute que existe também uma quantidade de pessoas que acham que o planejamento é uma tolice ou é evidentemente perigoso. Acentuam, por exemplo, que as nações que entraram no planejamento de maneira séria são as nações socialistas e fascistas, nas quais a liberdade do indivíduo foi reduzida devido a rigidez do plano. Nesses países os homens têm de viver no tipo de casas que os planejadores decidem. Todo divertimento é planejado. A vida da família é planejada; o mesmo se dá com o amor, visto que os planejadores podem influenciá-lo combinando os cônjuges por meio de computadores. Ainda é melhor, diz o antiplanejador, viver em um sistema em que a liberdade de escolha determina o que acontece. Para muitos, a liberdade de escolha no mercado deveria determinar a economia da sociedade. O Governo Federal dos Estados Unidos não deveria decidir que tipos de lâmpadas e de tecidos serão manufaturados em cada fábrica de manufatura para o consumo. Em geral, o governo federal não deveria empreender um grande plano de consumo, no qual são feitas alocações específicas para a manufatura de vários itens. Em vez disso, o dono da fábrica deveria procurar produzir o melhor produto que puder por qualquer preço que quiser, e os consumidores decidiriam então se desejam comprá-lo ou não. O comportamento do consumidor no mercado determina então o modo como o industrial se comportará no futuro, se irá à bancarrota ou se será altamente bem-sucedido, e especificamente quantos itens de cada produto irá manufaturar. Esta é uma espécie de atividade de não planejamento que os amantes da liberdade acham ser tão desejável. É a "mão escondida" do mercado livre, a que se referia Adam Smith, que determinaria as características da economia e não há necessidade de superplanejadores para nos dizerem como devemos dirigir nosso país.

Evidentemente, mesmo os liberais econômicos têm de admitir que em certas ocasiões da liberdade do mercado leva-nos a caminhos muito insatisfatórios, por exemplo a inesperadas depressões ou a toda sorte de atividades ilegítimas, por exemplo na distribuição e venda de drogas. É por esta razão que gradualmente o governo federal adotou várias espécies de políticas reguladoras que, com efeito, constituem um planejamento parcial de nossa economia.

Além do mais, o planejador apressa-se em indicar que também a liberdade pode ser planejada, isto é, podemos planejar as áreas de tomada de decisão que serão deixadas livres de coação externa: recreação, vestuário, o lar, e assim por diante. O antiplanejador tem de sentir-se infeliz com esta resposta. Parece-lhe que o planejador deseja ser o pai: "Está muito bem, podem brincar onde quiserem, mas fora do quarto do papai!"

Em qualquer caso, se começamos a considerar a função de planejamento pelo enfoque sistêmico, teremos de reconhecer que não há nada que seja obviamente benéfico na atividade de planejamento, simplesmente porque um grupo de pessoas serão os planejadores e não temos razão especial para confiar neles. Na verdade, o planejamento é uma das atividades de um sistema e temos de considerá-lo como consideramos outras espécies de atividades neste livro, em termos de sua medida de rendimento e de suas vantagens e desvantagens para a empresa.

O último ponto foi acentuado nos vários clichês que envolvem o conceito de planejamento. Para cada clichê em favor da ideia do planejamento existe um contraclichê. Você deveria "olhar antes de pular", mas evidentemente "quem hesita está perdido". Conforme insiste uma grande companhia, não há dúvida que deveríamos "pensar para frente", mas igualmente não há dúvida que deveríamos "pensar agora", e em certas ocasiões mesmo "pensar para trás".

Alguns dos clichês de fato são inteiramente vazios de sentido. A prescrição de tomar cuidado com o rígido planejamento significa simplesmente tomar cuidado com o plano que o coage de tal modo que o senhor não gosta do plano. A prescrição de planejar racionalmente significa apenas planejar de tal maneira que o senhor possa avaliar com confiança seus esforços de planejamento. Em ambos os casos a ideia é planejar corretamente, não erroneamente.

Se considerarmos o planejamento de maneira sistemática teremos de empreender a descrição de anatomia do planejamento como atividade. Isto é, devemos procurar desmontar o sistema do planejamento em suas partes componentes. Como sempre, o conveniente modo de decomposição não é coisa fácil de determinar, mas as discussões dos últimos capítulos sugerem um arcabouço que ajudará a identificar os componentes do planejamento. O planejamento trata de uma tomada de decisão em múltiplas etapas. Por conseguinte, deve estudar (1) um autor de decisões que (2) escolhe entre cursos alternativos de ação, com o fim de alcançar (3) certas metas da primeira etapa que conduzem a (4) objetivos de outras etapas. Esquematicamente, e de forma muito simplificada, a estrutura tem o seguinte aspecto:

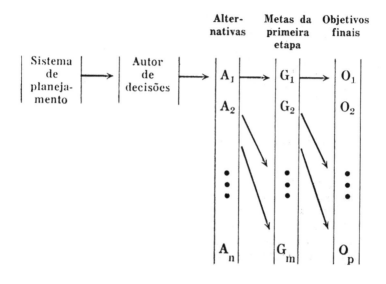

Neste desenho, são as setas o que mais nos interessa, pois ajudam a determinar os componentes do sistema de planejamento. Por exemplo, que significa a seta que vai do sistema de planejamento à pessoa que toma as decisões? Quando pensamos no assunto podemos ver que esta seta inclui um certo número de processos: como o sistema de planejamento se ajusta à empresa, como observar, como comunica, e assim por diante. De maneira semelhante quando percorremos a figura, encontraremos a necessidade, por parte do planejador, de descrever e predizer a natureza das outras setas e itens; estas necessidades dão em resultado a seguinte descrição do programa do sistema de planejamento.

Programa 1: Interação social: o prosseguimento da relação entre o sistema planejador (SP) e o autor ou autores de decisões.

Subprogramas:

(a) Justificação (por que o SP deve existir e seu correto papel).

(b) Subsistema de organização: prover de pessoal o SP e estabelecer sua responsabilidade e autoridade (isto é o "lugar que lhe cabe" na empresa).

(c) O subsistema de comunicação:

  (c. 1) persuasão ("venda" do plano);

  (c. 2) educação mútua (ensinar ao plano o que se refere ao sistema mais amplo e ensinar ao sistema mais amplo o que se refere ao plano);

  (c. 3) política (identificar e modificar a estrutura de poder da empresa);

(d) subsistema de realização (instalação do plano).

Programa 2: Medida (identificação, classificação, predição etc.).

(a) Identificação dos autores de decisões e "clientes" do sistema mais amplo.

(b) Descoberta e invenção de alternativas.

(c) Identificação das metas da primeira etapa.

(d) Identificação dos objetivos finais.

(e) Medida da eficiência de cada alternativa para a meta da primeira etapa (i. é, descrever os laços entre os A e os G no diagrama acima).

(f) Medida da eficiência de cada meta da primeira etapa para os objetivos finais (elos entre os G e os O).

(g) Avaliação da alternativa ótima.

Programa 3: Teste (verificação do plano).

(a) Simulação e testagem "paralela".

(b) Contraplanejamento (oposição feita ao plano por seu "inimigo mortal").

(c) Controle do plano uma vez realizado (cf. 1 (c)).

Dos três principais programas de planejamento, o segundo (medida) desperta a principal atenção atualmente e isto pode explicar o fato de o planejamento falhar tantas vezes em sua missão.

Ninguém está em condições de dar uma avaliação objetiva, universalmente válida, da quantidade de atividade que cada programa deveria executar, mas apesar disso seria útil sugerir algumas quantidades comparativas com o fim de ilustrar o enfoque sistêmico do planejamento. Desejaremos considerar a quantidade de atividade tanto em termos de tempo (homens-horas) como de custo, porque, como veremos, alguns dos homens-horas costumam ser muito caros se dirigidos pelos diretores executivos e administradores de cúpula. Teremos também de perguntar até que ponto a tecnologia – modelos, computadores e outras aplicações da ciência – pode ser útil numa fase específica. Na tabela abaixo, H representa uma quantidade relativamente alta, M uma quantidade moderada e L uma quantidade baixa. Assim, um H abaixo do tempo e um L abaixo do custo significa que o subprograma deveria ocupar uma quantidade de tempo relativamente grande, mas o custo por homem-hora é relativamente baixo. Um M abaixo da tecnologia significa que uma quantidade moderada de tecnologia pode ser aplicada nas atividades do subprograma.

Se seguíssemos cuidadosamente o enfoque sistêmico do cientista, teríamos de descrever cada subprograma em detalhe e tentar atribuir medidas de rendimento a cada um. Em vez disso, farei algumas reflexões sobre cada subprograma, que parecem exigir atenção onde quer que o planejamento tenha lugar e sugerem em alguns casos como se poderia pensar sobre a medida do rendimento.

Programa			Tempo	Custo	Tecnologia
1	(a)	Justificação	L	H	L
1	(b)	Reunião do pessoal e organização	M	M	L
1	(c. 1)	Persuasão	M-H	M	M
1	(c. 2)	Educação	M-H	M	M
1	(c. 3)	Política	M-H	M	L
1	(d)	Realização	H	M	M
2	(a)	Autor de decisões	L	M	L
2	(b)	Alternativas	H	L	M
2	(c)	Metas	M	H	M
2	(d)	Objetivos	M	H	M
2	(e)	Eficiência (alternativas)	M	M	H
2	(f)	Eficiência (metas)	M	M	L
2	(g)	Ótimo	L	M	H
3	(a)	Simulação	L	M	H
3	(h)	Contraplanejamento	M	M	M
3	(c)	Controle	M	M	M

O primeiro programa, que intitulei "justificação", refere-se primordialmente à avaliação global do esforço de planejamento, e por isso uma de suas saídas será uma estimativa da medida do rendimento do sistema de planejamento. A justificação ocupou grande parte da atenção na literatura do planejamento, especialmente do planejamento governamental e urbano, onde a "intervenção" do planejamento pode significar a redução do privativismo e da liberdade. Muitas destas discussões revestem-se de termos morais e indagam do "direito" que o planejador tem de intervir. Examinaremos esta questão ainda uma vez quando chegarmos ao tema do antiplanejamento. A justificação pode também significar a avaliação econômica da função de planejamento. Se as metas e objetivos da empresa podem ser enunciados em termos monetários, a medida econômica do rendimento do SP é o ganho líquido em dólares que produz, "líquido" significando o lucro econômico total menos os custos.

A questão sistêmica é saber quanto esforço deveria ser gasto para justificar a função de planejamento, moral ou economicamente. A resposta geralmente aceita é: "muito pouco" (L). Se um administrador pensa que vê o sucesso do planejamento em outras empresas desejará ter uma função de planejamento também ele; se é cético ou antiplanejador, não desejará. Se deseja aprender um pouco mais sobre o problema há um montão de livros e cursos rápidos para ajudá-lo. Uma coisa parece segura: perder uma porção de tempo procurando decidir se deve ter uma função de planejamento é capaz de matar inteiramente a ideia. Como é o administrador de cúpula que terá de justificar a função de planejamento, o custo por unidade de tempo é alto. A despeito da grande quantidade de coisas que têm sido escritas a respeito de saber se o planejamento é bom ou mau, não há uma tecnologia para ajudar o administrador; por exemplo, ninguém determinou ainda os lucros econômicos resultantes do planejamento.

O componente seguinte da função de planejamento é aquele que seleciona o pessoal e localiza a função na empresa. Que tipo de pessoa dá um bom planejador? Hoje em dia há currículos de planejamento em algumas universidades, que fornecem ao estudante uma formação em técnicas de planejamento, economia etc. Ademais, todos reconhecem que os planejadores devem dar-se bem com as pessoas, mas não demasiadamente, porque precisam às vezes ser autoritários. Finalmente, grande parte do planejamento repousa na capacidade de pensar e na intuição, e por isso essas funções mentais deveriam operar bem. Além destas três especificações óbvias, pouco mais há para servir de guia na provisão do pessoal de planejamento, exceto a experiência exterior.

Este componente tem também a tarefa de determinar como a função planejadora deve relacionar-se com outras funções da empresa e as responsabilidades e poderes específicos dados à função de planejamento. Ora, um dos problemas mais críticos de organizar o planejamento é a alienação potencial da função de planejamento. Em muitas corporações e cidades a função de planejamento é executada em uma unidade separada. A esta unidade é dada a responsabilidade de criar várias espécies de planos, mas não tem qualquer poder para realizá-los. Mas deveria ser observado que muitos administradores consideram-se planejadores. Na cultura de hoje seria de todo ilógico que um administrador declarasse não olhar para a frente e não tomar cuidado com as possíveis surpresas que possam acontecer; o público e os acionistas esperam que ele evite o desastre imprevisto. Consequentemente, se alguém insere uma função de planejamento na empresa, executando o mesmo tipo de atividade que o administrador pensa ser de sua responsabilidade, haverá uma alienação entre as duas funções. Os planejadores tampouco podem escapar desta alienação, alegando que têm mais tempo para devotar-se aos problemas do futuro. O administrador está predisposto a criticar as sugestões dos planificadores, porque, do seu ponto de vista, há uma crítica implícita de seu comportamento naquilo que os planejadores sugerem.

A maneira mais natural de evitar a alienação dos planejadores é atribuir-lhes funções de autoridade assim como de responsabilidade. O argumento contra esta forma de organização é que os planejadores perdem então sua objetividade, assim como seu tempo livre para refletir sobre os problemas da empresa. Uma solução de compromisso que cada administrador pode tomar é designar um membro de seu pessoal de maior responsabilidade para a equipe de planejamento. Neste esquema a equipe de planejamento está ainda separada das outras partes da empresa, mas um certo número de pessoas no grupo tem dupla atribuição, a de administradores e a de planejadores. Assim o representante da administração torna-se uma espécie de refém; se os administradores matam o plano ou todo o departamento de planejamento, o refém também morrerá.

Outra solução do problema de organização é tornar a função de planejamento muito mais evidente publicando os gastos que a empresa faz com relação ao planejamento e especificando este custo pelas várias divisões e departamentos da empresa. Os planejadores com efeito subornam os administradores para que aceitem seus planos, porque se um administrador deixar de aceitar está evidentemente desperdiçando dinheiro. Este esboço cru pode ser refinado permitindo aos administradores "alistar-se" no planejamento. Se um administrador não resolver alistar-se, então, ao avaliar seu rendimento, a questão da utilização ou não utilização do planejamento tornar-se-ia um importante fator: Neste refinamento, o planejamento ainda está fazendo um certo suborno dos administradores com o fim de obter que eles mudem de parecer, reconhecendo a importância da função de planejamento, e tem de haver alienação.

Uma solução final do problema da organização do planejamento seria colocar a função do planejamento no próprio vértice da empresa, por exemplo, como uma função do pessoal da junta de diretores ou do diretor executivo principal. Isto tem a vantagem de permitir o planejador comunicar-se diretamente com os autores da política fundamental. Tem a desvantagem de tornar a função de planejamento isolada das operações reais da empresa. Como as operações reais da empresa têm muito que ver com a maneira como o plano opera, este isolamento pode ser desastroso.

Duvido que algum planejador hoje em dia possa enunciar um princípio seguro para organizar o planejamento ou mesmo sugerir como uma empresa deveria tratar de aprender a se organizar. A maioria de nós, que tivemos de tratar de planejamento, sentimos ser essencial que os administradores pensem no problema organizacional. É provavelmente um erro o comitê de direção ou os diretores executivos supremos sonharem com a ideia e na segunda-feira de manhã anunciarem um departamento de planificação organizado. Mas os diretores têm muitas outras responsabilidades e não se pode esperar deles que devotem a maior parte do tempo a pensar como organizar a função de planejamento. Daí o resultado exposto na tabela: uma moderada quantidade de tempo, o alto custo do tempo dos consultantes e administradores e virtualmente nenhuma tecnologia.

Qual é a medida do rendimento do componente de organização? Uma sugestão mais ou menos óbvia é que a finalidade da organização consiste em criar a cooperação no projeto e realização do plano. Suponhamos que digamos que o grau de cooperação de A com B é a extensão em que as atividades de A melhoram a eficácia das atividades de B relativamente às metas de B. A contagem do rendimento do componente de organização é então o grau em que produz cooperação, "medida" que pode pelo menos ser um guia para pensar sobre as atividades do componente. Para relacionar esta medida com o custo do componente, seria preciso traduzir o grau de cooperação em dólares economizados pela atividade cooperativa, o que não é coisa muito fácil de fazer, com o conhecimento atual do modo como as empresas operam.

Os seguintes três componentes do SP estão estreitamente relacionados e podem ser discutidos juntos; sua função é alcançar a aceitação, e se possível a compreensão, dos planos que o SP produz por todas as pessoas que terão algum papel no plano. Os três componentes representam três estratégias básicas; o primeiro trabalha por meio da persuasão, o segundo por meio da educação, e o terceiro por meio da política.

A estratégia da persuasão é adequada quando os planejadores estão convencidos que o plano que propõem é correto; neste caso podem querer mudar a opinião pública ou administrativa usando as várias táticas do bom vendedor. Nesses casos os planejadores agem muito semelhantemente ao modo do vendedor quando procura vender um produto a um cliente. As táticas de venda foram estudadas por psicólogos sociais assim como por empresas de vendas, de modo que há certa tecnologia disponível neste assunto para ajudar os planejadores em planejar suas entrevistas. Uma parte da literatura sobre a persuasão acentua o ponto de que aquilo que é apresentado à diretoria deve aparecer como um pequeno aumento de modificação. Se a modificação parece grande demais, dizem eles, não se tem possibilidade de vender o produto. A ideia é que, embora os planejadores possam criar uma estrutura muito mais ampla, o que eles mostram aos administradores são pedaços da estrutura total que moverão a empresa para as desejadas medidas de incremento. Sem dúvida, esta espécie de "incrementismo" evidentemente tem seus defeitos. Pode muito bem acontecer que a oportunidade seja tal que se exige uma grande modificação. Na verdade, pode ser que a grande modificação seja aceita, e os administradores fiquem desapontados com a falta de ousadia na função de planejamento.

Mas séria, contudo, é a questão de saber se a persuasão é de fato a estratégia mais apropriada da função de planejamento. Muitos dirigentes julgam corretamente que deveriam entender a natureza do plano e não somente ficar favoravelmente impressionados com ele: estes administradores leem avidamente livros sobre o papel diferente que os administradores podem executar, sobre o modo como as metas podem ser estabelecidas, como se relacionariam com os objetivos, e assim por diante. Se a organização para o planejamento teve como resultado a inclusão desses administradores na função de planejamento, seria ridículo contar somente com o processo de persuasão. Neste caso o incrementismo poderia na verdade ser a cura para a doença errada.

A distinção entre a estratégia de persuasão e a estratégia educacional pode ser explicada em termos de suas respectivas medidas de rendimento. A medida do rendimento da persuasão é o grau de *aceitação* que alcança, isto é, o grau em que pode influenciar o público ou os administradores a agir segundo os papéis que lhes são atribuídos no plano. A medida do rendimento da educação é o grau de *entendimento* que produz, isto é, o grau em que o público ou os administradores adotarão papéis apropriados por motivo de seu conhecimento. A contribuição da persuasão torna-se muito importante quando (1) os planejadores criaram o plano correto e (2) o público ou os administradores são incapazes de compreender o plano, por pressões de tempo ou falta de educação, por exemplo. A contribuição da educação torna-se importante quando os próprios planejadores precisam ser educados e quando o público ou os administradores podem ser proveitosamente educados. Deve notar-se que, quando não vigoram as condições da necessidade da persuasão, uma grande quantidade da atividade de vendas no componente de persuasão pode realmente produzir um ganho negativo no sistema inteiro.

Nos últimos anos, muitos planejadores e cientistas de administração chegaram a compreender a necessidade de "ensinar o plano" ou "ensinar o modelo" referente à vida de uma empresa. Em situações nas quais os planejadores devem aparecer com um plano completo antes que os administradores reajam, é muito comum ver o plano inteiro rejeitado. Neste caso, é duvidoso se os planejadores ou os administradores aprenderam muita coisa. É como se uma esposa tivesse de apresentar um plano para as operações de manutenção da casa cada mês, e o marido rejeitasse inteiramente o plano e seguisse seus próprios desejos.

Se a administração rejeita um plano, faz isso por certas razões; estas razões são sem dúvida muito importantes na compreensão que cada um tem da empresa e indiscutivelmente não eram conhecidas pelos planejadores, do contrário teriam agido diferentemente. Por isso, as razões para a repulsa são dados de informação que podem servir para educar os planejadores. A palavra "simbiose" descreve exatamente as relações sadias entre administradores e planejadores. Significa que vivem juntos em um modo de educação mútua. Neste estado feliz não existe isso que se poderia chamar *o* plano; ao contrário, o planejamento torna-se parte integral de cada atividade da empresa. O planejamento, como veremos, procura medir vários aspectos da empresa, e, como qualquer cientista sabe, a medida é um processo infinito de refinamento e predição.

Tudo isto, sem dúvida, parece um tanto idealista relativamente às realidades da empresa, porque ignora a política que forma esta realidade. Os planejadores não podem esperar que tudo seja doçura e luz em uma atmosfera de mútuo entendimento, porque todo planejamento implica modificação e toda modificação ameaça alguém. Assim, o planejamento sempre ocorre dentro de uma luta pelo poder. Qualquer novo plano inevitavelmente significa para várias pessoas da empresa uma realocação de poder, assim como na operação de orçamento o tamanho do orçamento determina o tamanho dos impérios departamentais. Consequentemente, é preciso haver alguma compreensão do modo como as pessoas formam coalizões políticas e como um plano proposto fortalecerá ou enfraquecerá essas coalizões sob o aspecto de estrutura do poder.

Os planejadores são sabiamente muito maus políticos. Muitos políticos consideraram por isso a atividade de planejamento uma perda de tempo, simplesmente porque, de seu ponto de vista, o planejador está tão isolado que aquilo que propõe fazer é politicamente de todo ridículo. Sem dúvida, esta fase do planejamento está estreitamente ligada com o subprograma de organização para o planejamento. Mas a política é alguma coisa diferente da noção habitual de estrutura organizacional, porque acentua as relações de poder entre os homens na empresa, de preferência às linhas explícitas de autoridade e responsabilidade.

É difícil determinar até que ponto esta fase de planejamento pode ser executada com sucesso. Ao arrolá-la entre os subprogramas do planejamento estou simplesmente procurando destacar sua importância para o planejador. De um lado, deve entender sua própria tática política e, de outro lado, deve ser capaz de discernir as espécies de reagrupamento que estão ocorrendo em redor dele. A sugestão evidente é que a função de planejamento contenha sua própria entidade política, isto é, um grupo de pessoas que tenha algum conhecimento da política da empresa.

Seria muito agradável para os planejadores se houvesse uma coisa chamada "ciência política aplicada", que lhes dissesse como agir com o fim de vencer a oposição política. Infelizmente, até hoje não existe esta tecnologia; a maioria dos cientistas políticos ou descrevem a administração pública ou pensam sobre a política em nível abstrato.

A medida do rendimento do comportamento político do planejamento é a redução na resistência à função de planejamento, não pela persuasão ou educação, mas pela reconstrução dos alinhamentos políticos. Nas empresas onde as coalizões políticas são muito importantes a política de planejamento precisa ser muito ativa: a persuasão e a educação podem ser insanavelmente inadequadas para levar a termo sozinhas a tarefa. Sem dúvida, a persuasão parece-se com a política, mas, na forma como usei os termos, a persuasão significa vender a um administrador um plano específico, enquanto a política significa conseguir que um administrador fique "do mesmo lado" ou "no mesmo partido" que os planejadores. Neste último caso o administrador e o planejador concordam em cooperar, cada qual ajudando as finalidades do outro.

A discussão indicou que a quantidade de atividade dos três componentes – persuasão, educação e política – variará dependendo da relação do SP com os autores de decisões. Admite-se que a marcação "moderada" e "alta" (M-H) na tabela acima representa esta variação. O custo por unidade de tempo pode ser moderado porque muitas pessoas participarão de todas as três atividades. Finalmente, há alguma tecnologia para a persuasão e a educação, mas virtualmente não há nenhuma para a política.

O termo "execução" é muitas vezes usado para referir-se a todos os três componentes que acabamos de discutir, mas aqui restringe-se à atividade de expor os processos necessários para realizar o plano: quem deve fazer, o que e quando. Se o plano é amplo haverá muitas fases na sua execução e estas em geral devem ocorrer em uma sequência racional. Consideremos por exemplo todas as fases necessárias para realizar um plano de transporte rápido para uma área metropolitana ou para um sistema de informação por computadores para um governo estadual.

Muita coisa foi escrita sobre a execução; a tecnologia Pert, discutida num capítulo anterior, tornou-se muito popular nos últimos anos. Avalio que a atividade de execução requer uma quantidade relativamente alta de tempo, um custo moderado por unidade, e tem à disposição uma quantidade moderada de tecnologia, moderada porque ainda temos muito a aprender sobre a maneira de tornar a execução mais suave. A medida do rendimento deste componente é a economia de tempo e de custos feita quando se é explícito na execução de um plano, em vez de repousar sobre o próprio julgamento das pessoas e da equipe de trabalho.

O grupo seguinte de componentes classificam-se no título geral de "medida". A medida é às vezes descrita como a atribuição de números às coisas, mas será aqui muito mais útil defini--la como a atividade de criar informação precisa, exata e geral. A precisão e a exatidão permitem-nos fazer escolhas requintadas e por isso reduzir o risco de erro. Se digo ao senhor "tome o ônibus para ir à minha casa", estou sendo impreciso, embora talvez exato porque tomar o ônibus é a única maneira exequível de ir lá. Se disser "Tome o ônibus 43 no Mercado, esquina com Filmore, que sai às 5 horas da tarde nos dias de semana", estou sendo preciso, mas talvez não exato, se não há um ônibus que saia a essa hora. A informação "geral" é aquela que pode ser usada numa larga variedade de tempos e lugares. Se o horário dos ônibus mudar cada dia, minha informação precisa pode não ser geral; poderia torná-la geral dando ao senhor um horário dia a dia, de modo que em qualquer momento que chegue o senhor saiba quando tomar o ônibus.

O planejamento tem de ser tão preciso, exato e geral quanto possível em sua descrição da empresa. Se suas estimativas são imprecisas, todas elas juntas podem ser intoleravelmente vagas. Se são inexatas, o plano dirá aos administradores para fazerem coisas erradas. Se não são gerais, o plano só funcionará em um contexto e em um tempo específicos, defeito fatal em muitos planos.

O diagrama do autor de decisões, suas alternativas, metas e objetivos acima indicados exibe os vários problemas de medida com que o planejador se defronta.

A primeira tarefa é identificar o autor das decisões. Conforme vimos em outras partes deste livro, não é de maneira alguma óbvio quem são os verdadeiros autores de decisões na empresa, e é certamente ingênuo usar rótulos tais como "diretor executivo chefe ou administrador" para evidenciar, à primeira vista, que alguém é um verdadeiro autor de decisões. Neste capítulo, o termo "autores de decisões" refere-se àquelas pessoas que podem produzir modificações na empresa; o planejador, que está primordialmente interessado nas mudanças, precisa saber quem são estas pessoas, a fim de poder influenciar suas escolhas em alguém dos modos discutidos acima. Podemos ver, portanto, como este componente, que procura identificar os autores de decisões, está estreitamente relacionado com os outros componentes da planificação e porque a simples identificação do pessoal-"chave" com os autores da decisão pode estar errada. Numa firma industrial pode haver um grande número de pessoas, além dos dirigentes, capazes de produzir mudanças ou fazer parar uma mudança: membros dos sindicatos, acionistas, fregueses, secretários etc. No domínio público, os autores de decisões podem incluir qualquer cidadão com recursos e poder suficientes para ser ouvido.

Muitos planejadores, especialmente aqueles que acreditam na influência pela persuasão, procuram fazer um "mapa de influências" da empresa, que apresenta a correlação entre as pessoas que podem produzir e impedir a mudança. Às vezes faz-se uma tentativa de verificar o grau em que um indivíduo pode efetuar uma mudança, mas em geral este requinte nos processos de medida não é factível. Parece seguro dizer que há muito pouco no que se refere a guias explícitos e seguros para identificar o autor de decisões, isto é, a tecnologia é baixa.

Em todos os componentes do planejamento que se referem à medição há uma medida comum de rendimento. A ideia em que se apoiam essas medidas de rendimento pode ser ilustrada muito simplesmente considerando, ainda uma vez, a escolha de um caminho para ir de casa ao trabalho, que se inclui no componente de seleção de alternativas. Suponhamos que eu escolha o caminho X quando Y é o ótimo. Ora, Y é ótimo porque contribui com o maior benefício líquido para mim. Portanto, o benefício líquido de Y menos o benefício líquido de X é a perda em que incorre escolhendo um caminho errado. A medida do rendimento da seleção de caminhos é dada, portanto, por esta simples diferença aritmética; se a medida é zero, então o componente está dando o rendimento ótimo.

É evidente que na maioria dos casos não temos condições de quantificar os benefícios líquidos dos componentes de medida, mas a ideia básica pode ainda nos guiar. Por exemplo, podemos notar que em muitos casos a medição exigida é de todo *insensível*, no sentido de que não conseguir o verdadeiro ótimo representa uma perda muito pequena. Se as boas oportunidades são abundantes, ou não existentes, não importará muito o que se faça. Se um plano é patentemente melhor, por exemplo, do que aquilo que está sendo agora feito em qualquer sentido, pode não importar muito quem são os verdadeiros autores de decisões, porque, seja lá quem forem eles, aprenderam o plano e o executam. Mas, por outro lado, se a alta administração adotar o plano enquanto a administração média o sabotar, a errônea identificação da alta administração como autora das decisões pode ser muito séria. Neste caso, diríamos que a identificação dos corretos autores de decisões é muito "sensível". Por isso, a análise da "sensibilidade" de todas as medidas do planejamento é necessária para avaliar os componentes de medida.

Chegamos agora à identificação dos planos alternativos que os autores de decisões podem seguir. Em situações relativamente simples uma pessoa é capaz de determinar todas as maneiras possíveis pelas quais atingir suas metas e objetivos. Isto em geral acontece porque a maioria das principais decisões já foram tomadas. Um diretor pode ter sua escolha de um novo membro do pessoal reduzida a dois homens, de modo que conhece todas as alternativas; mas já decidiu preencher o lugar e o que seria o trabalho. Quando nos voltamos para o problema mais amplo, a determinação das possíveis alternativas torna-se muito complicada. Por exemplo, como uma companhia sabe que produtos deveria fazer? Nos últimos anos, muitas companhias que tradicionalmente fabricavam produtos alimentícios começaram a produzir um vasto número de outros produtos, substâncias químicas para fazendas, drogas ou têxteis. Com esta mudança de política, o âmbito das possíveis alternativas é enorme. Assim, na função de planejamento tem de haver uma grande parte de atenção dedicada a descobrir quais são as alternativas razoáveis para serem seguidas.

Até certo ponto a lógica pode ser útil aqui fornecendo a base para a classificação das alternativas. Se há uma classificação das possibilidades o lógico pode construir uma divisão lógica, de tal modo que todas as possibilidades sejam incluídas. A dificuldade está em que a classificação lógica sempre termina com a negação de todas as qualidades, a saber, uma possibilidade que não é A, não é B, não é C etc. Mas esta "classe negativa" é frequentemente a que tem maior importância para muitos gerentes porque inclui novas áreas nas quais desejam mover-se.

Aqui, mais uma vez, o planejador tem de deixar de ser um cientista preciso. Precisa encorajar os pontos de vista radicais. De fato, eu seria tentado a dizer que sempre que o planejamento começa a parecer estar seguindo processos experimentados e verdadeiros, que operaram no passado, o planejamento está em perigo de tornar-se inútil. Os bons planejadores estão continuamente fazendo as perguntas mais perscrutantes, radicais e ridículas (p. ex.: Os bancos deveriam tratar da manipulação do dinheiro? Deveria o Departamento dos Correios tratar principalmente da transmissão de cartas? As companhias de bebidas não alcoólicas não deveriam vender alimentos baratos para os países estrangeiros? etc.). Como só se dispõe de uma tecnologia limitada nesta área, o melhor modo de proceder é selecionar planejadores com espírito radical e absurdo, se puderem ser achados. Senão, tome cuidado ao aceitar a versão do planejador sobre aquilo que o senhor pode fazer e sobre o que não pode.

Um dos difíceis problemas, ao criar planos alternativos de ação, é a possibilidade de uma modificação no sistema mais amplo. Uma reorganização do sistema mais amplo pode tornar todas as alternativas do subsistema completamente insignificantes. Imaginemos o que poderia acontecer, por exemplo, se os engenheiros que trabalham em transportes realmente "criassem calçadas e estradas móveis. Todo o cuidadoso planejamento de estradas livres e de tráfego de automóveis nas comunidades urbanas tornar-se-ia então grandemente descabido.

Finalmente, ao considerar a criação de alternativas, os planejadores devem examinar muito cuidadosamente a função de pesquisa e desenvolvimento da empresa. A tecnologia pode ser considerada uma maneira específica de criar novas alternativas. O viajante de 150 anos atrás poderia ter examinado como ir de Oxford para Londres, a pé, a cavalo ou em barco, mas poderia também ter perguntado a si mesmo se não devotaria uma parte de sua energia a inventar um diferente tipo de transporte, e assim estaria no caminho de fazer fortuna em estradas de ferro.

Como já vimos, não sabemos como avaliar as vantagens da pesquisa, embora todo mundo concorde hoje que a saída da pesquisa é extremamente importante no progresso das empresas. Por isso os planejadores devem fazer juízos a respeito dos lucros que provavelmente resultarão da pesquisa, mesmo se não têm os dados. O planejamento para a pesquisa pode parecer discutível para aqueles que estão na pesquisa pura, mas o planejador acredita ser essencial para a sobrevivência de muitas grandes empresas. O planejamento da pesquisa se divide em planejamento para a pesquisa básica, planejamento para a pesquisa aplicada, planejamento para desenvolvimentos tecnológicos e planejamento para utilização.

A atividade de criar alternativas deve implicar ao menos uma quantidade moderada de tempo, relativamente falando, quanto mais não seja porque grande número de pessoas deve entrar em ação. Em muitas empresas o pessoal é encorajado a "oferecer ideias" ou mesmo propostas específicas para o gasto do capital; todas estas ideias representam alternativas possíveis e, se a empresa realmente encoraja novas ideias, o tempo gasto em criar alternativas pode mesmo tornar-se muito alto.

Há alguma tecnologia na criação de alternativas. De fato, já vimos que se podemos traduzir as alternativas em termos quantitativos há então a rica tecnologia da matemática e da lógica que nos permite esboçar as alternativas de modo muito explícito. No entanto, há pouca tecnologia que guie os diretores na seleção de alternativas relativamente novas ou no exame das alternativas do sistema mais amplo ou no planejamento da pesquisa básica e aplicada.

É bastante interessante verificar que a atividade de criação de alternativas pode ser relativamente barata por unidade de esforço, porque essa própria atividade pode ser realizada praticamente por todo o pessoal da empresa. Pode ser o escrevente e não o dispendioso diretor quem tenha a ideia boa. Às vezes os administradores ocupam-se principalmente de relações públicas e do estabelecimento de metas e objetivos, estando demasiado ocupados para perder muito tempo na criação de novas alternativas. Além disso, muitos administradores tendem a ser pessoas que estão constantemente modificando as sugestões em vez de tomá-las.

Os dois componentes seguintes do SP referem-se ao estabelecimento de metas e objetivos do planejamento. Estes subprogramas estão estreitamente relacionados com o programa de organizar para o planejamento, no sentido de que estabelecer uma meta tem de ser uma função executada pela maioria do pessoal responsável em uma empresa. Como o planejador tem caráter multifásico, deve haver o estabelecimento de objetivos de curto alcance, que chamei "metas", e o estabelecimento de "objetivos" de longo alcance. Assim, as metas de cada etapa ou fase no sentido do último capítulo, e uma etapa pode ter a duração de um mês, mas tipicamente é de um ano. Estas metas são ligadas muito estreitamente ao orçamento, que determina os recursos de que se pode dispor para alcançar a meta. Para o planejador as metas devem ser enunciadas em termos muito específicos. No caso de uma firma industrial podem representar metas de venda para cada produto, metas de custo para a produção ou metas de pesquisa e desenvolvimento de uma espécie tecnológica muito específica.

A relação entre o estabelecimento de metas e a identificação de objetivos de longo alcance é importante. Evidentemente, para a maioria das empresas haverá uma grande proliferação de metas. A finalidade de estabelecer objetivos de longo alcance é colocar as metas de curto alcance em sua perspectiva adequada, isto é, determinar quais são as metas mais importantes. Como consequência, os próprios objetivos de longo alcance devem ser enunciados de maneira muito específica, do contrário sua relação com as metas fica perdida e seu papel como função integrante torna-se sem sentido. Assim, um dos principais fins do planejador ao determinar objetivos de longo alcance é estabelecer argumentos com referência às metas de modo racional. Por exemplo, uma divisão de uma companhia pode insistir numa meta de vendas que entra em competição, no nível do orçamento, com a meta de minimização de custos do Departamento de Produção. Os diretores têm de decidir quais as metas que deveriam ser corretamente perseguidas e os planejadores esperam ajudá-los entrando em acordo sobre os objetivos de longo alcance. Se porém os objetivos de longo alcance são enunciados em termos muito vagos ("maximização do lucro" ou "satisfação dos investidores"), os objetivos vagamente enunciados não são um guia suficiente para resolver uma controvérsia a respeito de metas.

No entanto, pode haver alguma vantagem real na ambiguidade em definir os objetivos de longo alcance. Os objetivos de longo alcance constituem a política da empresa. Se esta política é definida de maneira demasiado rígida a empresa pode achar-se sem condições para modificar seu comportamento básico em relação a um ambiente variável. Conforme o Governador Brown da Califórnia disse ao seu sucessor: um político hábil conserva o maior número de portas abertas, e seus inimigos esforçam-se em fechá-las. Por exemplo, conheço uma companhia cuja política estrita consistia em operar em um único Estado. No entanto, este objetivo rígido e bem-definido mostrou ser demasiado específico; fez os dirigentes esquecerem que o objetivo era de sua própria autoria e sujeito a mudar se assim desejassem. A inspiração de muitos diretores jovens de procurar mercado em um outro Estado era esmagada sem deliberação. Com a descoberta de que o hábito de fumar cigarro está aparentemente relacionado com o câncer do pulmão, o governo estabeleceu como objetivo de longo alcance a educação do público com o fim de desencorajar o hábito de fumar. Tendo posto este objetivo em concreto, as metas são então todas cuidadosamente definidas. O que foi esquecido é que o objetivo de longo alcance, assim enunciado em termos muito específicos, pode ser de todo inapropriado para a vida humana. O modo de resolver o problema pode não ser um ataque direto ao hábito de fumar, mas isto será esquecido, uma vez que o objetivo de longo alcance torna-se tão altamente específico que as pessoas não consideram mais se deveria ser modificado.

O planejador tende às vezes a ir além do ponto onde vai o cientista, quando a necessidade de planejar torna-se maior do que a necessidade de ser exequível. Consideremos o alcance do plano: Até que ponto iremos no futuro? As pessoas de espírito mais cauteloso, condicionadas pelo exequível, insistirão em que devemos estabelecer nossos objetivos tão longe quanto possamos ver, mas não além. Sua analogia pode ser o trem de carga atravessando o país a caminho do oeste, no qual o dirigente do trem é capaz apenas de planejar até onde alcança ver. Para este espírito, o planejamento de longo alcance torna-se fútil quando a informação disponível só cobre os próximos poucos anos, e o plano de longo alcance é estabelecido para 20, 50 ou 100 anos à frente. Mas o planejador faz objeções a esta linha de raciocínio. Em primeiro lugar, a analogia não é boa. Evidentemente, o chefe do trem de carga preparou com muita antecedência o que poderia "ver" em termos de equipamento que trouxe, assim como de armas de que se muniu para combater os índios que estão "além do horizonte". Realmente, se alguém olhar para o futuro faz-se isso com grande sucesso em certas áreas e mais obscuridade em outras. Não parece irrazoável acreditar, por exemplo, que enquanto os homens existirem terão filhos. Consequentemente, daqui a 1.000 anos haverá descendentes nossos. Esta previsão é perfeitamente segura, e se estamos fazendo certas coisas hoje que sejam prejudiciais aos homens daqui a 1.000 anos, deveríamos planejar evitar estas ações. Para o planejador, esses homens daqui a 1.000 anos podem ser mais importantes para nós do que nós mesmos somos, simplesmente porque são as extensões naturais de nosso ser. Este pensamento estava certamente atrás do modo de pensar dos conservadores do começo do século XX. Estes primitivos planejadores pensavam que os empresários estavam depredando o suprimento de energia da Terra, de modo que dentro de poucas gerações não haveria mais carvão ou petróleo. Os conservadores daquela época estavam planejando muito além do que outros pensavam ser o horizonte visível. Acreditavam que haveria gente um século depois deles e que estas pessoas ficariam privadas de uma fonte muito rica de energia se os planos de ação existentes fossem continuados. A mesma necessidade de planejar "muito além do horizonte" ocorre no combate às doenças por várias espécies de drogas ou no combate aos insetos por várias espécies de inseticidas. As metas de curto alcance podem estender-se por séculos adiante, em efeitos nocivos sobre a flora e a fauna.

Portanto, o bom planejador tem de ser imaginoso e especulativo; tem de inventar histórias ("cenários") do que pode acontecer, com o fim de conservar o futuro distante vivo e significativo no espírito dos autores de decisões. Evidentemente, isto é também sua fraqueza. Se tiver alguma coisa desagradável a predizer, ninguém gostará dele.

Normalmente, à medida que os diretores e planejadores convergem para um enunciado de objetivos de longo alcance, verificam que há vários objetivos em conflito. Muitas companhias, por exemplo, reconhecem o lucro como um de seus fins, mas também reconhecem a responsabilidade em relação aos investidores e ao público como outro fim, e estes podem entrar em conflito no nível financeiro. O objetivo de lucratividade de longo alcance por si mesmo pode implicar em trazer de volta rendimentos para o negócio, mas este plano pode ir contra os interesses dos atuais acionistas que têm em vista dividendos palpáveis. Também muitas companhias hoje consideram estar agindo no interesse público por meio do sistema da livre-empresa. O interesse público como objetivo, porém, pode entrar em conflito com algumas das metas específicas das companhias. Na América ficamos sabendo que este é o método difícil de realizar alguma coisa; achamos que não poderíamos confiar em todos os casos nas companhias ao anunciarem suas mercadorias como o melhor serviço para o público e consequentemente várias espécies de restrições governamentais tiveram de ser impostas à seleção de metas de anúncio pelas companhias.

Sempre que os objetivos de longo alcance parecem em conflito o planejador deve agir no sentido de ver como o conflito pode ser resolvido. Ainda uma vez, assim como a ambiguidade é às vezes importante, pode também ser importante manter o conflito por muito tempo, simplesmente porque uma decisão rápida em favor da coerência pode conduzir a resultados totalmente insatisfatórios no que se refere à operação da empresa. Ainda uma vez, o planejador prudente renuncia a seu papel "científico" em favor da conveniência política: a vagueza e o conflito de ideias podem tornar-se mais desejáveis do que a precisão e a coerência.

Como resultado dessa discussão deveria ser evidente que o mapa dado no começo do capítulo é uma enorme supersimplificação. Os objetivos são enfileirados em muitas etapas da vida da empresa. É evidente que os objetivos de longo alcance referem-se aos problemas dos valores humanos. Conforme veremos no próximo capítulo, há alguma tecnologia que serve para "medir" os valores dos objetivos e especificamente para resolver conflitos entre os objetivos.

Na prática a atividade de estabelecer metas e objetivos é em geral realizada em várias espécies de conferências entre administradores e planejadores. Embora o estabelecimento de uma meta e a determinação de um objetivo exijam contínua reavaliação, a quantidade total de tempo gasto pode não ser grande (M). Mas, assim como na organização para o planejamento, a atividade tende a ser cara por unidade de esforço, porque implica o tempo de pessoas caras (H).

As atividades de medição do SP que se seguem procuram estabelecer os elos entre as alternativas, as metas e os objetivos. Estas atividades são essencialmente empenhadas em compreender o ambiente da empresa. O planejador volta sua atenção para o seguinte tipo de questão: Se fosse escolhida tal ou qual espécie de alternativa, qual será a probabilidade de que esta ou aquela meta seja atingida? Este é um problema de compreensão do ambiente porque, conforme nossa discussão anterior indicou, o ambiente, embora não controlado pelo autor de decisões, determina em parte o modo em que os cursos alternativos de ação referem-se às metas e objetivos. Se um homem que caminha a pé toma o caminho errado pode encontrar-se atolado em pântano. Em outras palavras, o ambiente influi muito sobre a probabilidade de ter uma caminhada seca e agradável. De maneira semelhante, o ambiente financeiro de uma firma determinará as probabilidades de certas metas da firma serem alcançadas. As atitudes dos clientes têm grande influência no sucesso ou no fracasso das metas de vendas. As políticas das nações em todo o mundo determinarão em parte se os planos do Departamento de Estado terão sucesso.

Como já vimos, há tecnologias úteis para compreender o ambiente. Foram descritas na discussão de modelos da empresa pelo uso de técnicas matemáticas. Às vezes o computador pode ser engenhosamente programado para simular o futuro de uma companhia ou de um órgão governamental. Neste caso os planejadores podem pedir ao computador para predizer o que aconteceria se uma certa alternativa fosse adotada e, por meio de várias espécies de juízos e fatos armazenados no computador, surgirá uma predição. É claro que a previsão é uma parte essencial da compreensão do ambiente, porque estamos olhando em frente, para determinar qual o destino provável que terá uma específica linha de ação. Há vários tipos de técnicas de previsão disponíveis, algumas usando métodos estatísticos, outras o juízo de peritos, outras o debate entre peritos. A este respeito, como veremos, o problema de compreender o ambiente está intimamente relacionado com outro programa da função de planejamento, isto é, a criação de um contraplano.

Há um grau relativamente alto de tecnologia nesta fase do planejamento. O custo por unidade desta fase é ligeiramente superior à média, porque as pessoas que estarão empenhadas nela são tipos de economistas, engenheiros etc. um tanto caros. A quantidade de atividade é provavelmente próxima da média, desde que a empresa use pessoal tecnicamente treinado.

O último subprograma na fase de medição do SP é a escolha de uma das alternativas, isto é, uma avaliação do plano "ótimo". De certo modo, isto poderia parecer que fosse simplesmente uma fase da última etapa, a compreensão do ambiente com o fim de avaliar as ações alternativas. Pareceria que, se alguém avaliou corretamente cada ação alternativa, seria mais ou menos óbvio qual o plano que deveria ser escolhido. Mas a questão de separar este programa particular do que o precede, consiste em tornar claro que a seleção real de um plano é baseada na avaliação não somente das alternativas, mas também das metas e objetivos. Apenas porque uma alternativa é excelente para uma dada meta isto não significa que esta alternativa deva ser adotada, porque devemos considerar a relação das metas com as outras com as quais tem de competir. Um ponto muito sutil aqui é que um plano que parece à primeira vista altamente racional pode ser inteiramente desagradável para um certo número de pessoas na empresa. Assim, o plano de automatizar a produção em uma firma industrial pode encontrar forte oposição por parte do sindicato. Isto implica, evidentemente, que ao estabelecer as metas os planejadores esqueceram-se de examinar a meta de minimizar as greves, ou outros tipos de ação desfavorável do sindicato. De certo modo, a escolha de um plano consiste numa revisão das etapas que o precederam com o fim de estabelecer como o plano específico em exame se relaciona com todas as metas; muitas vezes o resultado da revisão é a descoberta de uma meta escondida. A descoberta pode então levar a uma nova alternativa, e assim por diante.

Se tudo correr bem e as metas ocultas forem reveladas, a escolha de um plano dentre um conjunto de alternativas pode ser feita por meios técnicos. Isto é assim, mesmo no antiquado sentido de escolher o plano mais barato, no qual o administrador usa várias espécies de informação contábil e algumas previsões muito simples e no qual só esquadrinha poucas alternativas. Se há muitas alternativas, o problema torna-se muito mais complicado; no entanto, a existência de modelos matemáticos e da tecnologia de computadores pode tornar esta escolha do plano ótimo uma atividade tecnologicamente fundada. A quantidade de atividade nesta fase do planejamento é relativamente baixa, mas a despesa por unidade de esforço pode ser muito alta, simplesmente porque os computadores e mesmo os matemáticos são caros.

Finalmente, chegamos aos subprogramas que intentam apreciar o plano. É claro que tem de haver aqui uma superposição, porque a medição é uma espécie de procedimento de prova. Mas o modelo que temos seguido é aquele em que o SP estuda os vários importantes dados de informação, os autores de decisões, as alternativas etc. Finalmente, chega a um plano global que o estudo parcelado sugere como melhor entre as alternativas. Agora a tarefa é pôr à prova este produto final. A medida de rendimento da prova global é o grau em que melhora a exatidão da medição das partes.

Já mencionei a simulação como uma técnica de medir a eficácia das alternativas para as metas. No teste global sua finalidade é realizar até o fim o plano num computador ou numa situação "de jogo de simulação", na qual alguns dos jogadores procuram ativamente frustrar o plano. Com o advento de pequenos computadores altamente eficientes, a simulação e o jogo podem tornar-se uma maneira corrente de testar as ideias de planejamento no futuro. Não deveriam, porém, ser considerados como teste último, simplesmente porque uma simulação só vale o que vale a intenção e o conhecimento de seu planejador.

Outra prova do plano é a que chamei "contraplanejamento". Com frequência este subprograma não é ativo no SP, pelo menos de modo explícito. Pode julgar-se que nas deliberações que estão sendo levadas a cabo nos outros subprogramas do planejamento já foi dito o bastante sobre planos de oposição. Contudo, a questão aqui é pôr em foco todas estas oposições. A necessidade de um contraplano repousa no fato de que cada plano que parece ser o melhor está sujeito a muitas diferentes espécies de erro. Alguns erros surgirão do incorreto estabelecimento de metas ou da consideração insuficiente de todas as metas, algumas porque os objetivos não foram estabelecidos de modo bastante claro. Também ocorrerão erros no julgamento das alternativas que se acham à disposição e na compreensão do ambiente. Conforme indiquei, no caso dos sistemas de informação administrativa, a escolha de um plano implica uma concepção do mundo. Por trás de todo plano que foi algum dia proposto para uma cidade, nação ou firma industrial há uma história a respeito do modo como o mundo se comportará, se comporta e se comportou. O termo "história" parece bem-apropriado aqui porque, de um lado, implica uma sequência de acontecimentos que foram criados no espírito de alguém, e, em segundo lugar, a história não pode ser construída de modo objetivamente exato. Assim, muitos dos juízos que entraram no estabelecimento das metas e de sua relação com os objetivos nunca serão considerados em algum sentido válido em última instância. Muitos aspectos do ambiente são desconhecidos e muitas alternativas nunca terão sido consideradas. Consequentemente, o administrador precisa ver as suposições básicas em qualquer plano proposto. Poderá fazer isto melhor se se defrontar com um plano de ação oposto.

Ora, um contraplano precisa ter certas características. Deve ter um aspecto altamente razoável e atraente. Portanto, deve usar todos os dados para construir o plano, mas deve dar aos dados uma interpretação diferente, baseada na plausível concepção do sistema inteiro. É por isto que o contraplano representa o "inimigo mortal" do plano; deveria fazer os autores de decisões parar e compreender que alguns dos argumentos em favor do plano estão abertos a sérias objeções. Como a finalidade do contraplano é evitar erros ao fazer suposições básicas, sem este componente uma empresa pode depositar uma confiança injustificada em um plano simplesmente porque muitas pessoas concordam. O valor do componente é a economia que faz ao evitar uma aceitação superconfiante.

A atividade da criação de um contraplano tem uma certa tecnologia disponível em função do trabalho que está sendo feito na psicologia social sobre o "debate programado". É um tipo de atividade de custo moderado e a quantidade dele deveria provavelmente ser em torno da média.

Uma vez que um plano está em andamento, deve haver controle, que inclui a retroação da informação sobre a operação do plano e a mudança do plano quando necessário. Como não existe plano perfeito (no sentido de um plano baseado em informação objetiva e digna de confiança), é essencial que a função de planejamento seja concebida de tal modo que, quando um plano está sendo realizado, é possível enviar de volta aos administradores informações sobre o que ocorreu e esboçar em termos gerais as medidas que devem ser tomadas para a mudança. Isto é essencial para a conveniente "educação" do plano que foi discutido antes.

Conforme o último capítulo indicou, os cientistas sistêmicos notaram a relação desta etapa do planejamento com os mecanismos de retroação que ocorrem no projeto de sistemas de maquinarias metálicas, por exemplo navios, mísseis etc. O planejador, também, está impressionado pela cibernética. Tem especialmente noção da importância da cronometragem. Se é preciso esperar um tempo demasiado longo para que a informação sobre a operação de um plano retorne aos administradores, pode iniciar-se um curso de ação completamente desastroso no que se refere ao sistema.

Embora os aspectos técnicos da cibernética não sejam geralmente adaptáveis para estabelecer um projeto de retroação e mudança do plano, não obstante os conceitos são extremamente úteis. O que o planejador ambiciona é algo comparável à "retroação negativa" do cibernético, isto é, uma situação na qual a informação que vem para o administrador chega no tempo correto para que ele tome o conveniente curso de ação. A retroação positiva seria a situação na qual a informação venha por assim dizer com uma cadência errada.

Pode ver-se que esta fase do planejamento exige a recapitulação de todas as fases, de modo que, à medida que vêm chegando novas informações, possam ter lugar as modificações corretas. Uma mudança de planos é na verdade um novo plano e deve ser baseada no exame de cada uma das fases anteriores, mesmo a fase de organização para o planejamento.

Assim, existe alguma tecnologia disponível no subprograma de controle do planejamento. A quantidade de atividade e o custo variam, dependendo da maneira como o plano opera.

Neste capítulo consideramos o planejamento de um ponto de vista sistêmico. Outra maneira de examinar aquilo que vimos fazendo é o planejamento para o planejamento. O senhor poderá perguntar se pus em movimento uma ampliação sem fim, cancerosa, da função de planejamento, planejar, planejar, planejar, e assim por diante. Mas não podemos escapar à questão relativa à quantidade total de atividade que seria concedida ao planejamento, pois este é evidentemente um problema sistêmico. E o bom-senso diz-nos que em alguns casos a quantidade de planejamento deveria ser grande e em outros deveria ser pequena. Para alguns tipos de empresas, por exemplo instituições estabilizadas como bancos, a necessidade de planejamento pode ser pequena. Para outras empresas nas quais as atividades são baseadas na iniciativa individual (p. ex., empresas de pesquisas) a quantidade de planejamento pode também ser muito pequena. Mas nas organizações militares e espaciais, no governo das cidades, ou no Departamento de Estado a quantidade deveria ser grande.

Mas estes julgamentos de bom-senso podem estar errados. Talvez agora seja o tempo dos bancos começarem a planejar seriamente, com o fim de atualizar seu antiquado processamento de informação. Talvez a nação deva empreender um planejamento sistemático da pesquisa com o fim de racionalizar o modo muito caótico e inconsistente pelo qual o governo federal distribui as verbas para a atividade de pesquisa. Talvez o Departamento de Defesa devesse reduzir seu empenho no planejamento de programas. E assim por diante.

Do ponto de vista do planejador estes "talvez" implicam que a eficiência global do planejamento deve ser medida. A medida óbvia é o aumento dos lucros totais do sistema, como resultado da atividade de planejamento. O planejamento deve fazer mais do que pagar o seu custo. De fato, deve pagar tanto o que custa que a energia a ele devotada compense o custo da oportunidade do planejamento, isto é, o uso das verbas de planejamento em algum outro programa do sistema.

O leitor pode achar que estas observações finais introduzem um pequeno paradoxo. A decisão sobre dever ou não dever haver planejamento é ela própria um plano. A decisão sobre a eficácia e os custos de oportunidade do planejamento são igualmente um tipo planejado de decisão. Mas justamente porque há um paradoxo, isso não deve desacreditar o valor do planejamento. Na verdade, o próprio enfoque sistêmico é baseado num paradoxo. O enfoque aconselha-nos a considerar o "sistema inteiro", mas a quantidade de esforço que gastamos procurando entender o sistema inteiro é por si mesma um problema sistêmico.

Sem dúvida, são o planejador e o analista de sistemas que nos descobrem este paradoxo. Se o senhor perguntar ao planejador por que o senhor deveria planejar, ele responde: "Pague meu salário e verá". A resposta do senhor poderia apropriadamente ser "Esqueça isso". Caímos na armadilha do paradoxo do planejamento assim que começamos a pensar como um planejador. A questão que podemos legitimamente levantar é a de saber se *deveríamos* pensar como um planejador, e uma vez que levantamos esta questão não precisamos responder segundo o modo de pensar do planejamento.

Uma resposta menos complicada ao planejador é pôr em questão seu modo específico de enfocar problemas sistêmicos, e especialmente as metas e objetivos. Há um planejamento ou enfoque sistêmico dos valores humanos? Vejamos.

IV
O enfoque sistêmico e o ser humano

11. Valores

O administrador de espírito prático ou o cidadão há muito tempo já terão perguntado se o enfoque sistêmico realmente paga o que vale na prática. Evidentemente, a resposta a esta pergunta depende da pessoa que procura dá-la. Muitos profissionais da ciência da administração e da pesquisa operacional pretendem com gosto ter poupado milhões de dólares para firmas industriais ou órgãos governamentais. Outros admitirão francamente que, embora tenha havido economias em alguns casos, em muitos outros os estudos nunca foram levados a cabo. Outros indicarão que, embora as economias sejam difíceis de determinar com precisão, a filosofia toda do enfoque sistêmico introduziu uma grande parte de racionalidade nas empresas, de modo que a eficácia total evidentemente melhorou.

No entanto, qualquer avaliação do enfoque sistêmico depende evidentemente da maneira como avaliamos. Especificamente, devemos voltar nossa atenção para saber quais são os objetivos reais de um sistema e como o cientista trata de determiná-los. A não ser que saibamos o que são os objetivos *reais*, é claramente impossível determinar se algum enfoque da administração de um sistema constitui um ganho ou uma perda.

Ao grifar a palavra "reais" na proposição acima, quero dizer que, na questão do enunciado de objetivos, as pessoas são frequentemente enganadoras, não necessariamente de propósito, mas enganadoras porque elas próprias não sabem quais são seus objetivos reais. Enunciar o que realmente queremos é assunto muito pessoal e nossos enunciados podem ter outros fins que não a revelação de nossos desejos e necessidades reais: desejamos impressionar as pessoas, desejamos que as pessoas continuem a apoiar nossos projetos, e assim por diante. E, naturalmente, na maioria das vezes não sabemos o que queremos.

Consequentemente, o cientista e o planejador compreendem inteiramente que para "determinar com precisão" os objetivos reais de um sistema exige-se um detalhado estudo.

Entretanto, deveríamos reconhecer desde o início que nem todos os cientistas e planejadores julgam que seja de sua responsabilidade determinar os objetivos reais das empresas. Ao contrário, diz-se que os objetivos finais – os planos de ação da empresa – são da responsabilidade dos administradores. Estes planos são "dados" ao cientista e ao planejador, que então determinam as metas de cada etapa que melhor sirvam aos objetivos finais do administrador.

A ideia de que o cientista e o planejador não são responsáveis pela avaliação dos objetivos finais pode ser chamada uma "filosofia de engenharia", porque na profissão de engenheiro esta ideia com frequência representa a relação entre o cliente e o freguês. De acordo com a filosofia do engenheiro cabe ao freguês especificar exatamente o que deseja. Um exemplo fácil ocorre quando um freguês vem fazer compras numa loja de departamentos. Os administradores podem razoavelmente esperar que o freguês saberá o que deseja, de modo que o empregado que deve servi-lo pode determinar se existem na prateleira os artigos que satisfazem os desejos do freguês. De modo semelhante, se uma firma industrial deseja adquirir um certo equipamento, por exemplo um computador, deve especificar o que deseja que o equipamento faça e o Departamento de Engenharia ou o consultante de engenharia procurará então determinar se esse equipamento existe ou precisa ser fabricado.

Evidentemente, em muitos casos um freguês pode não estar exatamente seguro do que deseja, simplesmente porque não foi capaz de tornar bastante específicas suas necessidades. Consideremos este indefinível problema de planejar uma casa. É evidente que o arquiteto não pode recorrer à tática de simplesmente interrogar seus clientes sobre a espécie de casa que desejam. Deve apresentar vários tipos de arranjos espaciais e, deixando os clientes reagir a eles, adquire um conhecimento mais profundo de quais são seus verdadeiros desejos. Os clientes também aprendem muito a respeito de si mesmos neste processo. Consequentemente, no projeto arquitetônico há uma filosofia da engenharia modificada, na qual o arquiteto e o cliente esforçam-se por elaborar um entendimento mútuo dos valores reais do cliente.

Podemos ver a necessidade de modificar a pura filosofia da engenharia muito claramente no caso do projeto de instalações de computadores. Uma empresa que essencialmente não tem noção do potencial dos computadores pode expressar muito imperfeitamente duas necessidades "reais". Por isso, as grandes corporações fabricantes de computadores usam "engenheiros de sistemas" para ajudar o cliente a definir suas necessidades, para que se ajustem mais estreitamente à realidade do computador.

Mas mesmo a filosofia de engenharia modificada não é uma base satisfatória para o projeto de modificação nas empresas. Não é satisfatória porque supõe que finalmente o cliente ou o administrador serão sempre capazes de tornar suas necessidades reais suficientemente claras, de modo que o cientista e o planejador possam projetar o sistema desejado, isto é, o sistema que serve melhor aos objetivos do cliente. Contudo, existe o fato psicológico que o enunciado de necessidades e desejos é muitas vezes confuso e frequentemente errado, simplesmente porque os enunciados de desejos e necessidades servem a muitas finalidades diferentes para o indivíduo. Os administradores estão inteiramente dispostos a enunciar o lado positivo de seus desejos e necessidades, isto é, os objetivos que brilham e fazem sua empresa aparecer bela e honesta. Desejam falar de serviço para o público, adiantamento tecnológico, dividendos para os acionistas, número de classes, quantidade de vazão do trânsito, e assim por diante. Descrevem os "objetivos" de sua empresa em função desses valores positivos.

Mas em todas as determinações de objetivos há também o lado negativo: nem todos os objetivos positivos podem ser alcançados em nível máximo. Já vimos este ponto ocorrer frequentemente na discussão do enfoque sistêmico. No modelo entrada-saída é necessário "constranger" o sistema de várias maneiras, isto é, impor limitações às várias espécies de atividades positivas. Assim, haverá um limite para o número de estudantes que podem ser educados ou para o salário da faculdade. O gerente industrial deve admitir que não deseja exceder certos custos na produção e consequentemente que está disposto a produzir artigos defeituosos, ou está desejoso de ter escassez, ou está desejoso de despedir trabalhadores, ou está disposto a sofrer greves, e assim por diante. Todos estes aspectos negativos do empreendimento empresarial têm de ser destacados na determinação dos objetivos reais.

Mas é claramente muito difícil, quando não impossível, para o freguês especificar esses objetivos negativos porque frequentemente nem sequer pensa neles, e, se pensa, procura remodelá-los, de modo que, de seu ponto de vista, não mais existem. Nenhuma quantidade de perguntas ou de provas é capaz de revelar a verdadeira natureza das coações negativas que o administrador está disposto a sofrer.

Há outras razões pelas quais a simples sondagem verbal não pode revelar os objetivos reais. Consideremos ainda uma vez o caso do projeto de uma casa. O cliente de início não considera o sistema real, mas, em vez disso, discute algumas ideias sobre o sistema, tais como aparecem nas várias plantas. Como está morando no reino das ideias e não no reino da organização física, o que diz quando passeia pelo reino das ideias pode não refletir de modo algum seus desejos no ambiente físico real. De fato, fica muitas vezes espantado de ver como suas ideias aparecem na construção real do edifício.

Finalmente, uma dificuldade ainda mais séria da filosofia de engenharia modificada tem lugar naqueles sistemas sociais nos quais não há nenhuma oportunidade de perguntar ao cliente o que deseja. No caso do projeto de um sistema de rodovias, por exemplo, não é exequível perguntar a todos os membros da comunidade exatamente quais são suas necessidades. Sem dúvida, os cientistas e planejadores podem realizar várias espécies de levantamento para determinar modelos de trânsito, mas estes são no melhor dos casos tipos muito fracos de indicação referente às necessidades reais do cidadão. O fato de que as pessoas tomam um certo caminho não implica que este seja o caminho que desejam tomar. E mesmo se alguém lhes perguntasse que caminho desejam tomar poderiam não ser capazes de responder de nenhuma maneira eficiente, simplesmente porque ignoram as possibilidades alternativas. Por exemplo, podem não compreender as possibilidades dos automóveis elétricos comparados ao automóvel atual. Podem não compreender que no futuro os automóveis sejam guiados por dispositivos eletrônicos. Como poderia o cidadão expor suas reais preferências com respeito ao transporte quando as alternativas têm de ser-lhes apresentadas nestes termos futuristas? Mas, coisa ainda mais importante, para a maioria dos edifícios e estradas com um tempo de sobrevida no mínimo de 50 anos, os clientes reais acham-se no futuro e evidentemente não há qualquer possibilidade de perguntar a eles o que necessitam, a não ser supondo que eles serão muito semelhantes a nós.

O proponente da filosofia de engenharia modificada, portanto, é levado a dizer que só se incumbirá de problemas de projetos de sistemas quando os objetivos forem enunciados de maneira digna de confiança. Isto estreita enormemente as oportunidades do cientista e do planejador e é uma posição muito difícil de justificar, até que tenhamos explorado com alguma profundidade a possibilidade de uma determinação científica dos objetivos. Se existe uma metodologia mediante a qual o cientista pode determinar os objetivos reais de uma empresa, é difícil ver como o cientista e o planejador podem excluir esta fase de seus estudos. Só poderiam fazê-lo se argumentassem que *propriamente* é o administrador que deve determinar os objetivos. Mas como poderiam compreender o que é conveniente sem ter ainda uma vez considerado o sistema inteiro, inclusive seus objetivos?

Por conseguinte, admitiremos que a questão dos objetivos reais de uma empresa é uma questão legítima para o cientista e o planejador responderem, desde que encontrem alguma metodologia conveniente para fazer isso.

Para começar, ao pensar nos objetivos de um sistema é natural perguntar: Os objetivos *de quem* devem ser servidos? Como admitiremos que a resposta a esta questão é feita relativamente a certas pessoas, chamemos o conjunto de todas elas os "clientes" do sistema. Os clientes, em outras palavras, são as pessoas que deveriam ser convenientemente servidas pelas operações do sistema. No caso de uma firma industrial, os "clientes" não são somente as pessoas que compram os produtos, mas também os empregados, os acionistas, e talvez seções interessadas do público. No caso de um órgão governamental, os clientes são um subconjunto dos cidadãos.

É essencial que o cientista e o planejador identifiquem os clientes porque somente então podem ter uma base para determinar os objetivos reais. Notemos desde logo que o papel que chamamos previamente de "autor de decisões" pode não ser o mesmo papel que estamos agora chamando de "cliente". O autor de decisões é a pessoa que tem a capacidade de modificar o sistema, isto é, tem a responsabilidade e a autoridade de fazer uma tal mudança. Evidentemente, os clientes de uma firma industrial ou de um órgão do governo não estão nessas condições. Mas o cientista e o planejador indicarão que o administrador comporta-se corretamente se serve às necessidades do cliente, e incorretamente se não procede assim. Por conseguinte, em certo sentido é o cliente que "decide" como o administrador deve comportar-se. Neste sentido, o cliente pode ser compreendido como o autor de decisões porque fornece a base em função da qual a tomada de decisões tem lugar no adequado projeto de um sistema. Em sentido indireto, portanto, o cliente é o autor de decisões e o cientista e o planejador consideram-no assim nesta discussão.

O problema do cientista e do planejador consiste então em determinar os objetivos *reais do* cliente. No caso mais simples, o cliente será um indivíduo isolado, que é identificável e pode ser estudado de tal maneira que suas necessidades reais serão reveladas.

Chegamos aqui a uma divisão de caminhos entre os cientistas. Muitos cientistas de administração e planejadores tentarão relacionar as necessidades reais do cliente com uma base econômica, e especificamente com o aumento líquido de dólares para o cliente em cada etapa da operação do sistema. Outro grupo de cientistas, porém, argumentará que o dólar sozinho não é uma representação dos objetivos reais, e que, além disso, deve-se estudar o comportamento do cliente. Consideraremos o "cientista" do comportamento" no próximo capítulo, e voltaremos nossa atenção especificamente para a teoria da base econômica dos objetivos neste capítulo.

Os cientistas da administração que procuram relacionar os objetivos reais com uma base econômica têm alguns argumentos convincentes a seu favor. Conforme dizem, vivemos numa cultura econômica, isto é, uma cultura dominada por considerações monetárias. É verdade que o cliente não deseja dólares apenas para possuir dólares, mas uma grande classe de seus desejos pode ser satisfeita pela troca de dólares. Consequentemente, a posse de dólares é um perfeito substituto para esses objetivos reais. Em muitos casos é de todo correto, diz o cientista da administração, usar o dólar como a escala pela qual o mérito de um sistema deve ser medido. Evidentemente, isto não é tudo que há a respeito da história, porque podemos modificar os valores em dólares de várias maneiras, mas as modificações serão todas em termos de funções matemáticas e a unidade básica quantitativa ainda será expressa em dólares.

Assim, a hipótese econômica que estamos agora investigando diz que os objetivos reais da maioria dos clientes de sistemas são determinados pelo rendimento (modificado) líquido de dólares, e a medida do mérito do projeto específico de um sistema será feita segundo uma escala monetária.

Esta ideia já foi ilustrada na história da missão sobre o alcoolismo do capítulo II, assim como no sistema de planejamento do capítulo III. No capítulo II foi proposto que a gravidade do alcoolismo poderia ser medida em termos de dias perdidos de um emprego lucrativo, e que estes dias perdidos podiam ser traduzidos, ao menos em princípio, em valores de dólares para os cidadãos do Estado. Observe-se que o cientista e o planejador pensam em função de lucros líquidos, e não de lucros brutos. O lucro líquido é a diferença entre o lucro total bruto em dólares do sistema para o cliente e o custo do sistema para o cliente. Em muitos casos o cientista e o planejador expressam esta ideia de lucro líquido em termos mais gerais, falando do *lucro total* que surge, digamos, de um programa espacial Apolo ou da construção de uma casa menos os custos produzidos por esses programas. A palavra "lucro" é usada no sentido econômico, de modo a pôr em relevo o fato de que o lucro menos o custo pode ser usado não somente por firmas industriais, mas também por órgãos governamentais. É verdade que um órgão governamental não existe "para dar lucro", mas para trazer benefícios ao cidadão, e o benefício específico que procura criar são lucros econômicos. Consequentemente, a mesma filosofia básica do "lucro líquido" que é aplicável a firmas industriais pode ser usada também para órgãos governamentais, de acordo com a hipótese econômica que estamos considerando.

No caso de firmas industriais, a análise lucro-custos é um velho conceito. Durante séculos os contabilistas lutam para representar os valores referentes à firma em termos monetários. Supõe-se que a exposição das operações da firma representa os lucros ganhos pela firma menos os custos. De maneira semelhante, muitos cientistas da administração e economistas lutam para traduzir os benefícios dos serviços governamentais – correios, departamento de patentes, saúde, educação e bem-estar etc. – em alguma espécie de "sistema de contabilidade nacional" com base monetária.

A análise custos-lucros, tal como é correntemente praticada pelo governo, representa uma visão mais larga das missões dos órgãos governamentais do que era possível com o emprego das velhas práticas de contabilidade e orçamento. O analista de custos e lucros está interessado em determinar todos os lucros econômicos significativos que advêm como resultado de uma dada ordem de atividade. Para fazer isto deve construir pelo menos um modelo econômico cru, no qual os benefícios são representados em termos econômicos. A finalidade do modelo é tentar responder à seguinte questão: Quais os custos e lucros que devem ser incluídos? Como devem ser avaliados? Em que taxa de juros devem ser descontados? Quais são as coações importantes?

Com efeito, a análise custo-lucros generaliza a ideia do cientista da administração de medir o rendimento de um sistema em dólares. Para ver como pode ser criada esta medida consideremos, por exemplo, o projeto de um novo edifício escolar em um distrito urbano. O analista de custos e lucros começará pensando em termos qualitativos bem amplos sobre os objetivos reais desse edifício – educação de crianças de ginásio, fornecimento de trabalho aos professores e ao pessoal administrativo, aumento do valor da propriedade na vizinhança etc. Põe-se então a trabalhar esforçando-se por definir estes objetivos em termos mais precisos. Pode traduzir o objetivo vago "educação de crianças de ginásio" em um objetivo específico, por exemplo, a terminação do sexto ano em um nível satisfatório por 100 crianças no mínimo por ano. Ao considerar os benefícios econômicos dos empregados da escola pode decidir que o objetivo adequado é atingir uma renda total produzida pela escola para professores, administradores, porteiros etc. no mínimo de 300.000 dólares por ano. Pode definir a valorização da propriedade em termos de um aumento médio do valor da propriedade imobiliária na área da escola no mínimo de 2%.

O cientista da administração conseguiu agora quantificar os objetivos, mas as quantidades são expressas em escalas diferentes. No primeiro caso, o número de crianças formadas não é ainda definido nos termos de dólares usados para definir o lucro dos rendimentos dos empregados da escola. Para encontrar uma unidade econômica comum o cientista deve expressar a educação infantil em função de seu potencial econômico para a comunidade. Deve expressar a terminação da educação secundária em função de sua contribuição para a renda potencial do trabalhador adulto. Seu modelo econômico incluiria probabilidades de retirada, de morte etc.

Se o analista de custos e lucros não consegue encontrar uma tradução evidente em dólares de um objetivo tal como o seguro de automóveis, pode ainda tentar fazer a tradução por outros meios. Suponhamos, por exemplo, que pudesse conseguir que os representantes dos clientes classificassem os objetivos, e aproximadamente lhes atribuíssem um peso. Se alguns dos objetivos são em termos de dólares, os pesos permitiriam ao analista de custos e lucros traduzir os outros objetivos também em dólares. Assim, se os representantes da vizinhança classificam o objetivo da educação das crianças até o nível do sexto ano como duas vezes mais importante que o rendimento líquido potencial produzido pela escola, o analista de custos e lucros pode sentir-se justificado em avaliar a educação de 100 crianças como tendo um valor duplo do valor líquido da renda em dólares dos professores, administradores etc., neste caso 600.000 por ano.

Para tornar específico este exemplo consideremos alguns possíveis objetivos de sistema escolar: educação, oportunidade de trabalho, recreação, terreno para o encontro social. Um cidadão primeiro classifica estes objetivos e em seguida atribui números entre 0 e 1 para representar os valores relativos que têm para ele: por exemplo, educação (1,0), oportunidade de trabalho (0,5), recreação (0,1), sociabilidade (0,05). Ao fazer estes julgamentos, diz o cientista, o cidadão está realizando coisa muito semelhante ao que faria se lhe pedissem para julgar os pesos físicos de vários objetos; está dizendo que para ele a educação é duas vezes mais importante que a oportunidade de trabalho, e esta cinco vezes mais importante que a recreação, e assim por diante. Neste exercício, o cientista da administração está dando um passo na direção do cientista do comportamento do próximo capítulo, ao tentar examinar como as pessoas reagem em várias situações. Quando pede às pessoas para atribuírem pesos aos objetivos, está de fato pedindo-lhes para expressar os sacrifícios que aceitariam fazer. Assim, quando alguém diz que um objetivo é duas vezes mais importante do que outro, está dizendo que estaria disposto a entregar ou trocar "duas unidades" de um objetivo por uma unidade do outro.

É talvez um fato surpreendente e no entanto verdadeiro que as pessoas pareçam inteiramente capazes de fazer esse julgamento, tanto a respeito de "pesos" físicos quanto com referência a "pesos" de valores. É uma questão debatida saber se estes últimos merecem tanta confiança quanto os primeiros. Mas deveríamos notar que, se há alguma confiança razoável nos julgamentos de valor do cliente, o cientista da administração pode em geral converter todos os objetivos em termos econômicos.

Tanto o cientista cauteloso quanto o humanista indignado sentirão aqui dificuldades reais, o cientista porque os julgamentos precisam ser mais cuidadosamente especificados, o humanista porque tudo lhe parece um truque de "cientismo". Pode observar-se na prática que as cautelas do cientista produzem traduções econômicas dos objetivos mais dignas de confiança; se a ofensa feita ao humanista pode também merecer atenção, é coisa que resta ver.

Como verificação ulterior de suas estimativas econômicas, o cientista pode examinar as decisões passadas por parte dos administradores. Reconhece que em qualquer decisão racional passada o próprio administrador deve ter feito juízos implícitos sobre os valores relativos de seus objetivos, e, como alguns objetivos são de caráter econômico, o cientista pode também avaliar os outros em termos econômicos. Por exemplo, muitos de nós reconhecemos que é muito difícil determinar a perda em dólares por um acidente pessoal, mas se o cientista pode determinar quanto dinheiro é gasto em dispositivos de segurança em automóveis, aviões, rodovias etc. estará em condições de inferir do comportamento passado qual é o implícito valor em dólares de uma vida ou de um membro, valor esse que vem sendo adotado pelos administradores.

Até aqui temos admitido que o cientista pode identificar um autor de decisões *individual*. Mas em todas as ilustrações temos falado de muitos clientes e não de um só. Somente no caso do comprador de uma loja de departamentos aparecia o cliente isolado. Neste caso parece que o gerente tinha todo o direito de admitir que a pessoa a ser servida pelo sistema naquele momento era o indivíduo particular que chega ao balcão. Evidentemente, no caso do projeto de edifícios, escolas ou hospitais há um grande número de clientes, e seria muito incerto dizer que existe aí um único indivíduo que representa verdadeiramente todos os interesses desses fregueses. Se o cientista fizesse este enunciado, teria de determinar a maneira correta pela qual se faria a representação do cliente. Consequentemente, dizer, por exemplo, que a congregação da escola é *o* cliente do sistema educacional não resolve de modo algum o problema do cientista. O cientista que opera com o enfoque sistêmico deve convencer-se que a congregação da escola está adequadamente representando os verdadeiros clientes, mas para fazer isso deve examinar os valores reais de muitos clientes.

Começamos a ver como as complexidades da realidade criaram sérios problemas para o suposto cientista da administração e planejador. As coisas iam muito bem quando não havia senão um único autor de decisões reconhecível e uma única etapa de tomada de decisões. Chamemos isso um problema UU (única etapa, único autor da decisão). A questão torna-se mais complicada, como vimos no último capítulo, quando aparecem múltiplas etapas, mas naquele exemplo havia ainda um único autor de decisões (problemas MU). Mas defrontamo-nos aqui com um autor múltiplo de decisões e múltiplas etapas (problemas MM). Não é de admirar que muitos cientistas e planejadores lutem para encontrar um *representante* do autor múltiplo de decisões. O método óbvio é encontrar um cliente e esperar que ele se bata pela política do MM mais tarde. Esta saída contudo é uma cilada e uma ilusão, porque o autor individual de decisões não pode representar o cliente múltiplo, a não ser que o cientista justifique que o cliente individual representa o cliente múltiplo. Às vezes, como veremos, o cientista não procura um cliente real, mas um cliente ideal ou abstrato, engendrado a partir da multidão de interesses em conflito. Mesmo assim, como justifica ele esta construção de seu espírito?

O cientista replicará que focalizar o autor individual de decisões é uma maneira de começar. Se de início procurar focalizar o atoleiro dos múltiplos autores de decisões, nunca será capaz de fazer nem mesmo as primeiras aproximações às soluções dos problemas. Chame este ponto de partida um mito, se quiser. Por exemplo, era mesmo um mito dizer que o cliente que entra numa loja de departamentos é um autor de decisões individual, porque a maioria dos clientes representa muitas espécies diferentes de pressões dentro da família. Além do mais, esta pessoa particular em pé ao lado do balcão é ela própria um complexo de espíritos, conscientes e inconscientes – id-ego-superego-sentimento-sensação-intuição-pensamento – com planos internos de ação própria em cada eu.

Evidentemente a ideia de que todos os problemas reais são problemas MM não é nova na história contada neste livro. Logo que o planejador de programas procurou encontrar dados sobre a missão referente ao álcool, descobriu que o "simples" problema de reunir os dados é por si mesmo um problema MM. Em geral, o problema de projetar um enfoque sistêmico é sempre MM em todas as suas fases. Ainda mais geralmente, o projeto de qualquer sistema de inquérito é MM. É por isso que o significado de "ciência" é ainda tão obscuro, apesar de todas as conversas sábias a este respeito (mais tarde trataremos ainda desse ponto).

Mas o reconhecimento de que todos os problemas reais são MM não deve parar o cientista, na medida em que tem de tomar todos os interesses importantes e combiná-los em um objetivo unificador, isto é, um autor de decisões unificador. Como disse, admitirá desde o início que pode estar errado.

Realmente, o problema que o cientista enfrenta não parece ser diferente, em espécie, do problema típico de qualquer ciência, porque todas as ciências existem num estado de incerteza a respeito de muitos aspectos do mundo. A própria ciência tem de caminhar de aproximação em aproximação. O cientista não espera ser correto, porque esta aspiração é inexequível. Em vez disso, usa o método de "fazer suposições explícitas". Na aplicação deste método ao estudo de sistemas o cientista ou planejador tenta, com o máximo de capacidade de que é capaz, determinar um autor de decisões individual em função de uma multidão de clientes e de seus interesses. Ao fazer seu julgamento torna também explícitas todas as suposições que fez, de modo que ele próprio, à medida que prossegue no projeto do sistema, pode continuamente reconsiderar suas suposições e isso de tal maneira que outros cientistas ou planejadores podem reagir à sua suposição fazendo um esforço para melhorá-la. Por exemplo, o último capítulo propôs alguns vigorosos métodos de comprovar a suposição do planejador.

O processo que acabamos de descrever é muito semelhante ao método usado pelo cientista experimental. Qualquer cientista experimental tem noção da multiplicidade de fatores ligados à sua experiência, que ele não pode talvez controlar. O que não sabe de início é se esses fatores terão alguma influência em seus resultados experimentais. Se têm, podem confundir de tal maneira os dados que tornem impossível qualquer espécie de inferência. Que faz o cientista nessa situação? O que faz é seguir o mesmo procedimento de "elaborar suposições explícitas, descrito acima. Registra, tão claramente quanto possível, o que admite ser a correta situação relativa às variáveis incontroladas. À medida que a experiência prossegue, pode fazer provas para verificar se as suposições são corretas; além do mais, outros cientistas que examinam seus resultados saberão exatamente o que ele admitiu e serão capazes de comprovar suas suposições.

A ideia é que a ciência progride por modificações contínuas de suas suposições básicas. Em cada etapa subsequente da ciência a elaboração de suposições é melhorada. A ciência nunca alcançará o ideal final da resposta correta, mas, pelo método da elaboração de suposições explícitas, pode conhecer cada vez mais exatamente a natureza.

Até certo ponto, pelo menos, o método de fazer suposições explícitas funcionou razoavelmente bem nas ciências físicas. Podemos esperar um sucesso igual no projeto de sistemas sociais? Há algumas razões sérias para não esperarmos encontrar qualquer progresso em marcha. Estas razões repousam todas na questão de saber o que se entende por uma melhoria real no método de projetar sistemas. Mais geralmente, como se determina se houve uma melhoria na compreensão dos sistemas sociais? O problema do autor de decisões múltiplo é determinar como a multidão de autores de decisões pode ser unificada em um autor de decisões "representativo". Na linguagem da economia de bem-estar, o problema consiste em tomar os vários interesses (utilidades) dos indivíduos humanos que são clientes do sistema, traduzir esses interesses em termos quantitativos e finalmente criar uma única medida que represente a preferência social unificada. O processo é muito parecido com a votação em candidatos políticos. Presumivelmente, há muitas diferentes opiniões e desejos dos cidadãos. Cada cidadão vai à mesa eleitoral e vota a favor de um candidato que representa mais aproximadamente seus desejos. O candidato que obtém a maioria dos votos representa então o autor de decisões unificado.

Sem dúvida, esta votação é uma expressão grosseira dos valores sociais, porque apaga as intensidades das necessidades ou dos desejos, uma vez que cada votante é contado exatamente como um. Além do mais, na maioria das sociedades democráticas é fácil criticar a maneira pela qual o cidadão é informado, assim como a maneira como lhe são oferecidas oportunidades de escolhas alternativas. Em esforços mais detalhados e profundos para criar sistemas sociais, o cientista ou planejador precisa esforçar-se por unificar a variação entre os interesses dos clientes, de maneira muito mais específica e racional. Mas então surge a questão de saber como pensará os interesses dos vários clientes. Em primeiro lugar, é correto comparar os desejos de um indivíduo com os de outro? Em outras palavras, mesmo se fizermos a suposição explícita de que a comparação dos valores é legítima, como pode justificar-se esta suposição que está sendo discutida?

Os economistas durante décadas examinaram o problema de comparar as utilidades, principalmente porque na cultura ocidental houve a expectativa de que seria possível criar uma medida econômica básica para toda a sociedade, na qual os desejos e necessidades de cada cidadão pudessem ser adequadamente representados em termos quantitativos. Os críticos dessa posição afirmaram que é impossível para o cientista fazer tais comparações dos valores individuais porque não têm meios, por assim dizer, de "entrar" na cabeça ou no coração dos indivíduos, com o fim de fazer as convenientes comparações. Os críticos sustentam que a única maneira pela qual os homens podem exprimir seus desejos é por meio de enunciados verbais ou por certos tipos de comportamento, e em nenhum desses dois casos o cientista consegue fazer comparações diretas.

Nos últimos anos houve algumas tentativas hábeis de superar estas objeções críticas pelo uso das probabilidades. A noção básica é que, se alguém puder observar os riscos que um indivíduo está disposto a sofrer com o fim de alcançar um objetivo, poder-se-ia fazer uma comparação tendo por base a aversão ao risco ou a aceitação do risco. Esta tentativa evidentemente, se for realizada em função do comportamento, nos levaria a considerações do próximo capítulo, e muito além do enfoque econômico típico dos problemas do valor. Na verdade, do ponto de vista do cientista do comportamento, a noção de que não se pode comparar utilidades é certamente ingênua, e um cientista do comportamento sustentará que existem muitos casos nos quais é de todo exequível comparar valores individuais. Os administradores, diz ele, fazem isso todo tempo, quando um governo municipal decide, por exemplo, construir uma escola em um bairro em vez de fazê-lo em outro. Ademais, do ponto de vista da psicologia, a intercomparação de valores tem lugar dentro do mesmo espírito, porque os psicólogos reconhecem que cada espírito é constituído de espíritos em conflito, cada um com seu próprio sistema de valores. Os valores do espírito inconsciente certamente não são os mesmos que os do espírito consciente, e, no entanto, de algum modo o espírito total faz uma comparação, a fim de chegar à expressão unificada de seus desejos.

Mas, mesmo que possa ser legítimo comparar valores humanos, não é de modo algum claro como esta comparação dará em resultado um representante unificado da multidão de autores de decisões. O problema torna-se ainda mais crítico quando consideramos o futuro dos subsistemas. Visto que muitos importantes sistemas sobrevivem à geração que os criou, os clientes desses sistemas devem incluir as pessoas que ainda não estão vivas e portanto não são capazes de expressar seus desejos. É interessante também indicar que os clientes de sistemas são os homens do passado. Nossos avós têm um interesse definido no tipo de mundo em que vivemos hoje e no mundo que nos esforçamos em criar. Sua voz está conosco, mesmo que seus corpos não estejam. Consequentemente, o representante unificado deve incluir todos os interesses dos indivíduos passados e futuros, que não podem ser "provados" diretamente pelo planejador ou pelo cientista.

O futuro, assim como o passado, representa um forte argumento contra a ideia de um mercado de tomada de decisões ou de uma arena política de escolha, na qual cada pessoa expressa seus valores quer em termos de dinheiro que está disposta a sacrificar quer em poder político que deseja exprimir com seu voto. Os clientes e cidadãos existentes dificilmente podem ser considerados como representantes dos clientes passados ou futuros dos sistemas. No mercado livre estes serão as vozes que não são ouvidas, não são representadas nem merecem atenção.

Na verdade, a mesma história poderia ser contada sobre o indivíduo isolado no ato de fazer suas escolhas atuais. Está ele representando verdadeiramente seu eu passado assim como seu eu futuro? E, contudo, são esses eus passados e futuros que realmente constituem o tipo de pessoa que ele é, mesmo de um ponto de vista econômico.

Assim, o método de fazer suposições explícitas adotado pelo cientista parece não funcionar bem num contexto em que a significação do sistema social estende-se ao passado e ao futuro. Como poderá um cientista contemporâneo comprovar as suposições de outro planejador ou cientista?

A resposta do cientista da administração deve ser que, por difícil que seja a tarefa, é essencial chegarmos a uma versão coerente e aceitável do que será o futuro dos sistemas humanos, relativamente às inovações tecnológicas, à política nacional e internacional, ao desenvolvimento econômico das nações etc. Este interesse no exame do futuro tornou-se muito popular nos últimos anos. De fato, na França e na Inglaterra surgiu um movimento para examinar a natureza das futuras sociedades e nos Estados Unidos foi nomeada uma comissão para estudar o estado da nação no ano 2000. Toda esta atividade de prospecção do futuro é uma tentativa de responder às críticas da ciência e do planejamento contemporâneos que afirmam que o interesse na inovação tecnológica e no tratamento dos problemas do dia de hoje, enquanto tais, pode conduzir à piora das condições nas gerações futuras.

No entanto, conforme disse, a questão é de metodologia. Como podem os desejos e as condições futuras ser devidamente avaliados? Uma noção é que existem alguns intelectuais que gastaram grande quantidade de tempo considerando a natureza da sociedade e que estes homens, portanto, estão em melhores condições para expressar um julgamento "perito" referente às condições futuras. A fim de expor seus conhecimentos "especializados" de maneira clara será necessário estruturar suas deliberações de alguma maneira específica, por exemplo fazendo interagir os julgamentos de uns com os de outros e reformulando seu juízo de maneira contínua. Este é o objetivo do livro *Delphi technique* de Olaf Helmer (cf. Leituras indicadas, no fim deste livro) para a predição por meio do julgamento de peritos. A técnica Delphi pode ser ampliada colocando os entendidos numa atmosfera de debate, de modo que suas suposições implícitas possam tornar-se explícitas.

O crítico contudo pode sustentar que todo esse esforço pode ser perdido simplesmente porque o que está sendo examinado no futuro é uma coisa errada. Sua maneira de sentir é que a determinação dos benefícios econômicos é somente um aspecto do quadro do valor total. Se o cientista da administração replica que é de sua responsabilidade fornecer o aspecto econômico da situação e que aos administradores cabe "preencher" os outros aspectos significativos, então o crítico tem todo o direito de pretender que esta separação é espúria. Pode não ser possível considerar os benefícios econômicos isoladamente de outras espécies de valores humanos mais profundos, recreação, segurança, relações de família, amizades etc. Além do mais, o cientista da administração explicaria como o administrador é capaz de fazer estes juízos de valor não econômicos.

O que orienta o cientista da administração é o planejador em seu pensamento a respeito de sistemas é sempre aquilo que é exequível. Os valores econômicos são muito mais capazes de serem submetidos a exame do que os valores de "humanidades" mais indefiníveis. Os valores econômicos parecem estar "aí fora" em forma explícita, em dólares ou em aspectos mais tangíveis da tecnologia, como equipamentos e serviços. Os valores humanos ocultos parecem estar "aí dentro", e não podem ser conhecidos adequadamente, de maneira a serem usados no replanejamento de sistemas sociais.

Mas esta adesão ao que é exequível representa exatamente o ponto que o humanista desejará atacar. O exequível e o explícito podem não ser a base correta para a tomada humana de decisões. Aqueles que tipicamente procuram enfocar a realidade através dos óculos do que é exequível são os que criam os feios monstros de nossa tecnologia corrente. São aqueles que esquecem as condições humanas realmente críticas de pobreza, sofrimento, enfermidade mental etc. Varrem, numa grande limpeza doméstica, todos os aspectos reais dos valores humanos, que, de seu ponto de vista, são tão empoeirados que só podem figurar como lixo. Os mais arrogantes dos espíritos práticos realmente acreditam que, considerando os valores econômicos, podem finalmente manejar todos os intangíveis de uma maneira implícita como se o ser humano fosse um ser econômico e todos os seus valores estivessem ligados aos seus interesses econômicos básicos.

É bastante interessante que o debate neste ponto tenha-se tornado um debate sobre valores, isto é, os valores daqueles que desejam mudar os sistemas humanos por meio da ciência, do planejamento ou algum outro método intelectual. Os valores dos indivíduos que examinam os projetos de sistemas do ponto de vista econômico são os valores do explícito, do preciso, do "racional". Acreditam estar muito ligados com os administradores de espírito prático, que gostam de ver um problema apresentado em forma explícita, de modo que possam entendê-lo. As partes mais indefiníveis, mais intangíveis dos valores devem, portanto, ser ignoradas ou então tratadas pelo juízo pessoal. Os valores de seus opositores, os humanistas, são os valores humanos individuais mais profundos, que surgem dos sentimentos reais de cada pessoa. Estes não podem ser representados, diz o humanista, por nenhuma espécie de método explícito de elaborar suposições. E não podem, porque os valores reais de uma pessoa não são da espécie que se determina por qualquer "pesquisa", seja a do cientista, do planejador ou de qualquer outra pessoa.

Mas há uma outra espécie de cientista que procura estabelecer uma ponte entre o enfoque econômico e exequível da mudança dos sistemas e a exigência humanista de representação de valores humanos "reais". Este é o "cientista do comportamento", um homem que se dedica a investigar o que é o ser humano sob o aspecto do comportamento. Este cientista está menos interessado em construir modelos do que na determinação empírica do que os seres humanos fazem e como formam o seu espírito. Acreditam que a pesquisa empírica do comportamento humano levará finalmente a uma sólida compreensão da natureza do ser humano e de suas sociedades. Uma vez que as descobertas empíricas solidamente baseadas tenham sido acumuladas, dizem alguns cientistas do comportamento, estaremos em condições de planejar mais adequadamente o desenvolvimento humano.

É essencialmente uma diferença entre razão e sensação, entre o racionalista e o empirista. É, como disse, uma diferença de valores, e, para entender os valores do empirista e como podem finalmente vincular-se ao enfoque sistêmico, é necessário dar uma breve visão geral das descobertas da ciência do comportamento.

12. Comportamento

O cientista do comportamento é um indivíduo que acredita que, observando o modo como os homens se comportam em seu ambiente, será possível descrever seu espírito, ambições, frustrações e finalmente ver como tudo isso se ajusta em uma grande figura. Uma vez que a pesquisa empírica tenha chegado a um final bem-sucedido, a natureza das sociedades humanas será entendida; consequentemente, a base para o projeto de sociedades humanas serão os dados que formam o cerne do comportamento humano, mais do que as suposições de modelos.

Falar de "observar os homens e seu ambiente" parece muito a linguagem de um biologista que observa cuidadosamente o comportamento de formas vivas. E o cientista do comportamento encontra muita inspiração na história da biologia. Afinal de contas, foi somente em função de uma coleção muito detalhada de dados sobre os seres vivos que a teoria evolucionista pôde nascer. A biologia não se desenvolveu a partir da noção *a priori* de que as formas vivas deveriam apresentar-se em uma hierarquia de seres vivos. Ao contrário, a observação cuidadosa foi essencial, mesmo antes da ideia da teoria evolucionista poder ser criada, conforme o cientista do comportamento.

Talvez um modo de descrever o enfoque sistêmico do cientista do comportamento é dizer que ele realmente inverteu o enfoque do cientista da administração e do planejador. O cientista da administração vê a natureza do sistema total como um determinante do comportamento individual. Para o cientista do comportamento, por outro lado, o "sistema total" é composto dos comportamentos de todas as pessoas individuais. Uma vez que o comportamento individual e social tenham sido examinados em detalhe, pode-se descobrir na observação do comportamento a natureza do sistema humano total.

Pelo fato do cientista do comportamento estar tão intensamente interessado em observar o modo como os homens se comportam, está correspondentemente menos interessado de início na diferença entre o bom e o mau, ou entre o eficiente e o ineficiente. Deseja explicitamente manter o problema da valoração fora de seu sistema de observação, com receio de que suas próprias valorações destorçam a informação que recebe. Deseja ser o observador desinteressado, papel que acredita ter sido firmemente estabelecido nas ciências físicas. O experimentador no laboratório físico não se considera a si próprio como parte daquilo que está observando. "Assim também, diz o cientista do comportamento, eu não deveria ser parte do sistema social que estou observando".

Desde o início, portanto, o papel do cientista do comportamento pode parecer insatisfatório ao humanista. O cientista do comportamento pode de fato começar parecendo um bisbilhoteiro. Na verdade, diz o humanista, o melhor modo de ser um observador desinteressado é usar gravadores de fita escondidos ou espionar cada casa da comunidade. Com isso, os dados mais "objetivos" do comportamento seriam coletados.

O problema do observador desinteressado perseguirá o cientista do comportamento ao longo de toda a nossa discussão a respeito dele. De fato, em certo sentido este problema torna o papel dele ambivalente. De um lado, deseja estudar o comportamento humano, mas, de outro, compreende que, para fazer isso, às vezes tem de intrometer-se profundamente na vida daquelas pessoas que observa.

Assim, como estudaremos o comportamento humano? Com o fim de manter a motivação do desinteresse ao máximo, a metodologia mais adequada pareceria ser a do laboratório de experiência. Um químico traz um material para o laboratório e faz várias coisas com ele, o material reage de vários modos e dessas reações o químico tira certas informações básicas sobre a natureza do material. Por analogia, portanto, o cientista do comportamento deveria trazer os homens para o laboratório, onde pode cuidadosamente controlar as variáveis, fazer certas coisas com os homens e observar o modo como reagem.

O laboratório tornou-se um instrumento comum de muitos cientistas do comportamento. Pede-se às pessoas que façam coisas fantásticas no ambiente do laboratório. Na primitiva psicologia experimental elas simplesmente levantavam pesos, olhavam para luzes e faziam julgamentos sobre a intensidade da sensação. Hoje em dia pede-se ao homem para resolver problemas, reagir a outros seres humanos e mesmo em certas ocasiões suportar choques elétricos.

Há um grupo de cientistas do comportamento muito interessado na natureza do conflito humano, porque este é um ingrediente muito importante dos grandes sistemas sociais. Os sujeitos submetidos a suas experiências de laboratório são portanto colocados em uma situação de conflito, por exemplo, uma situação na qual jogam um jogo em que um deve ganhar e o outro perder. Nessas experiências o cientista do comportamento deseja pôr à prova algumas das hipóteses da "teoria do jogo". A teoria do jogo pretende fornecer a estratégia racional para seres humanos que devem comportar-se – como nos jogos – de acordo com regras prescritas. As regras estabelecem as opções de cada jogador e os "pontos" obtidos como resultado de cada opção.

Um jogo muito simples é aquele em que cada jogador tem uma escolha a fazer entre duas jogadas, A ou B. Nesse jogo, os pontos podem ser os seguintes:

AA (ambos escolhem **A**):	5 centavos pagos ao jogador nº 1.
	5 centavos perdidos pelo jogador nº 2.
AB (primeiro jogador **A**, o segundo **B**):	Zero para ambos os jogadores.
BA (primeiro jogador **B**, segundo **A**):	Zero para ambos os jogadores.
BB (ambos escolhem **B**):	5 centavos perdidos pelo jogador nº 1.
	5 centavos pagos ao jogador nº 2.

O bom-senso diz que o primeiro jogador evitará a escolha B, pois ou não ganha nada ou perde; igualmente, o segundo jogador evitará a escolha A. Por conseguinte, a escolha "racional" dos dois será AB, na qual nenhum deles ganha nada. Num ambiente de laboratório, com jogadores reais, dever-se-ia esperar encontrar repetidos estes resultados de bom-senso.

O jogo acima descrito é chamado "soma zero" porque o ganho total de ambos os jogadores é sempre zero, qualquer que seja a escolha que façam. Os jogos mais interessantes (e talvez mais realistas) são os de soma zero. Um exemplo destes fascinou o cientista do comportamento. Surgiu de uma história contada a respeito de dois criminosos presos, Merrill e Anatol. O xerife diz a Merrill que, se ele delatar Anatol, ele (Merrill) poderá ter uma condenação leve, enquanto Anatol irá para a cadeia para o resto da vida. O sádico xerife sussurra a mesma coisa a Anatol: "Delata e você terá uma pena leve, enquanto Merrill pegará uma condenação perpétua". Se nenhum dos dois delatar, ambos terão uma condenação média. Se ambos delatarem os dois terão uma condenação à prisão perpétua. Este "dilema do prisioneiro" pode ser apreendido numa versão simplificada pelo seguinte jogo (mesma notação usada acima):

AA: ambos ganham um centavo
AB: A ganha 5 centavos, **B** perde 5 centavos
BA: A ganha 5 centavos, **B** ganha 5 centavos
BB: ambos perdem 3 centavos

Observa-se que não há uma escolha de "bom-senso", mas BB parece de todo modo ser a melhor solução. Porém, se o primeiro sujeito puder convencer o segundo a fazer a escolha B, o primeiro pode então "fazer uma falseta" e mudar para A, produzindo deste modo AB, no qual o primeiro ganha 5 centavos e o segundo perde 5. A questão empírica portanto é saber o que tem mais valor, o lucro econômico para um dos jogadores ou a remoção do conflito. Observando o modo como os homens reagem no laboratório ao jogo do dilema dos prisioneiros, o cientista do comportamento acredita que pode determinar os valores relativos do conflito e da cooperação para os seres humanos. Deste modo, continua ele raciocinando, será capaz de suplementar o enfoque sistêmico baseado puramente em considerações econômicas mediante considerações mais realistas dos valores de cooperação e conflito para os autores de decisões. Escavando mais profundamente ao longo da mesma linha, o cientista do comportamento descobre que a preferência pela cooperação sobre o ganho econômico pessoal, ou mero conflito por si mesmo, depende de outras características psicológicas; assim, há "tipos conflitantes" e "tipos cooperativos", os conhecidos "falcões" e as "pombas" da cena política habitual. Esta transformação na pesquisa recebe o rótulo de "correlatos psicológicos", tendo por fundamento a ideia de que não existe uma figura coerente subjacente de comportamento para toda espécie humana. Em vez disso, nós, humanos, podemos ser divididos em tipos e o comportamento que exibimos em várias situações de laboratório depende de nosso tipo.

Os críticos dessas experiências de laboratório apressam-se em mostrar a falta de realidade do ambiente do laboratório. Sustentam que os indivíduos no laboratório não estão necessariamente respondendo como fariam normalmente no mundo exterior, mas, ao contrário, estão respondendo ao ambiente do laboratório, e especialmente ao experimentador. Alguns indivíduos podem ser altamente cooperantes, e nesse caso esforçam-se por fazer aquilo que o experimentador deseja que façam, embora às vezes inconscientemente. Outros são altamente insubordinados e procuram arruinar a experiência. Em qualquer caso, o que está sendo "descoberto" não são modos típicos do comportamento humano, mas, em vez disso, reações dos indivíduos a um ambiente altamente controlado e constrangedor.

Por causa dessas críticas muitos cientistas do comportamento abandonaram o laboratório e dirigiram-se em vez disso para as empresas reais. Aí procuraram descrever o que "realmente" se passa nas empresas sob o aspecto de uma detalhada "história do caso". O pesquisador identifica um importante problema da empresa e estuda o modo como os homens reagem ao problema em função tanto de relações pessoais quanto de política da empresa. Descreve estas reações em detalhe e a história torna-se a base da discussão. A discussão pode finalmente conduzir a certos "princípios" de empresas, por exemplo, que o controle do gerente deveria ser limitado a menos de 7 pessoas, que é essencial oferecer uma base para a "motivação de grupo", e assim por diante.

O cientista de laboratório muitas vezes critica com violência o método de história de casos. Assinala que em cada história de caso um número enorme de variáveis foi negligenciado simplesmente porque o historiador do caso não poderia ter tido o conhecimento de todos os aspectos críticos, e na verdade pode estar contando uma história inteiramente errada. O historiador de casos é muito semelhante a qualquer outro historiador. Tem de separar da confusão de acontecimentos históricos aqueles que julga serem importantes. Não tem noção de que estes sejam realmente os acontecimentos importantes da época, e por conseguinte a história que conta pode ser completamente destorcida, enganosa ou redondamente errada. Portanto, diz o cientista do comportamento que opera em laboratório, é essencial estudar os homens debaixo de condições controladas ao menos para averiguar a exatidão do método da história de casos. Sem dúvida, o astuto pesquisador do método de casos pode mostrar que o investigador de laboratório também está sujeito a ser logrado; o que pensa estar acontecendo com seus sujeitos postos à prova pode não serem os acontecimentos realmente importantes.

Isto, entretanto, não é o fim do debate. Há aqueles que julgam que o modo correto de examinar o comportamento humano é tomar um indivíduo em particular e medir vários de seus aspectos isolados dos outros. Isto pode ser feito sem ter de submetê-lo a situações de controle de laboratório muito rígidas; por exemplo, na atmosfera "livre" do lar ou do escritório individual, por meio de questionários e de entrevistas abertas. Com isso, diz o cientista do comportamento, podem-se determinar as atitudes básicas e as opiniões dos indivíduos e finalmente passar ao estudo das preferências individuais, assunto de grande importância em nossas discussões nos primeiros capítulos. Assim, em nossa cultura vimos uma grande proliferação de testagem da opinião pública, determinação de atitudes pessoais com relação à igreja, à educação, ao conservantismo etc. Alguns cientistas pensam que estamos hoje em situação muito melhor do que a de nossos antepassados para compreender as atitudes políticas básicas dos cidadãos. Fazem distinções muito sutis entre a extrema-esquerda e a esquerda moderada, o centro, e assim por diante, baseadas naquilo que os cientistas do comportamento acreditam ser um estudo empírico sólido das atitudes e crenças dos cidadãos individuais.

Tem grande importância na melhoria dos sistemas a medida dos valores humanos por meio da observação do comportamento humano. Note-se agora a importante diferença de atitude entre o cientista econômico e o cientista do comportamento. Sempre que um valor como a segurança, a recreação ou a educação parece transcender as considerações econômicas, o economista do último capítulo lutará para reduzir os "intangíveis" a escalas econômicas por algum dos métodos que descrevemos lá. O cientista do comportamento, por outro lado, deseja partir da estaca zero, sem fazer qualquer pressuposição sobre o valor do dinheiro ou qualquer outro bem. Deseja ver como os homens se comportam quando colocados em um ambiente de escolha. Quando fazem uma opção, esta é tomada como indício de seus valores. Podem, de fato, abrir mão do dinheiro em favor de alguma outra espécie de bem, e esta opção só será determinada observando seu comportamento. No entanto, o empirista nesta etapa tem de fazer algumas suposições. Uma suposição básica é que as escolhas alternativas que uma pessoa faz em um determinado ambiente admitem ser classificadas. Haverá uma "escolha suprema" preferida a todo o resto, e uma escolha "baixa", que é a menos preferida, e no intervalo em ordem gradativa situar-se-ão todas as outras escolhas. Evidentemente, a mesma suposição é feita pelo economista; neste caso admite que mais dinheiro é sempre mais valioso do que menos dinheiro.

Conforme mencionei no último capítulo, alguns usos muito inteligentes da aceitação de riscos e da aversão aos riscos podem ser empregados para traduzir esta classificação no que é chamado uma "escala de utilidade". No uso da escala de utilidade, o economista e o cientista do comportamento são muito semelhantes, a única diferença sendo o desejo do economista de fundar a escala no valor econômico. Mas os cientistas do comportamento, sendo mais livres em sua conceitualização, arrumam toda espécie de outras escalas de valor, preferências do cliente, atitudes, "valores básicos" e mesmo o "valor" do modo de vida. Supõe-se que estas escalas descrevem os verdadeiros valores de uma pessoa individual. Na aplicação deste método empírico à administração de sistemas serão apresentados aos administradores vários objetivos do sistema. Com o fim de ser feito um julgamento sensato, os objetivos deveriam ser "determinados com precisão", isto é, tornados muito explícitos. Por exemplo, no projeto de uma comunidade urbana os objetivos deveriam ser expostos em função da quantidade de espaço e facilidade para a recreação, do número de alunos graduados no ginásio e no colégio, da quantidade de proteção policial, da quantidade de trânsito nas ruas etc. Seria pedido então aos administradores que classificassem estes objetivos e, por meio de várias espécies de técnicas de questionário, o cientista do comportamento esperaria atribuir valores aos objetivos que representam exatamente os interesses do administrador. Este enfoque empírico da identificação dos objetivos dos administradores poderia então ser usado como base para criar a medida do rendimento tão criticamente exigida pelo cientista de administração.

Muitos cientistas do comportamento hoje em dia hesitariam em aplicar sua ciência desta maneira, julgando mais seguro trabalhar em ambientes menos confusos de que a tomada de decisões administrativas. Mas acrescentando-se às dificuldades técnicas dessa aplicação existe a questão de saber se uma preferência *enunciada* significa por si muita coisa relativamente aos valores reais. Além disso, as preferências devem ser feitas com referência a um conjunto explícito de objetivos, de modo que muitos dos objetivos ocultos não são representados. Conforme foi mencionado no último capítulo, as vozes silenciosas do passado e do futuro certamente não entram neste ambiente empírico. O cientista do comportamento replicará que as preferências enunciadas devem ser consideradas unicamente como um tipo de sinal de valor. Este sinal tem de ser suplementado por um grande número de outras descobertas, por exemplo, as escolhas reais que uma pessoa faz nas situações da "vida real". Neste ponto toda a metodologia torna-se inteiramente vaga. Afinal de contas, os enunciados são "escolhas de comportamento", de modo que se alguém *diz* que prefere A a B está fazendo uma escolha, talvez uma escolha tão importante como se tomasse fisicamente A em vez de B. A não ser que saibamos bastante sobre uma pessoa, não podemos dizer pela simples observação de seu comportamento o que suas opções significam relativamente a seus verdadeiros valores.

Talvez de todas as criações na área dos valores do comportamento a mais importante para o planejamento é o conceito de nível de aspiração. A ideia é que, embora em princípio possa haver uma solução ótima para os problemas sistêmicos, o ser humano só procura um certo nível, além do qual não deseja ir, mesmo que existam lucros econômicos que excedam os custos. Um bom exemplo é a pessoa que está procurando uma casa para comprar, mas não se empenha em examinar todas as casas possíveis existentes no mercado. Em vez disso, estabelece seu nível de aspiração em um certo ponto e então, se encontra uma casa que lhe agrada suficientemente, compra-a, mesmo compreendendo que existem casas melhores à disposição.

Consequentemente, foi sugerido ao cientista da administração que, em vez de procurar a solução "ótima" dos problemas sistêmicos, considere soluções nos termos mais realistas do cientista do comportamento. Este afirma que o projeto "correto" de um sistema deveria ser engrenado no nível de aspiração dos clientes do sistema e não no ótimo idealista no sentido do economista. Muitos debates tiveram lugar entre os dois cientistas – o economista e o comportamentista – a respeito de níveis de aspiração. Do ponto de vista do economista o cientista do comportamento está simplesmente enunciando o fato econômico que custa algo fazer a procura entre alternativas. Se este custo da procura for incluído, então o conceito integral de nível de aspiração é adequadamente representado nos modelos econômicos. Seria absurdo para um administrador continuar procurando uma solução quando os refinamentos suplementares não paguem a despesa da procura. O economista, portanto, declara que o cientista do comportamento não introduziu nada de novo em suas descobertas empíricas que já não estivesse incluído nas considerações econômicas. O cientista do comportamento, por outro lado, replica que o nível de aspiração é uma parte integral do comportamento humano, e não pode ser traduzida em termos econômicos.

Do ponto de vista sistêmico o debate entre o economista e o cientista do comportamento ajusta-se na consideração mais ampla do modo como o administrador deve gastar seu tempo, os assuntos a que deve prestar atenção e em que profundidade. Todo administrador chega a compreender que não pode dar atenção a todo assunto "importante"; poucos administradores têm bastante consciência de si para compreender por que dão atenção a certos assuntos e não a outros. O economista diria que este problema inclui-se em seu esquema geral de alocação de recursos escassos – neste caso o tempo do administrador – e pode ser resolvido em princípio por um modelo de alocação. O cientista do comportamento sustentará que o problema depende das características básicas do administrador, de seu nível de aspiração em várias tarefas. Se o economista e o cientista do comportamento forem bastante explícitos poderiam resolver suas diferenças por meio de um modelo geral de alocação do tempo administrativo. Mas evidentemente há muitos administradores que considerariam esse esforço de todo sem importância.

Até aqui temos discutido estudos do comportamento humano no laboratório, em entrevistas e questionários. Voltamo-nos agora para aqueles estudos que são essencialmente exames de grupos sociais e de seu comportamento no próprio "ambiente natural". Um tipo intermediário de estudo é chamado "jogo" de simulação (*gaming*) (não confundir com a "teoria de jogo discutida acima). No jogo, os administradores são colocados em um ambiente que de certo modo simula seu ambiente natural, ideia não muito diferente da que consiste na colocação dos animais em um moderno jardim zoológico. Assim, os administradores industriais tomam decisões em jogos de negócios simulados, e embaixadores "representam" os problemas ponderados de sua política em jogos internacionais simulados. O cientista do comportamento vê que nesses jogos os administradores adquirem uma capacidade aumentada de perceber como o sistema inteiro funciona e de separar os elementos mais críticos de sua decisão dos menos críticos (p. ex., os negociadores internacionais na simulação podem discutir os aspectos essenciais dos problemas internacionais sem ter de preocupar-se com a política interna de seu próprio país). Os críticos de jogo afirmam que a suposta realidade do jogo pode ser inteiramente enganosa. Seu ponto de vista é que o animal humano só pode ser observado fidedignamente em seu ambiente natural. Aqui ainda uma vez encontra-se o debate entre o empirista rígido e o cientista mais teórico. É evidentemente um debate sobre o próprio sistema da ciência.

Entre os estudos dos indivíduos humanos em seu ambiente natural, talvez um dos mais importantes do ponto de vista dos sistemas sejam aqueles que descrevem relações sociométricas, isto é, como os homens convivem bem juntos em grupos. O psicólogo social está curioso de saber por que certos grupos parecem ter êxito na formulação de suas ideias enquanto outros nunca chegam a resultado algum. Uma sugestão é que nos grupos bem-sucedidos um ou dois indivíduos assumem uma forte liderança que faz as coisas caminharem na direção certa. O ponto de vista oposto é que os grupos bem-sucedidos criam sua própria maneira de partilhar as ideias e atuam melhor em situações relativamente não estruturadas. O projeto de grupos que operam bem juntos tem sido o principal objetivo do psicólogo social. A contribuição desses estudos para o enfoque sistêmico repousa no fato de que todos os projetos de sistemas têm de ser produzidos por forças de tarefas de grupos, de uma espécie ou de outra. Por conseguinte, diz o psicólogo social, é imensamente importante compreender como os indivíduos em um grupo trabalham juntos.

Além disso, quando o cientista ou planificador criou sua solução de um problema sistêmico tem de entrar em correlação com o administrador. Este é um problema que foi mencionado antes, ao discutir-se a organização para o planejamento. A sugestão que ali foi feita era a de que os administradores desempenham um papel ativo na organização do planejamento. Mas do ponto de vista do psicólogo social isto não é bastante. É preciso explicar o modo como este papel deve ser criado. É importante que o administrador sinta que a recomendação é um resultado da sua participação na atividade do grupo inteiro. Se sente isso, diz o cientista do comportamento, a execução da solução pode ter lugar. Se não sente, a alienação entre o planejador e o administrador é capaz de ser tão grande que não haja execução.

Poucos cientistas da administração podem negar a grande importância da execução. Embora não haja dados sobre o número de execuções bem-sucedidas que tiveram lugar na última década, parece haver grande número de sinais de que muitos estudos morreram no ovo com uma consequente perda de muitos homens-horas e dólares, assim como enorme desapontamento da parte daqueles que puseram tanta energia psíquica neste esforço. A falta de execução das recomendações, diz o cientista do comportamento, nasce da ausência de compreensão do ser humano por parte do cientista da administração, orientado como é para considerações econômicas. O cientista da administração, diz o cientista do comportamento, frequentemente deixa de compreender que há resistências psicológicas básicas à mudança, que, se a mudança for sugerida por alguém de fora da empresa, haverá natural resistência, assim como o corpo resiste à implantação de um novo órgão. Por mais excelente que seja o novo órgão, a química do corpo é tal que o organismo desenvolve uma reação a ele. Da mesma maneira, por mais excelente que seja a recomendação do cientista da administração, os homens da empresa podem reagir negativamente à sua sugestão, a menos que o cientista da administração tome medidas para criar uma atmosfera na qual a alienação seja diminuída.

De fato, alguns psicólogos sociais argumentam em favor do que chamam um "sistema sociotécnico", sistema que reconhece tanto a psicologia do indivíduo quanto os aspectos técnicos do sistema. Este esforço representa um certo número de tentativas de acomodar o aspecto tecnológico e o aspecto social em um envoltório coerente.

Acrescentando-se a estes estudos sociopsicológicos de relações de grupo, existem os grandes estudos das tendências culturais e do papel da linguagem na compreensão dos sistemas. A ideia aqui presente é a de que em toda sociedade humana constituem-se certas atitudes básicas, as quais não podem ser mudadas sem alguma espécie total de desenvolvimento revolucionário ou evolucionista. Foi mostrado, por exemplo, que o modo como falamos sobre a natureza obviamente influencia o modo como entendemos a natureza. A aplicação deste princípio linguístico ao estudo dos sistemas implica que na cultura ocidental temos um modo típico de falar a respeito de nossos sistemas e que nossa maneira de falar sobre eles influencia, portanto, nosso modo de compreendê-los. Vimos esta espécie de coisa acontecer muito no último capítulo, onde o enfoque dos objetivos de um sistema era estruturado em linguagem econômica. Para uma pessoa no mundo ocidental este é um modo muito natural de falar sobre o sistema, isto é, seus objetivos econômicos e os recursos pelos quais tenta alcançar esses objetivos. Mas a linguagem comum da economia que todos usamos pode muito bem influenciar nossa percepção da natureza dos sistemas. Saber se o cientista do comportamento teria razão de inferir que com uma linguagem muito diferente ter-se-ia um enfoque sistêmico muito diferente, é evidentemente uma questão que depende de debate.

Além do campo do antropólogo cultural e do linguista, situam-se os estudos ainda mais amplos da política e da lei, campos virtualmente desconhecidos pelo cientista da administração e pelo economista. O teórico da lei exigiria sem dúvida que o advogado aprenda o sistema, seja capaz de analisá-lo e dê ao cliente conselhos adequados sobre seu comportamento dentro do sistema. Provavelmente a maioria dos advogados concordaria em que os procedimentos formais nas cortes da justiça desempenham apenas papel muito pequeno no processo da lei. Um advogado competente conhece a natureza do sistema legal e pode recomendar a seu cliente linhas de ação adequadas, mas o modo como faz isso é difícil de transmitir a quem não é advogado. No entanto, nos últimos anos alguns cientistas do comportamento ficaram muito interessados no estudo de vários procedimentos da lei com o fim de ver se seria possível representar a maneira pela qual o advogado interpreta o comportamento humano.

Podemos começar a ver por esta breve excursão o largo espectro de interesse do cientista do comportamento, partindo em profundidade da natureza da pessoa individual e alargando-se até os grupos sociais, a sociedade e as culturas. O cientista do comportamento estuda um indivíduo em função das opções que faz, das metas que busca alcançar, de suas crenças, seus conceitos da realidade, conscientes e inconscientes. Vê o ser humano como um indivíduo social, estuda a natureza da sociedade e seu comportamento e às vezes sonha em levar seus estudos empíricos até a determinação dos valores humanos finais. O que é que todos os seres humanos fundamentalmente desejam ter? No passado os homens diziam que a finalidade de um sistema é criar a felicidade para os homens que nele se encontram. Mas para o cientista do comportamento "felicidade" é um termo destituído de sentido. Além disso, nem mesmo é verdade que os homens "procurem a felicidade" ou mesmo o "maior bem do maior número".

No entanto, pode ser possível, estendendo-se o estudo dos indivíduos e das sociedades humanas, descobrir aquelas coisas fundamentais que todos os homens desejam, digamos, o progresso tecnológico, a educação, o conhecimento do mundo, a cooperação, e talvez além disso alguns valores não cooperativos, uma necessidade de mudança ou de destruição ou mesmo do mal. Assim, no alto do bolo do cientista do comportamento está o glacê criado pelos especuladores que desejam ir além das descobertas empíricas e dão grandes saltos adiante para inferir o que é que caracteriza especificamente as necessidades fundamentais e as finalidades últimas do ser humano. Estes especuladores são afins dos grandes cosmólogos das ciências físicas, que fazem conjecturas sobre a origem e o destino último do universo. Muitos cientistas do comportamento e cientistas da administração são céticos a respeito de toda esta especulação, embora reconheçam que, em seu próprio trabalho sobre os sistemas, também eles tenham de fazer suposições sobre os valores éticos últimos: afinal, mesmo o cético deve aceitar um dogma ético para dar em resultado que a aspiração a conhecer seja errônea.

De vez em quando tenho falado da ciência como um sistema; em relação com a discussão deste capítulo é interessante assinalar que a ciência que estuda os sistemas não é ela própria um sistema muito integrado. De fato, o cientista do comportamento que, como tenho dito, está profundamente interessado na natureza dos sistemas sociais, raramente fala do cientista da administração, e vice-versa.

Por que os cientistas do comportamento não estão bem-integrados com os cientistas da administração? Deveria pensar-se que os dois se completassem um ao outro. O cientista do comportamento oferece uma rica base empírica e o cientista da administração fornece a estrutura que pode empregar esta base para tirar inferência sobre as mudanças nos sistemas sociais.

Provavelmente a melhor resposta é que há uma diferença psicológica básica entre o intelectual que toma o caminho da ciência da administração e o intelectual que se dirige para a ciência do comportamento. É a diferença entre o tipo racional e o tipo empírico, ou entre o racionalismo e o empirismo. O tipo racional encontra o fundamento último do seu trabalho no modelo, numa estrutura teórica que mostra como os dados da realidade são ajustados de uma maneira precisa e coerente. O tipo empírico, por outro lado, encontra sua realidade última naquilo que observa diretamente passar-se em redor dele. O racionalista fica aterrorizado com a imensa quantidade de dados que o empirista parece recolher com perfeita satisfação. Para ele o cientista empírico do comportamento sai com seu gravador e outros aparelhos, volta com uma enorme quantidade de informação e só então começa a preocupar-se e a coçar a cabeça a respeito do modo de analisar a informação. Do ponto de vista do racionalista esta espécie de pensamento deveria ter tido lugar no início. Como o empirista sabe que seus dados têm qualquer valor a não ser que já tenha decidido o que é crítico e o que não é crítico no sistema? O empirista por sua vez vê na construção de modelos uma atividade abstrata sem qualquer significação para a situação da vida real. Sente que está muito mais próximo do administrador, e na verdade em muitos casos está. O empirista fala diretamente ao administrador em seus próprios termos, torna-se amigo dele e sente que o administrador entende aquilo que quer dizer, enquanto o construtor de modelos fica de lado porque o administrador não é um construtor de modelos e não entende aquilo de que trata a construção de modelos.

Nos últimos anos houve algumas tentativas para criar uma ponte entre o enfoque econômico dos sistemas e o enfoque do comportamento. A dificuldade que há no enfoque econômico, como disse no último capítulo, é que deixa de fora muita coisa realmente importante com respeito aos valores e sistemas humanos, estética, recreação, saúde, e assim por diante. Suas tentativas de traduzir a estética, a recreação e a saúde em termos econômicos parecem deixar de fora as realidades de cada um desses valores humanos. Foi feita a proposta da criação da "contabilidade social", uma técnica explícita de valorar aspectos da sociedade partindo do rico fundamento do cientista do comportamento, embora mantendo no espírito a precisão objetiva do economista.

É difícil saber se a contabilidade social terá sucesso em fornecer a ponte, mas mesmo que tenha há razões para suspeitar que a coalizão assim criada pode não representar ainda um adequado enfoque dos sistemas. E isto porque a coalizão do cientista do comportamento e do economista ainda enfoca o sistema de um ponto de vista fundamental, um ponto de vista que pode ser chamado a "filosofia do planejamento". É o ponto de vista segundo o qual pelo uso da razão e da observação é possível esboçar a estrutura de um sistema e decidir quais as mudanças que deveriam ocorrer e que são mais úteis aos clientes de um sistema. Será a filosofia do planejamento uma filosofia adequada para os sistemas humanos? Se o senhor disser não, então o senhor é alguém que acredita no antiplanejamento. Para o racionalista é difícil ver como alguém pode aceitar uma filosofia do antiplanejamento. De fato, que poderia significar um enfoque contrário ao planejamento dos sistemas? Vejamos.

13. Antiplanejamento

Em certo sentido todos os enfoques de sistemas que discuti até agora neste livro não são realmente enfoques de bom-senso das transformações dos sistemas, ou não teriam sido considerados como tais há algumas décadas atrás. A ideia de usar cientistas do comportamento e planejadores para assessorar a análise dos sistemas e modificá-los (embora, como disse anteriormente, tenha um fundamento histórico) não foi uma ideia particularmente popular nos Estados Unidos. A ideia popular da maneira de enfocar um sistema é arranjar alguém que o administre. Supõe-se que o administrador é uma pessoa com uma rica experiência dos sistemas e com brilhante e inteligente espírito. O administrador examina vários aspectos do sistema, recebe alguns dados e relatórios do *staff* e então compõe em seu próprio espírito o que deve ser feito. Isto é certamente um enfoque "antiplanejamento" dos sistemas, conforme defini o planejamento antes neste livro. O administrador na maioria dos casos não pode tornar explícitas as medidas que tomou e não sente necessidade de fazer isso. Acredita-se que ele pode ser julgado em função de seu desempenho; se um jovem dá sinais de ser inteligente e um bom líder, é promovido. Se não, jamais subirá na escada. Nesta escola prática de antiplanejamento, a educação tem lugar dentro do sistema e nunca é tornada explícita.

Qualquer pessoa que tenha tido experiência dos administradores na indústria americana reconheceria facilmente esta ideia contrária ao planejamento. Em cada indústria, o administrador que subiu como ferroviário, torneiro, madeireiro, motorista, "conhece o negócio" e não pode compreender como um estranho inexperiente tenha alguma coisa importante para lhe dizer. Esse administrador jamais pensaria em perguntar a um cientista como deveria aplicar o tempo e a que coisas deveria dar atenção; isto são assuntos para a experiência e o "julgamento sólido" decidirem.

Evidentemente, o cientista da administração e o cientista do comportamento sabem que há um mito muito espalhado a respeito de "excelentes" administradores. Naturalmente, certas pessoas atingiram posições eminentes na sociedade por várias razões, mas se analisarmos em profundidade os processos pelos quais tomaram decisões é difícil justificar que sejam grandes e inteligentes administradores. Mesmo os chamados grandes presidentes dos Estados Unidos são uma questão de opinião pessoal. A popularidade de Lincoln e Washington pode ter surgido não como resultado da capacidade deles, mas da criação de um mito público. Pode muito bem ser que Chester Arthur, o menos conhecido de todos os presidentes dos Estados Unidos, viesse a ser considerado como o maior "administrador", pois foi na sua administração que o governo dos Estados Unidos transformou-se de um sistema politicamente dominado em um sistema de serviço civil. Em outras palavras, o cientista da administração sustentaria que a grandeza de um administrador só pode ser determinada depois que se estudou o sistema, construindo um modelo dele e comparando o que o administrador fez com o ótimo.

Assim, existe uma espécie de enfoque antiplanejador e seu oposto, ou seja, existe o enfoque prático da experiência conjugada com a intuição, a liderança e o brilho *versus* o enfoque analítico do cientista.

Talvez dois conceitos do antiplanejamento ainda mais devastadores sejam aqueles tantas vezes expressos pelo cético e pelo determinista. O cético acredita firmemente que não podemos nunca conhecer mesmo os aspectos menores de sistema. Acredita, portanto, que tudo quanto dizemos a respeito dos sistemas é em grande parte um mito, inventado com o fim de levar adiante várias espécies de conversas e divertimentos. Como a natureza do mundo real é um mistério, diz ele, enganamo-nos a nós mesmos quando pensamos estar melhorando alguma coisa. É verdade que andamos por aí mudando as coisas de um lugar para outro, mas no fim, se procuramos avaliar se houve alguma modificação benéfica como resultado deste baralhamento, o cético acredita que é impossível fazer essa avaliação. Ri do absurdo daqueles que pensam, por exemplo, que o transporte é agora "melhor" do que nos dias de nossos avós. Mostra que um vagão de carga movia-se provavelmente mais depressa nos dias do cavalo e do carro do que agora nas modernas estradas de ferro. Mas mesmo que a carga se movesse mais depressa, que adianta isso? O movimento rápido realmente beneficiou o ser humano? Podemos mostrar que qualquer tecnologia realmente comprovou ser benéfica? Que prova existe de que a "enxurrada" tecnológica proveniente da ciência deu em resultado mais benefícios do que custos (detrimento)? Foi na verdade maravilhoso descobrir drogas que reduzem a dor e salvam vidas, mas vejam que dano as drogas produzem na espécie humana. Hoje andamos mais depressa, vestimo-nos mais depressa, comemos mais depressa, distraímo-nos mais depressa, matamos mais depressa do que qualquer outro animal na Terra jamais fez. Para o cético os entusiasmos do tecnologista são apenas uma manifestação a mais da estupidez do ser humano. O cético é em geral o pessimista final.

Evidentemente, o cético é um indivíduo arrogante. A coisa mais fácil do mundo é ser um relativista, alguém que diz "depende" e "não podemos saber nunca as respostas finais". Isto é algo que todo estudante que alguma vez cavou profundamente em um problema social dirá. É a marca do segundanista de universidade no empreendimento intelectual. A única coisa que o cético raramente faz é defender seu próprio ceticismo. Mostra simplesmente a extrema dificuldade de responder as questões e, como consequência, considera a dificuldade prova de sua própria filosofia cética. Para uma pessoa de espírito sério esta espécie de relativismo tem pouco valor e é socialmente irresponsável. Não que esta atitude por parte da pessoa de espírito sério detenha em nada o cético. Seu enfoque dos sistemas é que não há nenhum enfoque seguro, e isto é tudo.

Um opositor mais sério do planejamento é o determinista, o homem que acredita que as grandes decisões humanas não estão nas mãos dos agentes humanos de decisões, mas em forças sociológicas incontroláveis. Lembremo-nos que anteriormente estivemos à procura *do* autor de decisões e descobrimos que era difícil encontrá-lo; às vezes ele era muitas pessoas, todos os cidadãos que existiram, existem e existirão. Mas para o determinista não há autor de decisões no sentido de uma pessoa ou grupo com a capacidade de escolher: nunca um só indivíduo ou muitos estabeleceram os planos de ação de uma empresa ou de um país. Por exemplo, o crescimento da ciência para o determinista é determinado pelos rumos militares e industriais em nosso país, rumos que por sua vez são produtos de outras forças sociais. Julga o advento do New Deal, da New Frontier e da Great Society como manifestações de descontentamento subjacente e a tentativa do Partido Democrático de responder ao descontentamento é por sua vez determinada por forças políticas fundamentais que não estão sob o controle de qualquer pessoa ou grupo de pessoas.

O determinista não é uma criação nova em nossa sociedade. Desde o tempo dos gregos, certas pessoas têm defendido a opinião de que os acontecimentos na natureza são inteiramente determinados e se acham fora do controle humano. Se o mundo é fundamentalmente determinista, então evidentemente seria loucura pretender que, pelo planejamento, ou em geral por qualquer espécie de pensamento, possamos fazer alguma mudança dos sistemas. As mudanças são realizadas por forças fora de nosso controle, por mais convencidos que estejamos de que "tomamos decisões" por nossa livre-vontade. O planejamento é simplesmente um jogo de adivinhação na filosofia determinista.

A resposta do cientista da administração ao determinista é tentar educá-lo a respeito da teoria científica da prova. Os cientistas da administração requintados concordarão que se um administrador realmente pensa que é um autor de decisões porque senta-se em seu escritório e assina um papel, é provavelmente um ingênuo porque não há prova real desta crença. Mas o cientista da administração crê que, se conduzir um estudo em profundidade, certos indivíduos aparecerão mais provavelmente do que outros como sendo aqueles que produzem as mudanças em curso; com base em provas suficientes, o cientista da administração sente-se justificado em chamar "autores de decisões" aqueles que fazem uma escolha. A questão é que, em toda ciência, não se trata de respostas finais, mas de estimativas; portanto, a atribuição do rótulo "autor de decisões" a um grupo de pessoas é uma estimativa, a ser modificada à luz de provas futuras. O determinista, diz o cientista, tomou o erro evidente de nossas estimativas e converteu-o em base para rejeitar nossa metodologia.

Assim como provavelmente não haverá resposta final à controvérsia entre o racionalista e o empirista, não haverá também resposta final à controvérsia entre deterministas e indeterministas. Os deterministas muitas vezes consideram a tentativa toda de estudar os sistemas por meio da ciência como um produto natural de uma sociedade altamente militarizada e industrializada. Em outras palavras, o determinista subordina o cientista da administração dentro de sua própria teoria. O cientista da administração, por outro lado, considerará o determinista como alguém que chegou a essa posição por motivo de um desapontamento psicológico.

Há duas posições contrárias ao planejamento, contudo, que necessitam ser consideradas muito cuidadosamente. Estas não são estritamente contrárias ao planejamento no sentido das posições há pouco esboçadas, mas encontram sua base de compreensão do sistema inteiro em algo diferente dos enfoques econômico e de comportamento, descritos anteriormente neste livro. Uma é a concepção religiosa do mundo e a outra é a concepção do mundo como reflexo do eu. Rotulei-as de "contrárias ao planejamento" simplesmente para acentuar que ambas afirmam que o enfoque sistêmico do cientista é malconduzido.

O enfoque religioso diz que o planejamento real do mundo está situado em um poder ou espírito maior do que o espírito de todos os homens juntos. É uma força universal (ou cósmica). No caso das religiosas otimistas, é uma força cósmica operando no sentido do bem. Uma vez que esta noção de um deus seja introduzida nas realidades do sistema, a atitude do indivíduo com relação ao sistema inteiro tem de mudar. Não depende mais de um ser humano procurar decidir por si mesmo quais são os valores básicos de cada pessoa, e com isso criar um enfoque racional. Em vez disso, o ser humano deve aprender o que é o plano do deus e procurar ajustar a ele seu comportamento.

Aqueles que acreditam no ponto de vista religioso têm um argumento muito forte contra o puro cientista da administração e o cientista do comportamento. Lembremos que tenho dito ao longo de todo este livro que, visto o cientista da administração e o planejador não poderem possivelmente acreditar que têm o plano correto, devem continuar concebendo sua atividade como uma série de aproximações, na qual cada aproximação em princípio é melhor que a precedente. Mas por que haveria esta série de aproximações de levar a alguma parte? Qual é a garantia que, lutando no escuro como fazemos, encontraremos nosso caminho para a luz? A garantia, diz a concepção religiosa do mundo, é um certo tipo de espírito superior que nos assegura, a nós, filhos das trevas, que o caminho existe e quem se ajudar a si mesmo será ajudado por seu deus.

Ora, a tradição da ciência ocidental tem sido a de que a existência e as propriedades de Deus não são assunto do cientista *enquanto cientista.* Há várias razões para que o cientista chegasse a este ponto de vista do sistema da ciência. Uma razão consiste nas violentas lutas políticas que eclodiram quando a ciência anunciou sua intenção de se divorciar da doutrina religiosa nos séculos XIV, XV e XVI. Outra surge daquilo que é chamado a atitude "positivista" dos cientistas, a saber, a noção de que o cientista acredita no que vê, e como não pode ver um deus não encontra prova empírica de sua existência.

Entretanto, *é questão indiscutível* que o cientista da administração implicitamente admite um fiador de suas atividades se pensa sinceramente que está fazendo algo para melhorar os sistemas, isto é, se for diferente de um cético ou de um determinista. Na verdade, para muitos cientistas da administração, o problema religioso do fiador ou de um espírito superior, quando bem-pensado, começa a parecer-se muito com o próprio problema com que ele se defronta. Pode ser, de fato, uma questão de nomenclatura. Para a pessoa que foi educada no pensamento religioso a nomenclatura é "Deus"; para a pessoa educada no pensamento científico a nomenclatura é "progresso" ou "aproximação". O método de fazer suposições explícitas, discutido no capítulo anterior, tem seu "deus" implícito, isto é, a plena expectativa de que uma estimativa feita com suposições incorretas será corrigida por outros trabalhadores científicos e que este processo continuará aumentando nosso conhecimento da natureza. De fato, o que torna o cientista da administração diferente de um cético ou um determinista é sua crença em que o mundo permanecerá garantido para o progresso científico.

Evidentemente, há muitos cientistas que nunca consideram os alicerces sociais e políticos da ciência; desejam trabalhar em problemas que lhes interessam e não se preocupam, *enquanto cientistas*, com o futuro da sociedade ou o ambiente que manterá o aprendizado humano. Estes cientistas "puros" estão entre os mais fortes antiplanejadores: a pesquisa pura não deve ser planejada. Mas se forem apertados num debate, estes cientistas teriam de admitir que o futuro da sociedade é um assunto importante para a pesquisa pura; admitem que alguma outra pessoa, em uma função não científica, criará a sociedade segura. Esta suposição, para o advogado do enfoque religioso dos sistemas, é simplesmente um ato de fé por parte do cientista puro.

Assim, para o filósofo da religião não pode haver dúvida que o enfoque do sistema inteiro por parte da maioria dos habitantes do mundo faz-se através de uma concepção religiosa do mundo. Consequentemente, para ele, seria de fato loucura se os planejadores e os cientistas da administração ignorassem a concepção religiosa do mundo, concentrando-se de modo demasiado intenso na concepção econômica do mundo. Até agora não houve uma confrontação real entre o religioso e o econômico, em parte porque ambos os lados desejam conservar sua própria independência, em parte porque não houve realmente ainda necessidade de conversações. Pode-se esperar, contudo, que à medida que os cientistas sistêmicos se tornarem mais notórios e começarem a fazer algumas afirmativas muito explícitas sobre o modo como o mundo deve ser dirigido, entrarão em conflito com várias posições religiosas. Em certo sentido já entraram em conflito com aquelas religiões que acreditam que os assuntos da tomada de decisão humana deveriam ser deixados em grande parte ao indivíduo e não deveriam ser planejados pela sociedade.

O cientista da administração, com seu firme fundamento em uma tecnologia avançada, pode acreditar que a maioria das concepções religiosas do mundo são antiquadas. A história da cultura asteca ilustra bem o ponto de vista do cientista. Nessa cultura havia a firme crença de que os negócios dos homens eram dirigidos pelos deuses. E também os próprios deuses não estavam unificados em um supremo autor de decisões, mas, ao contrário, tinham seus próprios conflitos. Portanto, na cultura asteca o enfoque do sistema consistia em procurar aplacar os deuses por vários tipos de ritos religiosos e especialmente o sacrifício humano. Mas ao aplacar um deus outro deus podia ficar irritado, com o consequente dano para o sistema humano. Por isso, os dirigentes astecas procuravam compreender seu sistema compreendendo o sistema dos deuses. Então veio uma sociedade altamente "avançada", os conquistadores espanhóis, com seus instrumentos tecnológicos e puseram fim às exóticas concepções religiosas dos autores de decisões da cultura asteca. De maneira um tanto semelhante, o cientista da administração pode pensar que as tecnologias avançadas que estamos criando hoje porão um fim a quaisquer ideias exóticas sobre a maneira como um deus ou deuses influenciam os sistemas em que vivemos.

Este ceticismo sobre a concepção religiosa tradicional é uma razão a mais para a confrontação entre a religião e a ciência no contexto de um projeto de transformação social. Claramente, não há mais razão para a religião adaptar-se passivamente às transformações tecnológicas do que para a ciência adaptar-se à religião tradicional. A questão crítica para o enfoque sistêmico é identificar as suposições religiosas implícitas em qualquer proposta de transformação, seja um programa sobre a pobreza, uma guerra ou uma redução de custo. Quando esta confrontação da religião com a ciência tiver lugar e significado do planejamento se modificará e o tipo religioso pode deixar de ser um antiplanejador; hoje em dia pode ser contrário ao planejamento porque os planejadores não incluem a determinação das suposições religiosas em sua lista de atividades de planejamento.

O segundo enfoque contrário ao planejamento é baseado na análise do eu. É a posição segundo a qual o mundo tal como realmente existe, existe no eu individual. Como consequência, o planejamento de sistemas totais é uma insensatez, a não ser que por este termo se entenda a mais completa expressão do eu individual. Para aqueles que tomam este ponto de vista, que é o ponto de vista da vida interior, o problema de viver consiste numa tentativa de compreender o que somos realmente em nós mesmos e as diferentes espécies de eus que somos. Há o eu dominado pelo poder, o senhor que deseja dominar e, no processo de tentar a dominação, torna-se escravo de sua própria dominação. Ou há o eu conservador, que deseja manter o mundo tal como é, conservar suas posses e suas ideias. E ele é superado pelo eu revolucionário, no qual a revolução é gerada pelas próprias atividades do conservador. Há o eu aniquilado, para o qual toda a existência torna-se uma ninharia. Há o eu imediato, que encontra seu valor no aqui e agora, e nega completamente o significado dos fins e dos meios. Ou há o eu visionário, que procura o salvador, mas com frequência encontra o demônio. Em todas estas procuras do eu nada existe que se assemelhe nem de longe às especulações do cientista da administração e do cientista do comportamento. Na verdade, para aquele que procura o seu eu é totalmente inapropriado que o cientista do comportamento classifique os homens em tipos observando seu comportamento, como parece implicado nas expressões "dominado pelo poder", "conservador" "revolucionário" etc. O que uma pessoa *parece* fazer aos olhos de outra está realmente no eu do observador, não no eu do observado. Em outras palavras, os "resultados" da ciência do comportamento dizem-nos principalmente o que são os cientistas do comportamento e não o que os homens são em geral. As "recomendações" do cientista da administração são uma expressão de seu ser interior e nada têm a ver com transformações "ótimas" na realidade.

Tal é a filosofia do eu. Nesta filosofia não se fala de sistemas, componentes, e medidas de rendimentos, ou mesmo de melhoramento, no sentido que o cientista dá à palavra. Qualquer melhoria que ocorra nas imagens do eu é uma melhoria na compreensão do indivíduo por ele mesmo e nada tem a ver com as noções de progresso, implícitas na ciência da administração e no planejamento.

Para o cientista o desafio é antiquado ou sem sentido. A ciência há muito tempo aprendeu a necessidade de desemaranhar a personalidade do observador e do construtor de modelos do resto da realidade. Toda observação, por mais cuidadosamente que seja feita, tem nela algo do observador e de seus instrumentos. O problema, na linguagem do cientista, é isolar as "invariâncias", aquelas características da observação que permanecem seja qual for a pessoa que está observando e o instrumento que utilize. Estas invariâncias, diz o cientista, não são atribuíveis ao eu. Às vezes, no entanto, são atribuíveis a um "eu de grupo", quando os peritos se enganam justamente porque todos concordam. Assim como há muito foi reconhecido na ciência que devemos livrar-nos da "equação pessoal", assim também agora o cientista reconhece que devemos livrar-nos da "equação social". Mas, uma vez que tenhamos feito isto, o que resta invariante é nossa melhor estimativa da realidade. Se o filósofo do eu ainda proclama que a realidade está "além" destas invariâncias, deve estar falando coisas sem sentido. O cientista lutou longo tempo e duramente para tornar seus conceitos "operacionalmente" precisos, e não está disposto a retornar ao reconhecimento da significação do eu em qualquer sentido, a não ser no sentido puramente operacional, empírico.

A esta refutação o filósofo do eu responderá que as ciências físicas podem ter descoberto as invariâncias, mas as ciências sociais não. Em particular, dirá ele, as tentativas de eliminar as equações pessoais e de grupo da chamada medida do valor humano todas fracassaram. Acha que todo aspecto dos enfoques dos valores feitos pelos economistas ou pelos cientistas do comportamento nada mais são do que um reflexo de seus próprios eus e nada têm a ver com a realidade dos valores humanos em geral. Consideremos, por exemplo, aquele sagrado "axioma" do economista e do cientista do comportamento que declara de uma vez por todas que os valores humanos podem ser ordenados do mais alto ao mais baixo. Por que deveria ser assim? Realmente, nossa cultura atrasada incutiu-nos a necessidade de trocar A por B e por isso fez-nos "ordenar" nosso sistema de valores. Mas no eu real de muitos homens esta mesquinha maneira de exprimir sentimentos humanos profundos está longe da realidade. O cientista retrucará que nunca poderíamos planejar racionalmente se renunciássemos à ordenação dos valores, pois que significaria então "ótimo"? A isso o filósofo do eu responde:

"tanto pior para o planejamento; o senhor o reduziu à sua evidente absurdidade".

Se a confrontação da ciência com a religião foi fraca, a confrontação da ciência com o eu foi ainda mais fraca. Somente na psicanálise o debate floresce, mas são muito poucos os que pensam em aplicar a teoria psicanalítica ao "enfoque sistêmico". Valeria muito, por exemplo, se a "pobreza" pudesse ser definida por meio de algo que não fosse termos econômicos; poderíamos então descobrir quanta gente pobre há em nossa rica cultura.

Finalmente, entre os antiplanejadores há o enfoque completamente não intelectual, o enfoque que não acredita que o pensamento, em qualquer de seus significados, seja importante no desenvolvimento da vida humana. É o enfoque que encontra a essência do valor no canto, na pintura, na visão, no mito, no feminino e em última instância no indizível. O que não é absolutamente dito é que constitui a coisa mais importante de todas. Como o cientista da administração, o planejador e o cientista do comportamento passam todo o seu tempo falando, deve dar-se então o caso de que aquilo em que gastam seu tempo é a parte menos importante da vida humana.

Aqui a confrontação é a mais profunda de todas. Que diremos às pessoas que pensam que o falar destorce os sentimentos humanos? Deverá o cientista dizer que o seu ponto de vista representa o absurdo ou que representa aquelas partes da vida humana que ainda não foram "arrastadas" para os seus modelos? Ou diremos que os aspectos básicos dos valores humanos nunca foram representados e nunca o serão pelos enfoques dos sistemas que o cientista da administração, o planejador e o cientista do comportamento adotam?

Penso que a coisa mais rica que podemos ganhar com as discussões das opiniões contrárias do planejamento é a compreensão do conflito realmente básico. No processo de preparar propostas, conduzir a pesquisa e redigir recomendações, o cientista da administração e o planejador podem convencer-se que seu enfoque dos sistemas é o enfoque correto. São apoiados nessa ideia se o administrador ou o político os acompanha. São além disso apoiados se a recomendação é cumprida e veem suas estradas, sistemas médicos e educacionais adquirirem existência real. O que esquecem, evidentemente, é aquela parte invisível, não ouvida da humanidade, que nunca entrou no domínio de sua visão ou de seu pensamento. O que deixam de ver em sua detalhada análise dos custos e lucros é que o sistema que criaram pode ser em grande parte insignificativo, ou talvez mesmo parcialmente destruidor da pessoa que encontra sua vida na religião, na procura do eu ou na completa ausência de intelectualidade.

Há às vezes algo ferozmente feio na proposta de redigir, comprovar e executar programas de sistemas de larga escala. É como se a vida inteira do sistema tivesse sido esvaziada numa tentativa de incluí-lo em um modo racional.

Em qualquer caso, nenhuma discussão do enfoque sistêmico deveria omitir o ponto de vista das pessoas contrárias ao planejamento, que consideram os planejadores como intrusos e bisbilhoteiros, bisbilhoteiros porque, usando os métodos dos cientistas do comportamento, penetram na vida de uma pessoa para roubar-lhe informações; intrusos, porque acreditam que é perfeitamente correto interromper ou alterar a forma de vida de uma pessoa sem nem sequer dizer "por favor". Além do mais, se existe um mínimo de consciência entre os planejadores, sentem-se perfeitamente satisfeitos se as pessoas entrevistadas ou para as quais são feitos planos dizem que estão dispostas a que seja feita a entrevista ou o plano. Para o antiplanejador, esta boa vontade da parte da pessoa de modo algum desculpa o imperdoável comportamento de muitos planejadores e cientistas do comportamento.

Assim, a atitude contrária ao planejamento deve ser considerada essencialmente como parte fundamental do enfoque sistêmico. Nenhum enfoque de sistemas se sustenta por si mesmo. Seu único método de sustentar-se é fazer frente à mais rigorosa oposição que lhe é feita.

14. Conclusão

É impossível escrever um capítulo que sirva de conclusão a um debate do tipo do que foi realizado ao longo deste livro. Não pode haver conclusão. O melhor que é possível fazer num capítulo final é dizer alguma coisa sobre este contador de histórias, este terceiro partido, que ficou de lado e sentiu-se perfeitamente livre para discutir vários enfoques dos sistemas, como se ele próprio estivesse acima de suspeitas. Afinal de contas, quem é este autor? É realmente o cientista ou o planejador? Ou o antiplanejador? Ou o que é? De que lado está? Onde está situado? Está livre de suspeita e crítica simplesmente porque considera todas estas atividades de muitos pontos de vista diferentes? Será o seu o superenfoque sistêmico?

Quando comecei a escrever este livro a pedido do editor, pensei nele mais ou menos como um texto popular sobre o enfoque sistêmico, no qual discutiria muitas das técnicas e métodos do cientista. Mas quando principiei a escrever seriamente comecei a ver como era difícil descrever simplesmente para o leitor o modo de comportar-se do cientista da administração e persuadi-lo de que este comportamento tem algum benefício real. De certo modo, o próprio ato de escrever o livro forçou-me ao debate. A única maneira tolerável de escrever um livro desta espécie era injetar a crítica no próprio contexto em que uma técnica estava sendo discutida. De fato, se tivesse de pensar em um tema que esteve no fundo do meu espírito à medida que ia escrevendo estes capítulos, tal tema seria o do engano. Como o leitor pode ver, o cientista da administração, desde o início, sentiu que o perito de eficiência estava enganado. O perito de eficiência, diz ele, acredita que, quando vê ociosidade e moleza no sistema, está vendo uma realidade. Do ponto de vista do cientista da administração está vendo uma ilusão. É enganado por suas percepções. Mas então o cientista da administração, quando leva a sério seus próprios modelos, nos quais "todos" os objetivos estão representados e foi criado um "adequado" compromisso, também está enganado. Na seriedade impassível de seu enfoque, esquece muitas coisas: valores humanos básicos e sua própria incapacidade de entender realmente todos os aspectos do sistema e especialmente sua política.

Cheguei a esta noção do engano em uma breve experiência de percepção extrassensorial. Eu estava espantado por ver como tantos psicólogos tomavam tão a sério a percepção extrassensorial. A percepção extrassensorial é um modo de ver o mundo, uma concepção do mundo segundo a qual alguns seres humanos têm a capacidade de receber mensagens do futuro ou de lugares distantes ou seja lá o que for, sem o uso dos órgãos comuns dos sentidos. Aqueles que acreditam em percepção extrassensorial levam terrivelmente a sério essa coisa. Mantêm a face impassível porque o esboço de um sorriso indicaria uma fraqueza de sua parte e os exporia aos ataques ainda mais violentos de seus inimigos. Mas o que também era interessante era a profunda seriedade de seus opositores. Ao que parece, a percepção extrassensorial não era uma brincadeira. Se tivesse êxito, destruiria a base da psicologia e talvez mesmo da ciência física. Por conseguinte, embora não pudesse ser levada a sério, também não podia ser levada em tom humorístico. Em ambos os casos, pareceu-me que o engano era generalizado. Talvez o crente na percepção extrassensorial, em sua rígida insistência sobre a existência de contatos misteriosos com a realidade, esteja enganado; mas o mesmo se dá com o cientista de espírito sério, que está completamente convencido que só há uma maneira de considerar a realidade, a saber, pelos canais sensoriais reconhecidos, que foram colocados nos fundamentos da psicologia.

Transportando esta experiência da percepção extrassensorial para o enfoque dos sistemas, cheguei à conclusão de que, seja lá como for que um problema de sistemas seja resolvido – pelo planejador, pelo cientista, pelo político, pelo antiplanejador ou por quem quer que seja –, a solução está errada, mesmo perigosamente errada. Não pode deixar de haver engano em qualquer enfoque do sistema.

E, contudo, quando se examina a solução e se vê seu erro, estamos também enganados, porque, ao procurar o erro, esquecemo-nos do aspecto progressista da solução. Temos de dizer que o advogado da solução ao mesmo tempo engana e percebe. Temos de dizer que a solução é ridícula e séria. Temos de sustentar a contradição ou do contrário permitimos que sejamos esmagados pelo coerente.

E assim, no fim chego à ciência, que foi o principal tópico da conversa no livro inteiro. Em nenhum ponto parei a fim de definir para o leitor o que a ciência significa, embora uma ou duas vezes eu a tenha caracterizado em termos de observação e raciocínio. Penso que é errôneo julgar a ciência somente como uma série de atividades executadas por pessoas que se chamam a si mesmo cientistas. A ciência é um sistema sujeito a considerável transformação, conforme vimos nos últimos poucos séculos. É errôneo acreditar que a ciência chegou a um platô, onde sua própria transformação é reduzida ao mínimo. Em vez disso, a ciência de nossa sociedade tem de ser considerada como um sistema sujeito a mudança. Se o antiplanejador realmente crê que chegou à verdade a respeito dele mesmo e do modo como Deus governa os sistemas do mundo, então ele, como cientista, pode ser um cientista enganado, assim como acredita que o cientista da administração está enganado.

O significado final do enfoque sistêmico, portanto, consiste na criação de uma teoria do engano, e em uma compreensão mais perfeita dos modos pelos quais o ser humano pode enganar-se a respeito de seu mundo e na interação entre esses diferentes pontos de vista.

Enquanto estou escrevendo este livro os Estados Unidos estão travando uma séria guerra no sudeste da Ásia. Existe um enfoque sistêmico da guerra? Não no espírito da maioria dos observadores e participantes. Os falcões desejam ganhar, "pôr um fim à agressão", "apoiar nossa política nacional". Não conseguem visualizar a situação de nenhum outro modo a não ser do seu próprio. Consideram as demonstrações em favor da paz como "apoio ao inimigo". As pombas dizem que a guerra é ridícula, que devemos "cair fora"; não podem visualizar a situação de nenhum outro modo a não ser o seu próprio.

No começo, fiz uma lista de algumas coisas que o mundo poderia muito bem permitir-se fazer: alimentar e vestir os pobres, por exemplo, mas cada pessoa visualiza este problema de modo tão unilateral que o enfoque sistêmico se perde.

Por conseguinte, eu também sou tendencioso e enganado. É ingênuo pensar que alguém possa realmente abrir à plena discussão os vários enfoques do sistema. As pessoas não desejam explorar problemas em profundidade com os seus antagonistas. Acima de tudo, não são capazes de tomar sobre si a carga de acreditar realmente que o antagonista possa ter razão. Isto simplesmente não está na natureza do ser humano.

Bem, então o que é o enfoque sistêmico? De um lado, devemos reconhecer que ele é hoje o problema mais crítico com que nos defrontamos, o entendimento dos sistemas em que vivemos. De outro lado, contudo, temos de admitir que o problema – o apropriado enfoque dos sistemas – não está resolvido, mas isto é uma maneira muito branda de apresentar o assunto. Este não é um problema não resolvido no sentido em que certos famosos problemas matemáticos não são resolvidos. Não é o caso de podermos esperar que no próximo ano ou daqui a uma década alguém descobrirá o enfoque correto dos sistemas e todo engano desaparecerá. Em minha opinião isto não é da natureza dos sistemas. O que está na natureza dos sistemas é uma contínua percepção e decepção, uma contínua revisão do mundo, do sistema total e de seus componentes. A essência do enfoque sistêmico, portanto, é a confusão tanto quanto o esclarecimento. Os dois são aspectos inseparáveis da vida humana.

Finalmente, então, eis aqui alguns princípios do enfoque dos sistemas de caráter engano-percepção:

1. *O enfoque sistêmico começa quando pela primeira vez alguém vê o mundo através dos olhos de outrem.*

Outra maneira de dizer a mesma coisa é dizer que o enfoque sistêmico começa com a filosofia, porque a filosofia é a oportunidade de ver o mundo através dos olhos de um Platão, um Leibniz ou um Kant. A leitura da filosofia não é um estudo abstrato; o estudante sério toma a si tornar-se convencido de que cada importante posição filosófica é verdadeira, absolutamente verdadeira. Revive a vitalidade intelectual do passado. Sente ao máximo que o mundo real é o mundo modelado; que o mundo real é o mundo experimentado; que o mundo real é dialético; e assim por diante. Faz tudo isso sem perder sua própria individualidade.

2. *O enfoque sistêmico prossegue, ao descobrir que toda concepção do mundo é terrivelmente restrita.*

Isto é, toda "concepção do mundo" só olha para um componente de algum outro sistema. Para aqueles que pensam em ponto grande, o "mundo" está sempre se expandindo; para aqueles que pensam em ponto pequeno, o mundo interior está sempre se contraindo.

3. *Não existem peritos em enfoque sistêmico.*

Quando estava escrevendo este capítulo final liguei a televisão um domingo para relaxar o espírito. Havia um padre católico e um ministro episcopal discutindo a "nova moralidade". O padre dizia que muitas pessoas acreditam agora numa "ética situacional", fazendo aquilo que lhes parece justo no momento. O ministro respondia que não conhecia nenhum teólogo respeitável que admitisse uma concepção extrema desse tipo. O padre parecia estupefato; *ele tinha* pensado que a "nova" moralidade referia-se à jovem geração e a seus admiradores mais velhos no público, e não às opiniões dos peritos. Sem dúvida tinha razão. O perito real é ainda qualquer um, estúpido, humorístico, sério e compreensível, tudo isso ao mesmo tempo. O público sempre sabe mais do que quaisquer "peritos", sejam economistas, cientistas do comportamento ou seja lá quem for; o problema do enfoque sistêmico consiste em aprender o que "qualquer um" sabe.

E, finalmente, minha inclinação:

4. *O enfoque sistêmico não é uma má ideia.*

Seções
suplementares

Suplemento I

ALGUNS EXERCÍCIOS DE PENSAMENTO SISTÊMICO

1. Descreva os seguintes sistemas, se lhe forem familiares, identificando os componentes, recursos etc.

Sistema urbano de trânsito rápido.

Sistema de escolas secundárias.

Sistema de lavanderias.

Sistemas de mercearias.

Sua própria casa.

Estabeleça agora um plano quinquenal para o sistema que descreveu, seguindo as etapas dadas no capítulo X. Quando necessário, indique a falta de informação e avalie o lucro da obtenção de informação suplementar.

2. Imagine que, devido a alguma singularidade na capacidade de invenção do homem, não tivesse havido até agora nenhum modo de transporte mais rápido ou mais conveniente do que o cavalo e o carro, embora todas as outras tecnologias estivessem no estado atual, inclusive a comunicação. Então, um brilhante jovem engenheiro descobre o motor de combustão. Supondo-se uma excelente capacidade de predizer as consequências do tipo que hoje tão bem conhecemos (acidentes, velocidade, nevoeiro enfumaçado das cidades, comodidade), qual é um bom enfoque

do "novo" sistema de transporte (inclusive tornando o motor ilegal)? Como este exercício ajuda a compreender os problemas atuais do transporte, se é que o faz?

3. Dado que os computadores que existirão daqui a vinte anos [sic] serão pequenos, baratos por unidade de computação e extremamente rápidos, quais são suas indicações para (a) sistemas de bibliotecas; (b) jornais; (c) publicidade?

4. Estabeleça o confronto entre o enfoque sistêmico e o "enfoque privatista". O leitor vê como o enfoque sistêmico do planejamento de grandes cidades contraria a necessidade humana de privatismo? "Privatismo", nesse caso, significa dignidade e respeito, independentemente da renda e do *status*. O privatismo completo também significa que o indivíduo não está sendo investigado e que a informação a respeito dele não é registrada, *mesmo que ele próprio não faça objeção.*

5. Escolha sua guerra favorita e pergunte a si mesmo qual dos lados realmente tinha o correto enfoque sistêmico, ou, se esta questão lhe desagrada, se na guerra é possível que algum "lado" tenha o enfoque sistêmico. Se sentir-se aborrecido, este sentimento o converte em um pacifista? (Qual é o significado de "paz" no enfoque sistêmico?)

6. Hoje em dia ouvimos falar muito de países "subdesenvolvidos". Qual teria de ser a medida do rendimento de uma nação para que os Estados Unidos sejam o país mais desenvolvido do mundo hoje? O país menos desenvolvido de todos? Será este uso de uma "medida de rendimento" apropriado? (i. é, no qual

se pergunta o que o mundo real teria de ser para que um sistema existente tenha a contagem mais alta, ou a mais baixa?)

7. Um automóvel novo custa 3.000 dólares. Custa 500 dólares mantê-lo no primeiro ano, e ainda 200 dólares de juros do empréstimo. Cada ano subsequente custa mais 200 dólares manter o carro (inclusive o custo da sua "aparência"), enquanto a taxa de juros decresce 50 dólares por ano. O valor do seguro é 2.000 dólares no fim do primeiro ano e 400 dólares menos cada ano subsequente (1.600 dólares no segundo ano, 1.200 dólares no terceiro etc.). Quando deveria o senhor comprar um automóvel novo, supondo que seu crédito seja sempre bom? Resolver este exercício o ajudaria a decidir quando o *senhor* deveria comprar outro automóvel?

8. Em que sentido os seguintes *slogans* conseguem ou não apreender o enfoque sistêmico: 1) "Apoie a política local"; 2) "Detenha a maré do comunismo"; 3) "Trabalhadores de todo mundo, uni-vos!"; 4) "Não faça desordens nos lugares públicos".

9. Que ideologia política tem mais perfeito enfoque sistêmico, se é que alguma o tem: A ala direita, o centro, os liberais, a ala esquerda, os outros?

10. Um jovem defronta-se com a escolha de aceitar uma de duas ofertas de trabalho. Decide enfocar a escolha sistematicamente. Primeiro, ele toma nota por escrito de seus objetivos, conforme a ordem de importância que têm para ele, da seguinte maneira: salário; oportunidade de promoção; clima agradável; proximidade dos amigos (estes não são seus únicos objetivos na vida, mas o resto seria igualmente bem-atendido por ambos os

empregos e por isso deixa-os de fora). Verifica que o emprego A é o que serve melhor ao objetivo classificado em primeiro lugar (salário), mas é pior do que o emprego B com respeito aos outros objetivos. Por isso, vê que tem de prosseguir e quantificar suas preferências. Atribui o valor 1 ao "salário", e um número menor do que 1 exprime sua preferência relativa pelos outros objetivos. O resultado é:

Salário	1,0
Promoção	0,6
Clima	0,2
Amigos	0,1

Agora, porém, compreende que alguma coisa está errada, porque não prefere realmente o salário mais alto do emprego A à oportunidade de promoção e ao clima combinados do emprego B, e por isso os números não se somam corretamente (0,6 + 0,2 é menor que 1). Assim, revê suas estimativas para tornar os resultados coerentes:

Salário	1,0
Promoção	0,8
Clima	0,3
Amigos	0,2

Agora está satisfeito com o modo como os números se somam. Em seguida compreende que existe uma probabilidade ligada a cada escolha; por exemplo, é possível que o emprego A traga uma promoção mais cedo do que espera. Por isso examina cada escolha relativamente a cada objetivo e atribui probabilidades subjetivas a elas. Os resultados são os seguintes:

	Probabilidade
Emprego **A** e salário	1,0
Emprego **A** e promoção	0,2
Emprego **A** e clima	0
Emprego **A** e amigos	0,2
Emprego **B** e salário	0
Emprego **B** e promoção	0,7
Emprego **B** e clima	1,0
Emprego **B** e amigos	1,0

Em seguida julga cada emprego multiplicando a probabilidade pelos números de preferência finais, da seguinte maneira:

Emprego A = (1,0) (1,0) + (0,2) (0,8) + (0) (0,3) + (0,2) (0,2) = 1,20.
Emprego B = (0) (1,0) + (0,7) (0,8) + (1,0) (0,3) + (1,0) (0,2) = 1,06.

Por conseguinte, decide-se pelo emprego A. Critique esta técnica (O senhor a usaria? Por que poderia ser enganosa? etc.).

Suplemento II

LEITURAS INDICADAS

Para ler alguma coisa mais sobre o enfoque sistêmico deve-se começar lendo alguma coisa de filosofia, para ver como o passado é realmente atual. A *República* de Platão é um famoso livro de ciência dos sistemas, no qual o autor procura esboçar a estrutura política de um Estado e daí faz algumas inferências sobre a justiça, tópico muito importante na ciência dos sistemas. A *República* é de leitura relativamente fácil e tem a vantagem de ser completamente irritante às vezes, o que todo bom livro deveria ser. A *Ética* de Aristóteles é um pouco mais difícil, e talvez não seja realmente um livro sobre "sistemas", mas sua "média entre dois extremos" é uma primitiva versão do compromisso, mais preciso, do cientista da administração entre objetivos conflitantes; por exemplo, o perito em eficiência vai para um extremo, o gastador da sociedade de abundância para o outro, e o "ótimo" está na "média entre os dois extremos", certamente uma média ponderada. Os "pré-socráticos são ainda mais novos do que Platão e Aristóteles, e estão principalmente interessados no "sistema total", sem as tendenciosidades que as acumulações da ciência e da história produziram. *A Filosofia da idade trágica dos gregos* de Nietzsche tem certo sabor.

Não há necessidade de dizer que a *Suma Teológica* de Santo Tomás de Aquino é uma obra monumental sobre o enfoque sistêmico, mas na maior parte as ideias medievais sobre sistemas totais foram retomadas por escritores posteriores no período moderno.

Na época moderna há o *Leviatã* de Thomas Hobbes, uma exposição da origem e estrutura das sociedades humanas, e o *Discurso sobre o método*, de Descartes, que dá um dos argumentos mais claros em favor da necessidade de um fiador do sistema. A *Monadologia* de Leibniz é de leitura mais dura, mas é uma exposição muito hábil do que deveria ser o "sistema integral". Todo o sistema de Spinoza está descrito na sua *Ética*, para leitores adiantados; seu *Tratado sobre a Reforma do Entendimento*, contudo, é um dos melhores livros do tipo "como pensar" jamais escrito. *A introdução aos princípios da moral e da legislação* de Jeremias Bentham é um dos mais antigos e provavelmente dos melhores programas para aquilo que chamei o enfoque do economista ou do planejador para os sistemas sociais. Se uma leitura difícil não o perturbar, veja então também a *Crítica da razão prática* de Immanuel Kant, um enfoque inteiramente diferente do de Bentham. Para Kant, é a "lei moral dentro de nós" que deve determinar a boa e a má condutas; somente "no limite" os enfoques sistêmicos de Bentham e Kant tornam-se um só e o mesmo.

O século XIX produziu muitos autores que trataram da natureza dos sistemas totais: Hegel, Marx, Schopenhauer, Nietzsche, Spengler, Spencer, para apenas citar alguns poucos. Esse século parece ter sido fascinado pela ideia do destino, quer tome a forma de Espírito absoluto, Ditadura do proletariado, Niilismo, Super-homem, Fim da civilização ou Evolução biológica. A ideia do destino tem muito em comum com o enfoque sistêmico porque nos ajuda a conceituar o problema imponderável das gerações futuras. No século XX, contudo, tornamo-nos mais indiferentes ao seu significado, porque estávamos muito mais interessados naquilo que era factível, isto é, no que poderíamos ver, tocar e modificar diretamente *agora*. Somente nos últimos anos do século passado é que os pensadores sociais se voltaram para a predição do futuro da sociedade humana. Veja-se, por exemplo, a *Art of Conjecture* de B. de Jouvenal (Nova York: Basic Books, 1966), a *Social Technology* de Olaf Helmer (e outros) (Nova York: Basic Books, 1966) e *The Year 2.000* de Herman Kahn e Anthony J. Wiener (Nova York: Macmillan, 1967).

Há muitos livros e artigos contemporâneos sobre o enfoque sistêmico e assuntos estreitamente relacionados. Aqueles que escolhi oferecem uma ampla variedade de pontos de vista e, na maioria dos casos, citam outros materiais que alargarão a perspectiva do leitor.

Para uma introdução à ciência da administração e à pesquisa operacional existem *A Manager's Guide to Operations Research*, de R.L. Ackoff e P. Rivett (Nova York: John Wiley and Sons, 1963); e *Executive Decisions and Operations Research*, de D.W. Miller e M.K. Starr (Englewood Cliffs, N.J.: Prentice-Hall, 1960). A *Introduction to Operations Research*, de C.W. Churchman e outros (Nova York: John Wiley and Sons, 1957), é um texto, mas a parte I descreve uma metodologia do enfoque sistêmico. *Executive Readings in Management Science*, editado por M.K. Starr (Nova York: Macmillan), é uma coleção de estudos não técnicos sobre o significado do enfoque da ciência de administração. O livro, *Decision and Control*, de Stafford Beer (Nova York: John Wiley and Sons, 1967), combina a perspicácia com a experiência prática, e acentua o uso da cibernética no enfoque dos sistemas.

Resource Allocation (Vol. III de *Surveys of Economic Theory*, editado por E.A.G. Robinson (Nova York: St Martin's Press), contém um artigo geral sobre análise de custo-lucro por A.R. Prest e R. Turvey, assim como artigos tratando do enfoque econômico dos sistemas. O artigo de J.R. Hocks sobre "Teoria Linear" oferece uma elaboração das ideias de programação linear discutidas no texto. *Socials Indicators*, editado por R.A. Bauer (Cambridge, Mass.: Massachusetts Institute of Technology Press), discute a possibilidade de estender a lógica da análise econômica para incluir os benefícios "sociais".

Há vários enfoques dos sistemas pela ciência do comportamento. Herbert Simon discute a ideia da "suficiência" comparada à do puro ótimo no *The New Science of Management Decision* (Nova York: Harper and Row, 1960); sua ideia é que os administradores práticos não devem procurar ir além de um "nível de aspiração". F.E. Emery e E.L. Trist descrevem "sistemas sociotécnicos" em *Management Sciences*, editado por C.W. Churchman e M. Verhulst (Nova York: Pergamon Press, 1960); seu interesse consiste no envolvimento das pessoas na transformação técnica. Discussões de outras relações entre pesquisa operacional e ciência social aparecem em *Operations Research and the Social Sciences*, editado por J.R. Lawrence (Londres: Tavistock Publications, 1964). Há uma série inteira de publicações por cientistas do comportamento sobre aquilo que é às vezes chamado a literatura de "mudança". *The Planning of Change: Readings in the Applied Behavioral Sciences*, editado por Warren Bennis e outros (Nova York: Holt, Rinehart and Winston, 1961), é uma coleção de estudos nessa área. Uma criação muito fascinante relativamente a este assunto é a "invenção" dos grupos T, um método de livrar-se de antagonismos e temores, com isso (espera-se) criando um entendimento e confiança mútuos mais profundos. D. Braybrooke e C.E. Lindblom discutem a ideia do "incrementalismo", a distância, cuidadosamente escolhida, que a mudança seguinte deveria fazer, em *A Strategy of Decision, Policy Evaluation as a Social Process* (Nova York: Free Press of Glencoe, 1963). "The Researcher and the Manager", de A. Schainblatt e C.W. Churchman (em *Management Science*, 1965), classifica várias ideias sobre o modo como as recomendações para a mudança de um sistema poderiam ser executadas; este artigo foi seguido de um número inteiro no mesmo volume do *Management Science*, para o qual vários autores contribuíram com suas ideias. Thomas Cowan discute a relação do enfoque sistêmico com a lei em "Decision Theory in Law, Science and Technology" (*Rutgers Law Review*, vol. 17, 1963, p. 499; e *Science*, June 7, 963).

Há um certo número de livros que discutem os prós e os contras da mudança tecnológica. *Technology and Change*, de D.A. Schon (Nova York: Delacorte Press, 1967), é penetrante e desperta atenção. *The Technological Society*, de Jacques Ellul (Nova York: Alfred Knopf, 1964), dá uma visão muito pessimista do modo como a "técnica" domina nossa vida. *Understanding Media*, de Marshall McLuhan (Nova York: McGraw-Hill, 1964), é uma explicação mais animada e popular do ser humano em um ambiente tecnológico.

Uma elaboração do tema do último capítulo está contida em meu livro *Challenge to Reason* (Nova York: McGraw-Hill, 1968).

Alguns dos assuntos discutidos neste livro podem ser lidos com maior profundidade nos seguintes artigos e livros:

1. O estudo do sistema de carga e descarga de um porto refere-se a *San Francisco Port Study*, Vol. II, Parte V, National Academy of Sciences-National Research Council.

2. O sistema de informação para o Estado da Califórnia, assim como três outros estudos de sistemas – na criminalidade, higiene e transporte – são descritos no artigo da Dra. Ida Hoos, "A Critique in the Application of Systems Analysis to Social Problems". *Internal Working Paper*, April, 1967, Social Project, Space Sciences Laboratory, University of California, Berkeley. O trabalho da Dra. Hoos descreve algumas reações políticas a esses estudos.

3. A missão sobre o alcoolismo é descrita por A. Schanblatt em "Planning, Programming and Budgeting Aplied to the Problem of Alcoholism", 66 TMP-111, December, 1966, TEMPO General Eletric Company, Santa Barbara, Calif.
4. O conflito de valores em um ambiente de "jogo" ("O dilema do prisioneiro") é descrito em A. Rapoport's, *Fights, Games and Debates* (Ann Arbor, Mich.: University of Michigan Press, 1960).

EDITORA VOZES
Editorial

CULTURAL
Administração
Antropologia
Biografias
Comunicação
Dinâmicas e Jogos
Ecologia e Meio Ambiente
Educação e Pedagogia
Filosofia
História
Letras e Literatura
Obras de referência
Política
Psicologia
Saúde e Nutrição
Serviço Social e Trabalho
Sociologia

CATEQUÉTICO PASTORAL
Catequese
 Geral
 Crisma
 Primeira Eucaristia

Pastoral
 Geral
 Sacramental
 Familiar
 Social
 Ensino Religioso Escolar

TEOLÓGICO ESPIRITUAL
Biografias
Devocionários
Espiritualidade e Mística
Espiritualidade Mariana
Franciscanismo
Autoconhecimento
Liturgia
Obras de referência
Sagrada Escritura e Livros Apócrifos

Teologia
 Bíblica
 Histórica
 Prática
 Sistemática

REVISTAS
Concilium
Estudos Bíblicos
Grande Sinal
REB (Revista Eclesiástica Brasileira)
SEDOC (Serviço de Documentação)

VOZES NOBILIS
Uma linha editorial especial, com importantes autores, alto valor agregado e qualidade superior.

VOZES DE BOLSO
Obras clássicas de Ciências Humanas em formato de bolso.

PRODUTOS SAZONAIS
Folhinha do Sagrado Coração de Jesus
Calendário de mesa do Sagrado Coração de Jesus
Agenda do Sagrado Coração de Jesus
Almanaque Santo Antônio
Agendinha
Diário Vozes
Meditações para o dia a dia
Encontro diário com Deus
Guia Litúrgico

CADASTRE-SE
www.vozes.com.br

EDITORA VOZES LTDA.
Rua Frei Luís, 100 – Centro – Cep 25689-900 – Petrópolis, RJ
Tel.: (24) 2233-9000 – Fax: (24) 2231-4676 – E-mail: vendas@vozes.com.br

UNIDADES NO BRASIL: Belo Horizonte, MG – Brasília, DF – Campinas, SP – Cuiabá, MT
Curitiba, PR – Florianópolis, SC – Fortaleza, CE – Goiânia, GO – Juiz de Fora, MG
Manaus, AM – Petrópolis, RJ – Porto Alegre, RS – Recife, PE – Rio de Janeiro, RJ
Salvador, BA – São Paulo, SP